普通高等教育“十一五”国家级规划教材

21世纪新概念教材 · 物流管理专业教材新系

全国联编

物流信息管理

【第六版】

尹 涛 主 编
于文龙 副主编

Wuliu
Xinxi Guanli

东北财经大学出版社 Dongbei University of Finance & Economics Press | 大连

图书在版编目（CIP）数据

物流信息管理 / 尹涛主编. —6版. —大连 ：东北财经大学出版社，2021.8
（21世纪新概念教材 · 物流管理专业教材新系）
ISBN 978-7-5654-4271-1

Ⅰ.物… Ⅱ.尹… Ⅲ.物流-信息管理-高等职业教育-教材 Ⅳ.F253.9

中国版本图书馆CIP数据核字（2021）第141232号

东北财经大学出版社出版
（大连市黑石礁尖山街217号 邮政编码 116025）
网 址：http://www.dufep.cn
读者信箱：dufep@dufe.edu.cn

大连天骄彩色印刷有限公司印刷 东北财经大学出版社发行

幅面尺寸：185mm×260mm 字数：316千字 印张：15.25

2021年8月第6版 2021年8月第1次印刷

责任编辑：郭海雷 责任校对：思 齐
封面设计：冀贵收 版式设计：钟福建

定价：38.00元

教学支持 售后服务 联系电话：（0411）84710309

如有印装质量问题，请联系营销部：（0411）84710711

第六版前言

自2005年首印以来，本书经历五次修订、多次重印，并有幸被评为“普通高等教育‘十一五’国家级规划教材”。承蒙同行厚爱，本书被全国多所院校物流管理等专业选作教材，这既是鼓励也是鞭策，我们唯有继续完善本书，才能回报读者的厚爱。

随着物流、仓储、库存管理成本的飞速上涨，以及用户对物流订单准确性、实时性的要求越来越高，一些以提高管理效率、降低成本为主要目标的技术革新，迅速在全球物流领域得到应用。同样，近几年来，我国物流行业也发生了翻天覆地的变化，“互联网+”成为一种大趋势，“降本增效”“智慧物流”“大数据”等新名词层出不穷，从一个侧面反映出物流行业的新格局与新变化。我国的智慧物流技术的亮点，基本上是由几个大型电商平台所推动的。阿里强调“智慧”、京东强调“无人”、苏宁强调“实用”，各自走出独特的路线。其中，阿里以其强大的云平台计算能力，根据车辆路径算法，为每一个订单计算出最优的货物分配方式，以及最佳行进路径，甚至精确到车内的货物摆放位置。而京东的“无人化”构想，同样是对物流前沿科技的一种探索，其通过无人仓储、无人车、无人机，实现从供应商到消费者的全程无人作业。相比阿里和京东的技术野心，苏宁的物流技术显得更加务实，其“以货到人”的理念，仓库自动作业、绿色包装技术、无人机园区智能巡检、AR/VR技术的应用，无一不体现“以人为本，务实求新”的理念。

本书紧紧围绕高等职业教育物流管理专业的人才培养目标，根据物流行业转型升级的现状和教学改革的新趋势，在保留原有框架的基础上展开了修订工作。本次修订主要体现在以下几个方面：

第一，对第五版中有关内容存在的纰漏和差错进行订正。通过修订，力求做到概念准确、表述正确、数字精确。

第二，新增课程思政内容，在章末增设“思政小课堂”栏目，结合本学科及课程特征，紧密贴合各章节安排的教学内容组织相应内容，并进行解读，引导学生树立正确的人生观、价值观、世界观。

第三，完善了物流信息系统设计实例，并对数据库结构进行了修改，以便于迁移到云平台。

本书修订后的内容如下：第1章介绍了物流信息系统的概念；第2章介绍了物流信息系统的基本技术；第3章介绍了物流信息系统的技术发展；第4章介绍了物流信息系统的开发方法；第5章介绍了系统规划和分析；第6章介绍了系统设计；第7章介绍了系统实施运行和评价；第8章以仓储管理信息系统为实例，介绍了物流信息系统完整的开发过程；第9章介绍微软Azure云平台，并介绍了如何把第8章的C/S结构的仓储管理信息系统升迁到Azure云平台，最后介绍跨平台物流信息系统的开发技术ASP.NET Core。

本书由尹涛任主编，于文龙任副主编。具体编写分工如下：尹涛编写第1、8、9章；何必编写第2章；刘含海编写第3章；冯海霞编写第4章；杨延珍编写第5章；于文龙编写第6、7章。为方便教学，本书提供电子课件和“开发实例——仓储管理系统（V5）”，任课教师可登录东北财经大学出版社网站（www.dufep.cn）免费下载使用。

本书在编写过程中参考了大量的文献资料，包括书籍和网络资料，借鉴和吸收了国内外众多学者的研究成果，在此，对各位专家和同仁们表示深深的谢意。

编　者

2021年6月

目 录

第1章 物流信息系统概述

学习目标

知识目标：了解数据、信息的概念以及它们的区别和联系；了解系统的概念及系统特点；熟悉物流信息系统的概念。

技能目标：能运用物流信息系统的组成理论分析、识别具体的物流信息系统的构成；能分析物流信息系统对物流企业的具体作用。

1.1 数据与信息

1.1.1 数据

物流信息系统处理的对象是数据，处理的结果是信息。什么是数据？数据是存储在一种媒介物上的非随机的记号或符号，它对客观世界中某种实体（具体对象、事件、状态或活动）的特征进行描述，是可识别的、抽象的符号。

数据可以有许多类型，一般认为，数字是数据，如电话号码05375556666；数值也是数据，如年龄是49岁，语文成绩是99分。这是最常见的数据的概念。另外一种常见的数据是文字文本，如姓名是张三、李四，张三、李四是文字数据。除了这三种常见的基本数据类型外，数据还有许多其他类型，如声音、图形、地图、照片、图像、连续的影像等都是数据，而且是多媒体数据。因此，凡是可以输入到计算机中处理的对象其形式化的结果就是数据。常见的数据类型见表1-1。

表1-1 数据类型

分类	举例
数字	05375556666
数值	49、99、23.1
文字	“张三”“李四”
图形	DNA双螺旋结构
图像、照片	电影《红海行动》剧照
地图	山东省行政区划图
声音	说话声
影像	摄像机拍摄的连续画面

企业管理业务的实质是处理数据，如公司里每个雇员的工资是数据，雇员的人事档案是数据，领导的签字也是数据。对于企业来说，大量的数据是以各种报表、图表形式呈现的，表1-2是报表实例。报表、图表是进行物流信息系统分析时的数据源之一。

数据是企业的一种非常宝贵的资源，是物流信息系统中最有价值的部分。物流信息系统的其他组成要素如计算机硬件、系统软件、条码读写器等，如果损坏可以通过更新设备、重装软件进行修复，但数据如果没有备份，一旦丢失、损毁，整个物流信息系统就难以修复。因此，做好数据备份是最基础也是成本最低的物流信息系统安全措施。

表1-2　　外商投资企业出口产品的绩效考核报表

填表单位：　　　　　　　　　　　　　　　　　　　　　　　　金额单位：万元人民币

<table>
<tr><th colspan="2" rowspan="2">产品名称</th><th rowspan="2">计量单位</th><th colspan="2">企业全部产品</th><th colspan="3">出口产品</th></tr>
<tr><th>数量</th><th>销售额</th><th>数量</th><th>销售额</th><th>占总销售额比重</th></tr>
<tr><td colspan="2">合　计</td><td></td><td></td><td></td><td></td><td></td><td></td></tr>
<tr><td rowspan="7">品
名</td><td></td><td></td><td></td><td></td><td></td><td></td><td></td></tr>
<tr><td></td><td></td><td></td><td></td><td></td><td></td><td></td></tr>
<tr><td></td><td></td><td></td><td></td><td></td><td></td><td></td></tr>
<tr><td></td><td></td><td></td><td></td><td></td><td></td><td></td></tr>
<tr><td></td><td></td><td></td><td></td><td></td><td></td><td></td></tr>
<tr><td></td><td></td><td></td><td></td><td></td><td></td><td></td></tr>
<tr><td></td><td></td><td></td><td></td><td></td><td></td><td></td></tr>
</table>

填报日期：　　　　　　　　　　　　　　　　填表单位（印章）：

说明：

1. 本表是为考核企业产品而设置的报表。由企业按当年累计数填报，于申请确认和考核时报审核确认机关。

2. 企业产品的销售以人民币的当年出厂价计算，出口产品的销售也按当年出厂价计算。

3. 产品名称合计栏按报告期全额填列。商品可列主要品名。

1.1.2　信息

1）信息的概念

信息是经过加工处理后对我们有价值的数据。数据经过处理后，其表现形式仍然是数据，这也说明了信息与数据的关系是“成品”与“原料”的关系。信息是有一定含义的数据，是经过提炼、筛选、分析和加工等处理过程的数据。信息与数据的关系如图1-1所示。

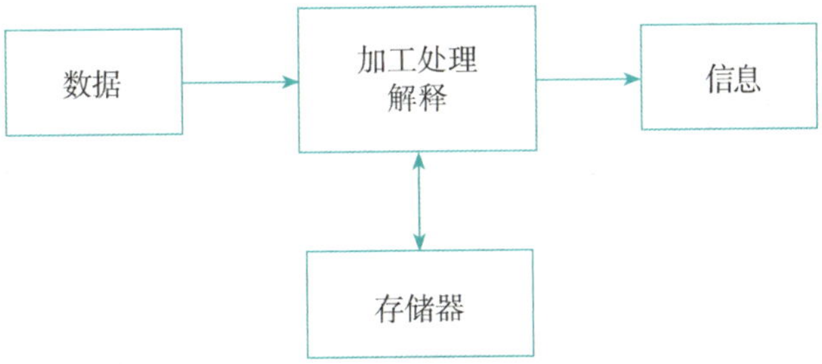

图1-1　信息与数据的关系

比如，公司里每个雇员的工资额是数据，处理这些数据后可转化成信息，用每个雇员的工资求和除以职工总人数得出的就是公司发放的平均工资，这一平均工资就是公司所有雇员的工资数据处理的结果，或者说是有价值的数据。不同公司的职工收入水平高低以平均工资来表示。

再比如，我们每天听天气预报，天气预报是数据，但对物流企业的领导来说，如果预报明天某地区有暴雨，就必须采取措施，采用应急的运输线路。这样，天气预报的数据就具有价值，也就由数据产生了信息。

信息只有被决策者使用才有价值，否则它还是数据，信息的价值是对决策者而言的。相同的数据对不同的决策者来说其价值通常是不同的。

信息和数据两个概念在日常生活中经常被人们混用。虽然对于信息系统来说，把二者加以区分是十分重要的，但有时，我们也没有必要详细区分信息和数据。

信息概念的重要性在于，它是人类社会活动的基本条件之一。从资源管理角度来看，人们把它当成物流信息系统中最有价值的部分，是企业的一种非常宝贵的资源。人们从事各种社会活动，总是要交流思想、记录情况、分析问题，这都是在处理信息。自从人类进入文明社会以来，就一直在以各种方式记录与处理信息。随着社会向前发展，信息量越来越大，信息及其处理就越来越重要。

2）信息的分类

信息的概念十分广泛，它的种类很多，各种属性也互不相同。对企业来说，可以按以下方法对信息进行分类。

（1）按企业主体分类，信息可以分为系统内部信息与外部环境信息。对外部环境信息，信息系统只能被动地接受，而不能改变外部环境信息的内容和格式，有时必须按外部环境信息的要求输出信息，比如对上级部门，要按其要求填写报表。因为外部环境信息的内容和格式往往已经预先确定，不能改变，这对信息系统的设计来说是不方便的。

系统内部信息，完全在企业内或某一部门内产生和使用，可以自己确定其内容和格式，这对信息系统的设计非常方便。

（2）按规范性分类，信息可以分为格式化信息与非格式化信息。

（3）按社会中的应用领域分类，信息可分为政治、军事、经济、管理、科技、文化、体育等类型。

（4）按企业管理层次分类，信息可分为三个层次：战略规划层（战略层）、管理控制层（战术层）和作业控制层。处在不同层次的管理有不同的职责任务，需要的信息也不同。通常把物流信息分为以下三级：

①战略规划层信息。战略规划层也称为高层，战略规划层信息是依据企业的环境和企业内部的情况进行战略决策所需要的信息。战略规划包括整个企业的使命、宗旨、总目标，为达到这一目标所必需的资源，以及获得资源、使用资源和处理资源的指导方针等内容。制定战略规划要大量地依靠来自外部的信息，往往把外部信息和内部信息结合起来进行预测和决策。

②管理控制层信息。管理控制层也称为战术层，战术层信息也可以称为中层信息。中层部门依据企业的战略规划制订具体的部门计划，采取必要措施更有效地利用资源，保证各项具体计划实施，从而实现战略规划。

③作业控制层信息。作业控制层也称为基层或事务层，作业控制层信息用来解决经常性的问题，完成具体的任务。作业控制层决策与企业日常活动有关，大多具有经常性、重复性和结构性的特点。

不同级别的信息在内容、来源、精度、寿命和使用频率上各不相同。越接近基层，信息越具体越规范；越接近战略规划层，信息越宏观、越概括，越需要管理者运用其判断力、直觉来决策。

例如，零担运输公司，为了作出作业控制决策，需要收集每位顾客的需求情况；为了作出管理控制决策，需要收集每天的顾客情况；而为了作出战略规划决策，则需要掌握某条线路全年的顾客人数及季节性的信息。

各个管理层次需要信息的特点见表1-3。

表1-3　**各个管理层次需要信息的特点**

层次	需要信息的特点				
	来源	信息量	精度	内容	时间跨度
高层（战略规划）	外部多	少	低	概括	长
中层（管理控制）	↓	↓	↓	↓	↓
基层（作业控制）	内部少	多	高	具体	短

由表1-3可知，作业控制信息大部分来自内部，信息的精度高，使用频率高，时间跨度短；战略规划信息则相反；管理控制信息介于前两者中间，并与前两者共同构成一个金字塔结构，如图1-2所示。

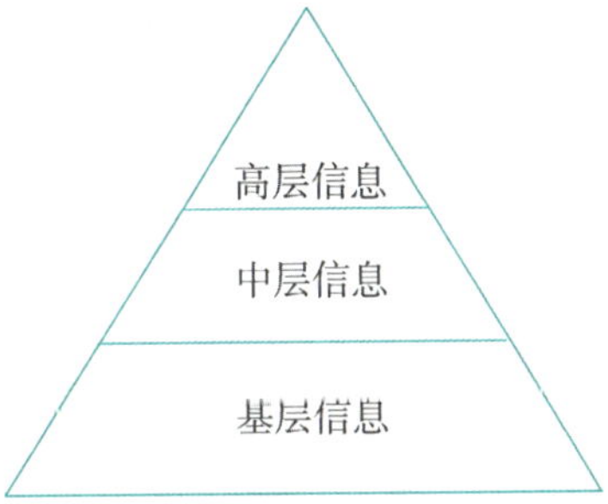

图1-2　按管理层次分类的信息结构

3）信息的属性

（1）价值性。信息本身不体现价值，信息价值体现在决策过程中，只有把信息用于决策，信息的价值才会表现出来。管理决策一定要以事实为依据，利用真实地反映客观现实的信息进行决策才不是盲目的决策。

（2）可加工性。信息可以通过一定的手段进行加工处理，如扩充、压缩、分解、综合、抽取、排序等。处理的方法和目的反映信息接收者获取和利用信息的特定需求。加工后的信息反映了信息源和接收者之间的相互联系、相互作用。应当注意的是，信息的内容是语法、语义和语用三者的统一体。信息在加工过程中要注意保证上述三者的统一，以免造成信息的失真。

（3）可传输性。信息源发出的信息，可以借助载体以相对独立的形式运动，也就是说信息可以脱离其来源进行传输。信息在传输过程中可以转换载体而不影响信息的内容。物流信息系统采用计算机网络进行信息的传输。

（4）可存储性。信息可借助于载体存储起来。信息的可存储性为信息的积累、加工和不同场合下的应用提供了可能。

（5）共享性。信息可以为多个信息接收者享用。企业在建立物流信息系统时利用网络可以实现信息的共享。

（6）滞后性。因为信息是经过加工的数据，经过加工的数据总是落后于事实发生的时间，作为成品的信息会由于加工而产生延时。因此，要尽可能加快处理速度，减少延时，以保证决策者能在最短的时间内获得实时的信息。

（7）时效性。信息与物质商品不同，信息通常只在某一时刻或某一段时间内有用，如交通信息与商品市场信息就是这样，超过时限之后就没有价值了。

4）企业中的管理信息

企业中的管理信息是在企业经营管理活动过程中发生的，是经过采集、加工处理后对管理者决策产生影响的各种信息。

企业中的管理信息的表现形式多样，如合同、订单、发票、报告、报表、单据、进度图、计划书、协议、标准、定额等。

管理信息的作用包括：①管理信息是企业进行管理工作的核心，管理工作的实质是处理各类信息。②管理信息是控制企业各类经营管理活动的手段，管理者发布的控制命令就是管理信息。③管理信息是企业的重要资源，信息的开发和使用是提高经营管理水平的关键要素。

1.2　物流管理概述

在物流企业中，物流信息系统是物流企业管理信息系统的核心子系统，物流信息系统的功能占企业管理信息系统功能的绝大部分甚至是全部；在非物流企业中，如制造业企业，物流信息系统是企业管理信息系统的重要子系统，服务于企业的核心业务——制造流程；物流信息系统还包括社会的公共物流信息平台。本书的物流信息系统包括以上三部分，重点介绍前两部分。

物流信息系统为物流管理业务提供基于现代信息技术的业务处理和辅助决策支持功能，因此它与企业的管理工作密切相关。为了充分发挥物流信息系统的作用，建设物流信息系统前应先从整体上了解企业的管理工作。学习物流信息系统的过程中遇到的难点之一是对实际的物流管理流程缺乏深入了解。因此，我们从物流管理的角度开始学习物流信息系统的知识。

1.2.1　管理和管理职能

管理是通过对企业的资源进行有效的计划、组织、领导和控制，从而实现企业经营目标的全部过程。

管理职能就是管理者在管理过程中所从事的各种活动或发挥的各种作用。尽管管理工作千差万别，看似各不相同，对管理职能也有着各种划分方法，但目前比较普遍的看法是，管理活动是由计划、组织、领导和控制这四大基本职能所构成的一个过程。

1.2.2　物流管理

1）物流管理的定义与内容

物流是指物料或商品在空间上和时间上的位移，它分为社会物流和企业物流两大类。社会物流即社会再生产各过程之间、国民经济各部门之间以及国与国之间的实物流通，它直接影响国民经济的效益；企业物流则影响整个企业的经营业绩和经济效益，它包括供应物流、生产物流、销售物流、回收物流和废弃物物流等。

现代物流管理是指在社会再生产过程中，根据物质资料实体流动的规律，应用管理的基本原理和科学方法，对物流活动进行计划、组织、指挥、协调、控制和监督，使各项物流活动实现最佳的协调与配合，以降低物流成本，提高物流效率和经济效益。

物流管理的内容包括：①对物流功能诸要素的管理，包括对运输、储存、装卸、搬运、包装、流通加工、配送、信息处理等环节的管理；②对物流系统诸要素的管理，即人、财、物、设备、方法和信息六大要素的管理；③对物流活动中具体职能的管理，主要包括对物流计划、质量、技术、经济等职能的管理等。

2）物流系统

物流系统是指由在企业中随着采购、生产、销售活动而发生的各种物流功能构成的，使物的流通效率提高的系统。它大致可由作业系统和信息系统两个系统组成。

（1）作业系统。作业系统是运输、储存、装卸、搬运、包装、流通加工、配送等各作业活动的总和。作业系统应采用各种实用技术，使各作业活动的功能完整地连接起来，进而实现最高的效率。

作业系统的主要功能要素如下：

① 储存。它是物流体系中唯一的静态环节，相当于物流系统中的一个节点，起着缓冲和调节的作用，实现物资的时间效益。其主要的载体是仓库。

② 运输。它是实现物质实体由供应方向需求方的移动，也是创造空间价值的过程。运输工具包括车、船、飞机、管道等，相应的运输方式有铁路、公路、航空、水路和管道等。

③配送。配送是物流系统中由运输派生出的功能，是短距离的运输，其特点是：配送的距离较短，位于物流系统的最末端，是到最终消费者的物流。在配送过程中，也包含着其他的物流功能（如装卸、储存、包装等），是多种功能的组合。配送是物流系统的一个缩影，也可以说是一个小范围的物流系统。

作业系统的辅助性功能要素包括：①包装；②装卸搬运；③流通加工；④信息处理。

（2）信息系统。物流系统中的信息系统特指物流信息系统。信息系统处理从订货到发货的各项活动信息，管理人员借助信息系统对作业系统进行指挥、控制、监督和管理，从而提高物流作业系统的效率。

物流信息系统的作用有以下几点：①将商品在适当的交货期内准确地配送给顾客；②对顾客的订货要尽量满足，不能使商品脱销；③适当地配置仓库和配送中心，维持商品适当的库存量；④使运输、装卸、保管等作业自动化；⑤维持适当的物流费用；⑥使从订货到发货的信息流畅通无阻；⑦把销售信息迅速地反馈给采购部门、生产部门和营业部门。

1.3　物流信息系统

物流信息系统是复杂庞大的，涉及企业物流管理的方方面面，涉及许多领域，包含了计算机技术和现代管理科学知识，因此，要用现代系统科学的观点对其进行研究。

1.3.1　信息系统

1）信息系统的概念

任何一个组织中都存在着信息流，组织利用信息流对其他事务流、物资流、资金流等进行控制、监督、协调。一个组织及其各职能子系统要充分有效地进行工作，就必须利用信息流，上下级间以及平行各级之间能在统一领导下彼此协调地进行有效的工作，关键就在于它们之间的信息流。在企业生产经营活动中，随着事务流、物资流、资金流及其他流的产生，总是同时伴生一个信息流。

在一个组织的全部活动中存在着各种信息流，不同的信息流用于控制不同的业务活动。若几个信息流组织在一起，用于多种业务的协同控制和管理，就形成了信息流的网络，即信息系统。信息系统就是对信息进行收集、整理、存储、加工、查询、传输并输出信息的处理系统，包括人、计算机、软件、数据等要素。企业中存在信息系统，信息处理工具可能是手工或计算机。在本书中，信息系统是指以计算机作为信息处理工具的人机系统，也常有人把信息系统称为信息管理系统。

2）信息系统的分类

按照信息系统的功能和特点，可将最常用的信息系统分为四大类。

（1）过程控制系统。用于过程控制的信息控制系统，是现代自动控制系统的核心。其特点是用途专一、响应速度快、常常要嵌入机器内部、体积小、重量轻，比如冷库的温度控制系统。

（2）信息资源服务系统。这类系统用于提供专门的信息资源服务，如图书馆等信息情报机构、数据库服务商的信息检索系统、Internet上的内容服务提供商的信息搜索系统等。其特点是信息存储量大，对查找速度、查全率与查准率要求高，并要能提供多种查询途径、查找方法和多种形式的查询结果，比如中国知网（CNKI）和超星数字图书馆都是信息资源服务系统。信息资源服务系统的服务对象往往范围广泛，如整个社会。

（3）管理信息系统。这类系统是为企业管理决策服务的信息系统。它是当前用得最广泛、类型最多的信息系统，甚至人们常常认为信息系统就是广义的管理信息系统。物流信息系统是管理信息系统的一个子系统。

（4）其他信息系统。如电子数据交换系统（EDI）、电子商务系统（EC）、企业资源管理系统（ERP）等。

3）信息系统的功能

从一般意义上说，信息系统的功能就是对信息（数据）进行采集、存储、加工、传输和输出，这也是信息处理的过程。信息处理的过程如图1-3所示。

数据→采集→存储→加工→传输→输出→信息

图1-3 信息处理的过程

（1）信息采集。信息采集也称为信息收集，是信息处理的第一个环节，也是非常重要的一个环节。在信息系统设计领域，有这种说法：输入的是垃圾，输出的也是垃圾。这就说明了信息采集的重要性。

从信息发生的时间上，可以把信息采集工作分为原始信息采集和二次信息采集两种。原始信息采集是指在信息或数据发生的当时、当地，从信息或数据所描述的实体上直接把信息或数据取出，并用某种技术手段在某种介质上记录下来。二次信息采集则是指采集已记录在某种介质上，与所描述的实体在时间与空间上已分离开的信息或数据。二次信息采集是在不同的信息系统之间进行的，其实质是从别的信息系统得到本信息系统所需要的关于某种实体的信息。

原始信息采集的关键要求是完整、准确、及时，做到不漏、不错、不误时。它要求时效性强、校验功能强、系统稳定可靠。由于它是信息系统与信息源的直接联系，而每种信息源又具有本身业务的特殊属性，因此，在技术手段与实现机制上常常具有很强的特殊性。

原始信息采集手段分为手工方式和自动化方式。手工方式的优点是成本低、灵活，可以用于任意适合的场合，但速度和准确性差。在不能用自动化方式的场合下，不得不用手工方式。手工方式往往需要把记下的数据手工输入计算机，劳动强度高；而自动化方式是理想的方法，速度快且准确性高，应尽可能采用自动化方式。自动化方式采用自动数据输入设备，输入的数据高度结构化，并进行了规范的编码。不同的数据格式和工作场合，用不同的数据输入设备，这类设备非常多，比如磁条、IC卡、条码。在物流信息系统中，采用较多的是条码阅读技术、无线射频识别技术。我们在第3章进行详细描述。

在信息系统的采集、存储、加工、传输和输出环节中，存储、加工、传输和输出都可以用计算机系统处理完成，速度非常快。系统的速度瓶颈是采集环节，为了提高信息系统整体速度，应尽可能在采集环节采用自动化输入设备。

采集环节采用自动化输入设备的关键是编码，自动化输入设备不如人类聪明，不是什么格式的数据都可以识别。自动化输入设备只能识别特定的、规格化的数据，不同的设备针对不同使用目的的规格化的数据而设计。

（2）信息存储。信息系统应具有存储信息的功能，否则它就无法突破时间与空间的限制。即使以信息传递为主要功能的通信系统，也要有一定的记忆暂存装置。信息的存储要考虑存储量、信息格式、存储方式、使用方式、存储时间、安全保密等问题。信息系统的存储功能就是保证已得到的信息能够不丢失。一般在信息系统中，信息量往往很大，信息格式比较复杂，要求存储比较灵活，存储的时间也较长，灵活性要求高，而且往往是多种技术手段并用，表现出结构上的复杂性。

由于信息的存储量大，描述的数据对象复杂，信息的存储技术从采用文件方式发展到数据库技术，信息的存储设备类型也很多，有软盘、硬盘、U盘、光盘、磁带、磁盘阵列等。

（3）信息加工。一般来说，系统需要对已经收集到的信息进行某些处理，以便得到某些更加符合需要的信息，或者使信息更适于用户使用，这就是信息的加工。

信息加工的种类很多。各种信息系统中的加工方法并不一样，往往只满足本系统的需要。而一种信息系统中的加工方法也有许多种类，一般意义上，大致可以分为数值运算和非数值处理两大类。数值运算包括简单的算术与代数运算、数理统计中的各种统计量的计算及各种检验。这些加工方法是专业领域的计算模型，如运筹学中的各种最优化算法以及模拟预测方法等。非数值处理包括排序、归并、分类等。

当前，数据加工的工具已经从手工、机械发展到了电子计算机。电子计算机是信息加工的设备，也是信息存储的设备。

（4）信息传输。信息的传输也称为信息的传递。信息从发生到加工、传递给用户、存储要跨越地理距离，当信息系统在地理上具有一定分布的时候，信息的传递就成为信息系统必须具备的一项基本功能。系统越大，地理分布越广，这项功能的地位就越重要。

信息的传输是数据通信问题，采用计算机网络技术能解决传输问题，根据布局和信息量的大小，选择合适的网络解决方案。实现局部范围内数据的传输目前最常见的解决方案是局域网，使数据在数据库服务器与客户端之间进行传输。如果在范围较大、采用局域网技术成本高的情况下，可考虑采用广域网技术。

（5）信息输出。信息系统的服务对象是管理者，它必须向管理者提供信息，否则它就不能实现其自身的价值。是否满足信息输出的需求，是评价信息系统的最重要的指标，没有输出的系统是毫无用处的。因此，输出信息的内容、方法、技术手段等在信息输出的设计中是重点考虑因素。信息检索是信息输出的一种类型。

信息的输出设备种类繁多，一般有显示器、打印机、音箱等。输出的信息形式有文本、图形、图像、声音。

以上列举了信息系统的五项基本功能。在具体的信息系统中，各项功能的实现机制是不相同的，在设计中考虑的优先次序也是不同的。但是，任何一个信息系统，都必须设置必要的构成部分去实现这些功能，任何一个环节上的疏漏都将使整个信息系统的功能失调。

1.3.2　物流信息系统的基本内容

1）物流信息系统的概念

（1）物流的概念。自从出现人类文明以来，人的生存和发展就离不开物流。现代的“物流”概念是综合的概念，它把仓储、运输、包装、配送、装卸、流通加工和信息服务等功能融合为一个整体，是一个综合性的系统。“物流”这一概念最早起源于20世纪初的美国。现代物流管理最早运用于第二次世界大战期间的美国陆军，之后这一理论和方法在美国企业界和理论界得到普遍认同和广泛运用。日本于20世纪60年代接受了物流革新的思想，并将其广泛运用于产业界，使物流的理论和技术更趋成熟。

物流业作为一个将生产与消费（包括生产性消费和生活性消费）连接起来的中间

纽带，为企业更快地将商品和服务送到消费者手中，为消费者更方便、及时地获得商品和服务，起着不可替代的作用。

总之，物流是以客户满意为目标，根据客户的要求和条件，从生产地到销售地，对仓储、运输、包装、配送、装卸、流通加工等环节进行有机整合，形成的实物、服务以及信息的流通过程。

（2）物流信息系统的定义。物流信息系统是为物流业务服务的，它主要处理伴随物流各个活动环节产生的物流信息。

物流信息系统（logistics information system，LIS）是以现代管理理论为指导，以计算机和网络通信设施等现代信息技术为基础，以系统思想为主导，建立起来的能进行信息的采集、传输、加工、储存，并为物流管理人员提供决策信息的人机交互系统。

物流信息系统的目标是为物流管理人员提供在物流管理工作中所需要的信息，管理人员包括各类、各层管理人员，物流信息系统是为物流管理工作服务的，而不是代替物流管理人员的工作。物流信息系统在高、中、低三个物流管理层次上支持管理活动。

物流信息系统是由一个技术系统和包括人在内的人机系统组成的。这个人机系统是以人为主体的系统，它对企业的各种物流数据和信息进行采集、传输、加工、储存，将有用的信息传递给使用者，以帮助企业进行物流业务的全面管理。具体的系统由计算机硬件、软件、通信网络、其他办公设备以及人员组成，还包括相应的管理制度。

物流信息系统功能是对物流数据进行采集、传输、加工、储存，并输出对物流管理工作有价值的信息。

物流企业中不同管理层级的人员使用物流信息系统处理不同层次的管理业务，物流业务人员使用物流信息系统处理物流业务，物流管理人员使用物流信息系统控制物流过程，决策人员使用物流信息系统辅助决策。

从系统的观点来看，物流信息系统是企业信息系统的一个子系统，它本身又可以分解成一系列的子系统。因为物流企业的核心业务是物流，所以有的人也把物流企业的管理信息系统简称为物流信息系统。建立现代物流管理系统必须有先进的物流信息系统，物流信息系统可以提高企业效率、降低经营成本、增强企业的核心竞争力，从而获得最大效益。

2）物流信息系统的类型

人们对物流信息系统的分类没有形成完全一致的意见，存在不同的分类标准，我们先列举其中几种。

（1）按业务支持层次划分，物流信息系统分为如下三类：业务处理系统、企业物流信息系统和决策支持系统，这种分类方法基本对应物流信息系统发展的三个阶段。这种划分也反映了物流信息系统功能从初级到高级的变化，对于企业建设物流信息系统有实际指导意义。

①业务处理系统。业务处理系统（transaction processing system，TPS）又称为狭

义的物流信息系统，TPS的主要功能是处理企业的常规业务，这些常规业务每天都会发生。

业务处理系统的特点包括：业务信息是高度结构化的信息，而且信息量大；问题是明确的，处理的方法是规范的，提供的信息一般是规范的报表，这种系统主要是由企业的各种业务操作人员使用；各项业务基本上还是一项一项分别进行处理，没有从企业的全局优化角度来开发系统。该系统主要是由企业基层使用，尚不具备对中层和高层管理工作的支持功能，如文书档案处理系统、订单处理系统、库存管理系统、销售管理系统、财务管理系统、预订宾馆客房系统、汽车售票系统等。

采用业务处理系统非常明显地提高了管理人员处理日常事务的效率，提高了物流信息处理的准确性和及时性。业务处理系统是非常重要的基础，企业要建立物流信息系统，必须先建立业务处理系统，在此基础上，再建立高级的物流信息系统。

②企业物流信息系统。企业物流信息系统，是从企业的全局优化角度来开发建设的系统。该系统除了可以处理常规业务外，还提供有关企业的总结报告和各种常规的数据报表，为有关的管理人员提供信息，主要为决策者提供决策用信息。企业基层使用该系统，对中层管理工作有支持作用，对高层管理工作的支持较少或没有支持。对于那些目标明确、具有确定的信息需求的结构化决策问题，系统能够在决策活动的各个环节给予决策者有效的支持。

③决策支持系统。企业遇到的某些决策问题目标含糊、信息不全、无固定的规则和程序去探索与选择方案、不能按常规选择方案，这种决策称为非结构化决策。

决策支持系统首先包括了企业物流信息系统，还包括决策支持功能，除了处理常规业务外，还为有关的管理人员提供信息，主要为决策者提供决策用信息，对中层管理工作有支持作用，尤其对高层管理工作决策有辅助支持作用。

决策支持系统的特点是：信息包含高度结构化的和非结构化的数据，业务包含规范的和非规范的问题。例如，在企业的库存管理系统中，不但要记录各种入库单、出库单，还要分析库存商品的数量和成本，为降低企业的经营成本提供支持。这时，系统面对的数据，既包括各种结构化的数据，又包括各种事先不能完全定义的半结构化数据和无法准确描述的非结构化数据。库存物流信息系统的目标不是简单地录入各种入库单、出库单、盘点等信息，而是通过对企业库存信息的规范化管理、实时监测和分析，为领导制定正确的决策提供完整的信息。

一般意义上，以上三种都称为物流信息系统，平常提到的物流信息系统指第二种企业物流信息系统，如果具有决策支持功能，这样的物流信息系统就称为决策支持系统。

（2）按支持的业务规模来划分，物流企业一般分为微型、小型、中大型，物流信息系统针对物流企业业务规模分为单机版、局域网版、广域网版。单机版物流信息系统适合微型、小型物流公司，支持客户订单管理、支持银行代发货款、支持短信自动通知、支持电话语音自动查询等功能。局域网版物流信息系统适用于小型或中型企业，公司在同一个地方多个窗口同时处理业务，局域网版物流信息系统一般采用客户机/服务器网络软件开发技术。广域网版物流信息系统适用于大中型企业在多个地方分布处理业务，一般采用浏览器/服务器网络软件开发技术。

（3）按其他角度来划分。物流信息系统的类型可以按物流的类型进行分类。物流活动广泛存在于社会经济领域，系统较为复杂，难以形成统一的分类标准，但根据物流服务对象的不同、物流服务空间范围的不同、物流服务目的的不同等，可以将物流分为以下几种主要类型：宏观物流和微观物流；供应物流、生产物流和销售物流；地区物流、国内物流和国际物流；社会物流、行业物流和企业物流；第一方物流、第二方物流和第三方物流。相应地，物流信息系统也就分成：宏观物流和微观物流信息系统；供应物流、生产物流和销售物流信息系统；地区物流、国内物流和国际物流信息系统；社会物流、行业物流和企业物流信息系统；第一方物流、第二方物流和第三方物流信息系统。

物流信息系统的类型按物流服务供应商进行分类更为具体，根据物流服务供应商的服务范围和方式，可以把物流服务供应商具体区分为以下三种主要类型：专门物流服务供应商、物流解决方案供应商、供应链创新商。根据物流服务供应商的类型，物流信息系统可以分为专门物流服务供应商物流信息系统、物流解决方案供应商物流信息系统、供应链创新商物流信息系统。

我们要讲述的物流信息系统主要是基于上面这三种类型。实际上，物流信息系统软件供应商往往按物流企业的业务，把物流信息系统分为如下几类：①物流中心物流信息管理系统；②第三方物流信息系统；③配送物流信息系统；④仓储管理信息系统；⑤运输管理信息系统；⑥国际货运代理信息系统；⑦报关信息系统；⑧船务管理信息系统；⑨港口码头集装箱管理信息系统；⑩连锁超市信息系统；⑪供应链管理信息系统；⑫企业集团物流信息系统；⑬ERP。

这些物流信息系统，有的是综合性的，包括物流的大部分业务，专业物流企业集团一般使用该类物流信息系统。有的专业物流企业规模巨大，业务范围广泛，包括海运、空运、陆路运输、仓储、配送等，业务地理范围遍及世界各地，如日本的宅急便、美国的联邦快递，国内的中国远洋海运集团。

有的企业只从事物流的一部分业务，软件开发商也把它称作物流信息系统。按从事物流业务的企业性质不同，把物流信息系统分为不同类型，有生产企业、商业企业、第三方物流服务企业、公路运输企业、仓储企业、物流增值服务（物流加工）企业、物流配送服务企业、集装箱码头、货运代理企业、船务公司等。物流信息系统也分为第三方物流信息系统、配送物流信息系统等。

3）物流信息系统的功能

我们从多角度研究物流信息系统的功能，以便充分认识物流信息系统的作用。一般从信息系统角度、企业管理层次角度和企业组织管理职能角度来划分物流信息系统的功能。

（1）从信息系统角度来看，物流信息系统具有信息系统的一般特性。从物流信息系统作为一种信息系统来说，其功能包括信息（数据）采集、存储、加工、传输，最终输出物流信息。

（2）从企业管理层次角度来看，企业管理层次分为高层、中层、基层，呈现金字塔结构，物流信息系统的功能也如图1-4所示具有层次结构，从低到高为：作业控制功能、管理控制功能、战略规划功能。

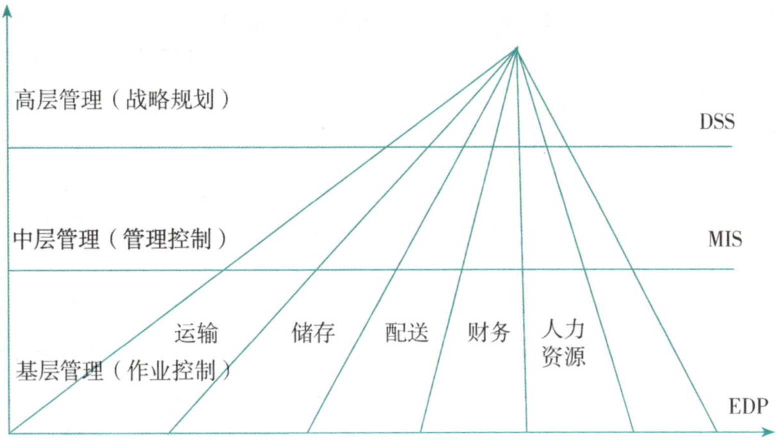

图1-4　物流信息系统的管理层次

物流信息系统具有基本功能——作业控制功能（EDP），能处理事务信息，处理物流作业和物流活动的有关事务，提供相应的合同、票据、报表管理及输入/输出的手段和功能。它是物流信息系统的基本功能，也是前面所说的业务处理系统。

有的物流信息系统具有管理控制功能（MIS），可以辅助中层管理者进行简单决策，提供包括仓库作业计划、库存管理、车辆运输路径选择等控制与管理功能，提供对物流系统状况和货物、车辆的监视与跟踪功能，并为顾客提供所需的网上查询和信息服务功能。

高级功能是战略规划功能（DSS），制定战略规划要大量地依靠来自企业外部的非结构化信息，为企业高层领导及管理人员提供相应的分析、优化、辅助决策和决策功能服务，主要包括：业务量分析、经营成本分析、业务机构效益分析、利润增长点分析、事故情况分析、保险与理赔分析、库存优化、配载优化以及客户行为分析、重点客户发现和市场性能评估等功能。设计具有战略规划功能的物流信息系统是困难的，因为信息和决策模式是半结构化、非结构化的，真正实用的具有战略规划功能的物流信息系统目前较少。

（3）从企业组织管理职能角度来划分。需要强调的是，并不能完全按照企业现有的管理职能来设计物流信息系统，要适应现代管理要求，必须对企业的组织职能重新设计，按新的管理职能设计物流信息系统的功能。物流的功能或物流管理的职能就是运输、储存、装卸、搬运、包装、流通加工、配送等各作业活动。物流信息系统的功能也包括运输、储存、装卸、搬运、包装、流通加工、配送，每一项功能是一个子系统，子系统又可以包含下属功能。不同的企业，不同的软件系统，系统的功能会有所差别。这种划分功能的方法，在物流信息系统设计中是习惯采用的基本方法。

按这种方法划分的物流信息系统的主要功能具体如下：

①仓储管理系统的功能。从成本的角度分析，物流成本约占商品最终售价的30%，而仓储作业的成本又相当于总的物流成本的70%～80%，因此，仓储运作效率

管理是物流管理的核心环节。

仓储成本高主要是由于仓储空间没有合理利用，造成了浪费；仓库作业流程不畅，导致效率低下；仓库区域设置简单、不合理，对仓库作业（主要是拣货作业）造成影响，又造成劳动力的浪费和低生产率；订单的信息处理环节薄弱，拣选指令主要以纸张为介质，发货订单直接使用客户订单进行拣选，没有位置信息，严重降低拣选效率，准确率低，从而造成客户满意度降低。

仓储管理系统一般面向第三方仓储企业、物流企业，能够提供高效、可靠、准确、分布式的现代化的仓储管理，主要完成仓库日常出入库登记、计算统计发生的费用、盘点库存货物、打印各种查询统计报表。

仓储管理系统功能包括货物入仓管理、货物出仓管理、货物转仓管理、自动收费管理和手工收费管理、仓储业务以及作业管理等系统。通过仓储管理系统，可实现储位分配自动化和智能化，提高仓储作业效率和速度，提供准确的库存信息，并使之与实际库存变化同步。

②运输管理系统的功能。运输管理系统的功能包括运输资源管理、运输成本管理、运输计划管理、装载优化、路径以及站点顺序优化、合同客户收货管理、零担收货管理、中转仓管理、车辆调度管理、车辆管理、车辆及货物跟踪管理、财务对账与结算管理等。

运输资源管理功能包括车辆、驾驶员以及允许的运输范围和线路资源等；运输成本管理功能包括单车营运成本的管理；运输计划管理功能包括生成运输计划、运输执行命令系统等；装载优化功能指提供优化的配载计划，使车辆车型的使用和搭配达到最优；路径以及站点顺序优化功能是提供站点顺序合理性建议以及优化的路径指引。

③配送管理系统的功能。配送管理系统有结算功能，能为客户提供从仓储、装卸、集装箱场装、配送到结算的集成作业环境，从而与客户建立更紧密的业务联系。

配送管理系统应具有以下功能：a.高效率进出仓作业功能。实时动态库容监控以提高入库效率；支持商品计量单位的转换及成套/零配件商品管理等特殊的库存需求；快速实现移仓、货主变更、寄仓单位变更、商品品质变更、法定商品检验等库存管理作业；完整严密的进出仓对应关系，全面掌控仓管操作。b.合同仓库管理。支持各类形式的合同仓库（包仓）作业，如包仓自管、包仓半托管、包仓托管。c.流线型订单处理。提供多样化的拣货规则来满足客户的不同需求，支持先进先出、后进先出、批次、手动方式来进行拣货处理，支持批量拣货的作业流程，以达到最佳工作效率。d.配送作业。整合仓库，接受来自一系列制造工厂指定送往某一特定客户的货物，通过装运整合与分类流程，把货物整合成单一的一票装运，或分割成个别的订货。e.出口集装箱作业。支持集装箱场装业务的管理。f.库存控制。系统支持客户在整个仓储和配送周期内实时获得动态的货物库存量、库龄及存放位置状况，以便进行存货控制。g.多仓共管与虚拟库存管理。支持网络环境下的多仓共管与虚拟库存管理。通过分布式数据管理技术，客户可同时对多个仓库库存进行动态监控。在分布式作业环境下，系统可自动跟踪客户的物流调拨与配送指令的执行状况，准确掌控库存动态可用量，以协助客户进行虚拟库存管理。h.反向回收作业。在产品销售中，退货处理和反向物流日益重要。支持下面两种类型的反向物流作业：退回仓库及工厂返工，协助企业建立退货处理规则和工作程序，以增加回收产品的再利用率。

（4）从业务集成角度划分。这是从物流业务处理的完整流程来划分系统的功能。以货运代理为例，货代包括公路运输货代、海运货代、航空运输货代等。下面以海运货代为例来说明货代管理的功能。

针对国际海运货代行业的业务特点，海运货代系统结合业务运作的流程，应具有从订舱管理到商务核算的完整解决方案。具体来说，应具有订舱管理（包括订舱、在线订舱、EDI订舱、订舱数据审核、订舱更正）、报关处理、拖车调度、拼箱管理、装箱管理、销售管理、运价管理和佣金管理、客户资料管理和客户服务管理、客户资信管理、市场动态分析、费用自动计算和台账审核、欠款分析、催账、自动提醒信用期超期的费用和客户、拼箱分担成本及利润的自动计算等功能。

货代管理具备使分布于全国甚至世界各地的货代公司分支机构通过Internet实现数据共享、数据传输、数据汇总、异地签单、异地出货等业务功能，可为客户提供基于Internet的在线询价、在线订舱、订舱确认、提单预览、提单查询等功能。

4）物流信息系统的结构

物流信息系统的结构是指系统内部各组成要素。根据对构成要素的不同理解，我们从物流信息系统的功能结构、硬件结构和软件结构来研究物流信息系统结构。前面我们从物流信息系统的功能结构角度研究了物流信息系统结构，下面我们从物流信息系统的复合结构——功能结构、硬件结构和软件结构来看物流信息系统的结构。

物流信息系统为实现组织的目标，对整个组织的信息资源进行综合管理，应对各种要素进行合理配置、有效利用。完整的物流信息系统包括以下几部分：

（1）企业数据。企业数据是企业物流信息系统最重要的组成部分（除工作人员外），是企业重要的资源，这些数据直接反映企业人、财、物和经营等情况。物流信息系统其他部分一旦损失，都可以修复，但企业的数据一旦损失，如果没有备份，根本不可能恢复，或恢复的成本极其高昂。因此，对数据的重视怎么强调都不过分，对数据管理的工作最重要的是数据备份。

（2）计算机硬件系统。物流信息系统包括计算机外部设备，计算机包括主机（中央处理器和内存储器）、显示器、外存储器（如磁盘系统、数据磁带系统、光盘系统、移动存储设备）、输入设备、输出设备。

（3）计算机软件系统。计算机软件系统包括物流专业软件和系统软件两大部分。物流专业软件泛指物流企业或者企业的物流部门所使用的信息系统软件，包括运输管理系统、仓储管理系统、配送管理系统、货代管理系统、车辆管理系统等。物流信息系统区别于其他类型的信息系统，是其特有的物流专业软件。有时物流信息系统即指物流专业软件。系统软件有必选的计算机操作系统、可选的各种计算机编译语言或解释软件、数据库管理软件等。企业建立物流信息系统的核心是拥有满足自己需要的物流管理专用软件包。

（4）存储介质。数据及其存储介质是系统的主要组成部分。有的存储介质已包含在计算机硬件系统的外存储设备中。大型的物流信息系统要建立独立的数据存储，如网络存储器、云存储。存储介质有各种形式，如光盘、数据磁带、录音带、录像带、缩微胶片、移动存储设备及网络存储器。

（5）通信系统。物流信息系统是多用户系统，要有通信系统解决数据传输问题，通信系统是用于信息发送、接收、转换和传输的设施。通信方式有无线、有线、光纤、卫星数据通信，通信系统包括计算机网络与数据通信的软件、电话、电报、传真、电视等设备。

（6）专用信息收集、处理设备。专用信息收集、处理设备是指适合具体物流信息系统的信息收集、处理设备，如各种电子和机械的物流信息采集装置，摄影、录音等记录装置，如IC卡读卡机、GPS接收机、条码扫描仪。

（7）物流信息系统的规章制度。建立物流信息系统后，需有相应的规章制度来保障物流信息系统的正常运行。规章制度包括确定人员的分工、权力、责任、工作规范、工作流程等内容的文件，有关信息采集、编码、存储、备份、加工、传输的各种技术标准和工作规范，各种设备的操作、维护规定等有关文件。

（8）物流信息系统的管理机构。企业在建立物流信息系统后应建立信息系统的管理机构，一般称为信息中心或信息部，其职责是负责物流信息系统的日常运行的记录、监控、管理、维护、数据的备份、人员的培训，系统开发的规划、设计、改进，计算机和网络的维修等。

（9）工作人员。工作人员是指使用、操作、维护物流信息系统的各类人员，包括计算机和非计算机设备的操作、维护人员，程序设计员，数据库管理员，系统分析员，物流信息系统的管理人员及收集、加工、传输信息的有关人员。企业也可以只设置具体操作人员，其他人员临时聘请。

5）物流信息系统的作用

用现代信息技术建立的物流信息系统，给物流业带来了革命性的影响。物流信息系统在供应商、分销商、零售商以及消费者这条供应链中起着重要的纽带作用，物流信息系统以及物流运营的水平直接影响到客户的满意度以及新产品从研制到投入市场的时间和效率。

通过信息系统管理物流业务，还可以有效地提高整个物流系统的灵活性、可靠性和速度。物流信息系统在配送中心仓储管理、运输与发货管理、供应链、物流系统整合等几个方面对物流管理起到了重要的作用。

从物流企业的角度来看，物流信息系统对物流企业的作用主要包括：

（1）物流合理化。物流合理化即优化物流企业的业务流程，物流合理化的趋势是物流的一体化系统。由于受信息不畅以及交易习惯的影响，改善物流条件的新思路不能得以有效地推行。而解决信息不畅、改变交易习惯能够最大限度地给物流一体化系统建设创造条件。优化物流企业的业务流程，改善物流企业的信息沟通方式，使信息共享，可以有效地提高整个物流的灵活性、可靠性和速度，使物流企业更有竞争力。

（2）提高了效率。物流信息系统提高了效率，带来了新的商机。物流信息系统有效地消除了信息传递的制约因素，以往许多无法实现的东西，都可成为现实，实现了以前无法实现的物流最优化。

比如，使用寻车寻货信息系统，可以快速、准确地掌握物流的动态，特别是在供应链管理系统下的商品移动状态，扩大了市场空间，并带来了一些新的物流服务内容，产生了新的商务活动。

物流信息系统可以缩短从接受订货到发货的时间，提高订单处理的精度，提高搬运作业效率，提高运输效率。

（3）库存适量化，提高资金利用率。没有物流信息系统，企业很少能够及时地提供各物流中心有多少库存，每天有多少商品入库、多少商品出库等的准确数据，供货只能是按估计来进行。由于担心断货，只能是大量地保持多品种的库存。由于厂家的库存补货与市场销售信息不衔接，因此补货只能按预先商定的方式进行。这是由于企业内部与市场信息之间的隔断所造成的。生产部门更多的是考虑如何降低生产成本，而往往忽视了对市场销售信息的了解。如果不能有效地掌握市场的销售动态，在一种“盲从”的状态下实施物流只能增加浪费。一般情况下，其浪费的价值要占物流总成本的30%。但是，要是能够做到准确掌握市场的销售动态，也就可以减少许多损失，提高资金利用率。使用物流信息系统，可以使以往难以掌握的库存、市场销售信息变得容易掌握。

（4）物流信息系统可带来效益。物流信息系统使建设物流一体化系统成为可能，它会带来生产、物流、销售全过程的流动资金增加，从而带来经济效益。准确地掌握市场销售信息，生产适销对路的商品，在必要的时间配送到必要的销售地点，这样一种生产、销售一体化结构的物流系统被称作“物流一体化系统”。在这个系统中，关键是有效地掌握销售信息。有效掌握市场的销售信息，是实施货物有效配送的前提。实施物流一体化系统，可以减少库存和消除重复运输，实现合理化的物流过程。由于保持了合理的库存，相对避免了销售机会的损失，实现了营业额的增长。由于避免了无效生产，自然也就避免了无效的供给。因此物流一体化系统可以给企业带来巨大的效益。

（5）提供个性化信息咨询服务。物流信息系统可以为客户提供实时的货物跟踪服务，及时、迅速地为客户提供仓储、配送等专业服务，使客户可以随时通过Internet查询自己的货物运输情况、地点等信息。这种个性化信息咨询服务，增加了企业的竞争力。

（6）减轻劳动强度。物流信息系统使接受订货和发出订货更为省力，减轻了劳动强度，减少、防止发货、配送出现差错。例如，到目前为止，菜鸟已经通过电子面单、智能分单、超级机器人仓库、末端配送机器人等技术，搭建起了一个智能化与自动化的物流网络。

1.3.3　物流信息系统的发展

1）国内物流信息系统的应用现状

《“互联网+”高效物流实施意见》（发改经贸〔2016〕1647号）指出，要推动传统物流活动向信息化、数据化方向发展，促进物流相关信息特别是政府部门信息的开放共享，夯实“互联网+”高效物流发展的信息基础，形成互联网融合创新与物流效率提升的良性互动。

运联研究院根据物流企业业务发展的阶段性，认为随着业务体量、客户需求多元化，物流信息系统的发展会经历单一系统、多系统、系统群三个阶段。

不同企业的业务管理逻辑存在较大差异，很多都直接体现在系统设计上。

（1）集成化与模块化。集成化系统的典型代表是德邦的FOSS，在整车骆驿系统和快递悟空系统开发出来之前，德邦的所有业务都必须是经过其开单走货，其系统只有辅助性的数据交互功能。

模块化的典型代表是顺丰的阿修罗，阿修罗是一个系统群的概念，类似搭积木，各功能模块独立存在，进行数据交互。

（2）开放性与严格闭环。加盟制的企业系统一般采用开放性的模式，不会严格要求数据必须经过所有的流程才能走通；而直营的追求流程的严谨性，必须要求流程闭环。加盟制的数据可以不必经过所有的流程即能走通，保证了灵活性。安能的鲁班、壹米滴答银河、中通的大运、韵达的泰山都是这个逻辑。

直营的系统如德邦FOSS，采用强管控逻辑，不严格按照流程就无法走通。

（3）自主开发与外包。在专业化分工的趋势下，越来越多的专业做物流软件系统的企业出现，IT外包成为一种趋势。

但是由于业务的复杂性，专业的系统企业很难满足个性化的需求，绝大多数的大型物流企业依然采用自主开发的模式。如顺丰、德邦、百世的IT团队均超过千人或接近千人，超过了90%的专业IT公司的规模。

除了行业的巨头以自主研发为主外，其他物流企业的IT策略则呈现多元化的趋势，主要有以下三类：自主开发型、混合型、外包型。

总体来说，我国当前物流信息系统应用存在以下几个特点：

第一，“互联网+高效物流”成为物流信息系统发展新战略。随着国家“互联网+”战略的提出，物流信息化发展的重点正在从技术创新向模式变革和产业升级层面转移。跨界竞争、共享经济、智慧物流、联动融合、互联网平台等新模式、新业态为物流信息化提供了广阔的发展空间。“互联网+高效物流”利用信息通信技术和互联网思维，推动互联网与物流业实现广泛连接和深度融合。

依托互联网等先进信息技术，创新物流企业经营和服务模式，将各种运输、仓储等物流资源在更大的平台上进行整合和优化，扩大资源配置范围，提高资源配置有效性，全面提升社会物流效率。

第二，新信息技术加快应用到物流信息系统中。物联网、云计算、大数据、人工智能等新兴技术在物流行业得到推广应用。嵌入物联网技术的物流设施设备快速发展，车联网技术从传统的车辆定位向车队管理、车辆维修、智能调度、金融服务延伸。云计算服务为广大中小企业信息化建设带来利好。大数据分析帮助快递企业预测运力需求，缓解了“双11”等高峰时期的“爆仓”问题，各项新技术在物流领域的应用取得积极成效。

第三，物流信息系统成效显著。近年来，货物跟踪定位、无线射频识别、电子数据交换、可视化技术、移动信息服务、智能交通和位置服务等先进信息技术在物流行业应用效果明显。2015年物流信息化监测显示，物流企业信息化应用KPI（关键绩效指标）表现突出，平均订单准时率达到93.5%，80%的企业订单准时率超过90%。88.9%的企业实现了对自有车辆的追踪，89%的企业实现了全程透明可视化。良好的应用效果为新技术的推广应用提供了重要支撑。

2）现有物流信息系统软件的特点

物流信息系统的核心是物流软件，物流软件按用户业务规模特点来说，可以分为三大类。

（1）高端物流软件。高端物流软件一般是指面向大型集团企业、大型专业化物流企业、大型物流园区与物流配送基地用户的物流软件。这类软件功能强大、完善，蕴含了规范化的先进物流管理理念，体现了国际上物流信息系统的先进水平，代表了国内物流软件的发展方向。

世界著名的高端物流软件供应商有SAP等，像IBM、Oracle等这样的大型IT公司也做物流软件，国内的中国石化、中国石油、海尔公司都是这些高端软件的客户。

国外的软件供应商在产品功能和成熟度上占有一定的优势，但是他们面临的最大问题是水土不服、费用高昂。因为管理模式不一样，管理思想、战略思想、人员素质等都有很大的差别。由于国外的物流软件费用动辄几十万甚至上百万美元，咨询服务费用都非常高昂，不是一般物流企业所能承担得起的。

（2）中端物流软件。中端物流软件是指面向制造业企业、专业化第三方物流企业和国际贸易企业用户的物流软件。第三方物流企业和国际贸易企业的业务特点是具体化和个性化，客户多品种、小批量、多批次。

国内有一些比较成功的中端物流专业软件供应商。这些企业往往有国外的资金或者是国外的技术做背景，起点是比较高的，同时，又是国内企业，有本土化的优势，跟客户沟通比较容易。

（3）低端物流软件。低端物流软件面向中小型第三方物流企业、制造业企业、贸易企业、区域分销商等用户。这类物流软件市场有着庞大的用户群体。

总的来看，国内的物流软件的品牌还比较分散，技术上也非常缺乏标准化的指导，设计不规范、不稳定，缺少综合型人才，尤其是熟悉行业管理的专业人才。物流信息系统要体现先进的管理理念，目前国内软件供应商与国际同行还有一定的差距，对先进的供应链管理理念了解不深，所以设计的系统还不能体现全球物流运作。

3）物流信息系统的发展趋势

当前我国的物流业和物流信息化，都处在一个加速发展的时期。对于国内大部分企业来讲，基础物流信息系统仍然是当前需求的主要内容。在相当长的一个时期内，企业的需求仍然是以规范流程来实现信息的采集、传输、存储、共享、输出，然后提供给决策者，而不会马上就涉及比较规范的现代物流理念。信息系统的任务就是为决策提供及时、准确的信息，这是所有行业信息化的共性问题、基础问题，物流企业同样如此。

在物流系统的各个模块的需求里面，也有很大的不同，其中最突出的是库存管理。库存管理仍然是物流软件里比较关键的环节，是物流信息系统研究的重点。

从行业来讲，物流发展最快的领域是连锁分销，因为我国的连锁分销业正处于一个业态结构巨大变动的时期，另外从产品特征来讲，那些产品更新周期特别短、周转速度特别快的领域，肯定是对物流信息系统最关注的。连锁分销是物流信息系统发展的一个重点方向。

制造业的物流将以ERP为主，扩展到物流的一些主要环节上去。严格意义上的供应链管理系统目前还比较少见，但供应链思想正渗透到各种物流信息系统建设中去。

有一个值得关注的特点是，制造业企业的物流信息系统多半是ERP的某种延伸，连锁分销企业的物流信息系统则是其核心竞争力的支柱。这一点说明制造业的物流外包在短期内可能发展得不会很快。

中国物流软件的应用先后经历了四种形态：定制化、通用化、行业化和平台化，到2012年平台化的应用模式成为市场的主流。自2009年开始，平台化与行业化模式呈正向增长趋势，而定制化与通用化逐年消退呈负向增长。平台化模式是未来增长速度最快的一种模式，而行业化模式则平稳发展，定制化模式逐渐淡出市场。

近年来，世界主要经济体正进入以数字化生产力为主要标志的全新历史阶段，我国以数字经济为代表的新动能加速孕育形成。传统物流企业数字化转型和新兴数字企业进入物流市场同步推进，物流商业模式和发展方式加快变革，拓展产业发展新空间。现代信息技术从销售物流向生产物流、采购物流全链条渗透，将助力物流业务在线化和流程可视化，增强全链条协同管理能力。数据和算法推动物流大数据利用，传统物流企业加速数字化智能化网络化，智慧物流模式将全方位提升管理效能。依托新型基础设施，数字物流中台全面发展，智能化改造提速，将带动传统物流企业向云端跃迁，上下游企业互联互通，中小物流企业加快触网，构建“数字驱动、协同共享”的智慧物流新生态，更好实现与实体经济融合发展。

基本训练

□ 知识题

1.单项选择题

（1）物流信息系统处理的对象是数据，处理的结果是（　　）。

A.报表　　B.出库单　　C.信息　　D.发票

（2）信息与数据是（　　）的关系。

A.甲方与乙方　　B.原料与成品　　C.总体与个体　　D.原料与加工

（3）物流企业不同管理层次分别是战略规划层、管理控制层和（　　）层。

A.高层管理　　B.仓储管理　　C.作业控制　　D.中层管理

2.判断题

（1）完整的物流信息系统的组成包括计算机硬件和软件。（　　）

（2）物流信息系统是以现代管理理论为指导，以计算机和网络通信设施等现代信息技术为基础，以系统思想为主导，建立起来的能进行信息的收集、传输、加工、储存，并为物流企业基层操作人员提供数据的人机信息系统。（　　）

(3) 物流管理的职能包括运输、储存、装卸、搬运、包装、流通加工、配送等各作业活动。物流信息系统的功能也包括运输、储存、装卸、搬运、包装、流通加工、配送等子系统。　(　　)

3. 多项选择题

(1) 系统具有 (　　)、整体性、目的性和环境适应性等特点。

A. 集合性　B. 相关性　C. 层次性　D. 特殊性

(2) 从物流企业的角度来看，物流信息系统对物流企业的作用主要是 (　　) 及可带来效益。

A. 物流合理化　B. 提高效率　C. 扩大市场　D. 提高资金利用率

4. 问答题

(1) 什么是物流信息系统?

(2) 物流信息系统的类型包括哪些?

5. 课堂讨论题

(1) 你所了解的电商物流信息系统的功能是怎样的?

(2) 伴随着传统物流企业数字化转型，物流商业模式会发生怎样的变化?

知识应用

□ 案例分析

物流信息系统的应用

2016财政年度（2015年2月1日至2016年1月31日）沃尔玛的营业收入达到近4 821亿美元，全球员工总数约230万名。如此庞大的队伍，确实可称得上企业帝国。这个企业帝国的成功秘诀之一是其物流信息系统。

沃尔玛的全球采购战略、配送系统、商品管理、电子数据系统、天天平价战略在业界都是经典。这些成功都是建立在利用信息技术整合优势资源、信息技术战略与零售业整合的基础之上的。沃尔玛在全球的门店通过它的网络可在1小时之内对每种商品的库存、上架、销售量全部盘点一遍。

在物流信息系统的支持下，沃尔玛能够以最优质的服务、最低的成本、最快速的反应进行全球运作。1974年，公司开始在其分销中心和各家商店运用计算机进行库存控制管理。1983年，沃尔玛用上条形码扫描系统。1984年，沃尔玛开发了一套市场营销管理软件系统，这可以使每家商店按照自身的市场环境和销售类型制定出相应的营销产品组合。1985—1987年，沃尔玛安装了公司专用的卫星通信系统，使得总部、分销中心和各商店之间可以实现双向的声音和数据传输，全球沃尔玛分店也都能够通过自己的终端与总部进行实时的通信联系。通过采用最新的信息技术，员工更有效地做好工作，更好地作出决策以提高生产率和降低成本。20世纪80年代，沃尔玛还开始利用电子数据交换系统（EDI）与供应商建立自动订货系统。到1990年，沃尔玛已与它的5 000余家供应商中的1 800家实现了电子数据交换，成为EDI技术的全美国最大用户。

沃尔玛的配送管理是它的物流信息系统中最重要的一环。20世纪90年代，沃尔玛提出了新的零售业配送理论：各商店由集中管理的配送中心提供货源，而不是直接将货品运送到商店。独特的配送体系，大大降低了成本，加速了存货周转，形成了沃尔玛的核心竞争力。沃尔玛的配送系统由三部分组成：

1. 高效率的配送中心

沃尔玛的供应商根据各分店的订单将货品送至沃尔玛的配送中心。配送中心则对商品进行筛选、包装和分拣。沃尔玛的配送中心拥有高度现代化的机械设施，85%的商品都采用机械化处理，这样就大大降低了人工处理商品的费用。

2. 快速的运输系统

沃尔玛的机动运输车队是其配送系统的优势力量。相对于其他同业商店平均两周补货一次，沃尔玛可保证分店货架平均一周补货两次。沃尔玛可以保证货品从仓库运送到任何一家商店的时间不超过48小时。通过物流信息系统跟踪物流，沃尔玛可以在全美范围内快速地输送货物，各分店即使只有极少量存货也能保证正常销售，大大节省了存货成本。

3. 先进的卫星通信网络

沃尔玛先后花费7亿多美元建起了目前的电脑与卫星系统。借助于这套庞大的物流信息网络，沃尔玛的业务沟通既迅速又准确。通过这个系统，沃尔玛每天直接把销售情况传送给5 000家供应商。公司电脑与总部联网，通过卫星通信系统，可以随时查货、点货。任何一家沃尔玛商店都具有自己的终端，并通过卫星与总部相连，在商场设有专门负责排货的部门。每销售一件商品，沃尔玛都会即时通过与收款机联网的电脑记录下来，都能清楚地知道每天的实际销售情况。各分店、供应商、配送中心之间建立的卫星通信网络系统使沃尔玛的配送系统完美无缺。这套系统的应用，使配送中心、供应商及每一分店的每一销售点都能形成在线作业，在短短数小时内便可完成“填妥订单—各分店订单汇总—送出订单”的整个流程，大大提高了营业的效率和准确性。

物流信息系统的应用使沃尔玛有关各方可以迅速得到所需的货品层面数据，观察销售趋势、存货水平和订购信息，甚至更多。根据产品外部需求订单，广泛应用信息系统推算原料需求量及交货时间，以最大限度地减少资金占用、减少库存、降低生产成本。

问题： 通过上述案例，分析物流信息系统对企业的作用。

思政小课堂

关键词： 智慧物流

近年来，我国物流业在货物运输自动化、运作和管理高效化等方面取得明显成效。以物联网、大数据、云计算、人工智能等新一代信息技术为支撑的智慧物流蓬勃发展，更是显著提高了我国物流行业的服务水平、降低了服务成本、减少了资源消耗。但也要看到，我国物流产业发展与经济高质量发展的要求相比还有很大差距，需要加快建设以“互联网+物流”为特征的智慧物流产业链。

（1）补短板。应充分发挥新一代信息技术对智慧物流发展的驱动作用，统筹制定智慧物流发展规划，科学合理布局物流枢纽，加强数字物流基础设施建设，促进物流基础设施线上线下融合；加大力度推动物流技术创新，建立信息共享平台，提高物流基础设施设备机械化、自动化、标准化水平，强化物联网、智能终端、智能仓库等的推广应用，大力发展"互联网+车货匹配""互联网+合同物流""互联网+货运经纪""互联网+库存管理"等新模式、新业态；研究出台统一的智慧物流技术标准，创新物流监管方式，制定优惠政策，为智慧物流发展营造良好政策和市场环境。

（2）降成本。物流成本居高不下，是制约物流产业健康发展的重要因素。智慧物流能够将制造、采购、电子商务、配送、仓储等产业各环节有机联系起来，实现物流产业链各节点资源的优化配置，从而有效降低物流产业链的运营成本和管理成本。可以运用大数据、物联网、人工智能等新一代信息技术对传统物流产业链进行改造，使物流企业随时掌握市场需求动态，实现对物流产业的精细化、动态化管理，推动物流产业转型升级。建立开放共享的物流信息平台和智能终端，简化物流信息传递过程，强化物流资源深度挖掘，打破行业间、企业间的信息孤岛和信息不对称，通过分析消费者订单类别、地域分布、口碑等大数据，科学合理制订分仓备货方案，使物流产业组织结构更加扁平化、产品内容更加多样化、物流服务更加智能化，提升物流运作效率和服务水平，有效降低物流成本。

（3）增效益。充分发挥智慧物流增效益的作用，要以人民日益增长的美好生活需要为导向，有效整合各类生产要素，突破物流产业链发展瓶颈，构建从产品生产到消费末端的高效服务体系，直接面向消费需求提供定制化物流服务，促进物流与商流无缝对接；围绕医药卫生、社会救助、生活用品服务、邮政普遍服务、可追溯食品供应链管理等民生领域发力，让人民群众拥抱智能物流时代、共享智能物流生活，为构建智慧物流产业链营造良好环境。

资料来源　马红梅．有的放矢：加快建设智慧物流产业链［N］．人民日报，2019-07-10（9）．

第2章 物流信息技术基础

学习目标

知识目标：了解计算机硬件系统、软件系统、计算机网络、广域网、局域网等概念；熟悉物流信息系统设计所需要的计算机通信网络技术、数据库技术。

技能目标：能组建简单的计算机局域网；能够根据用户需要制订物流信息系统的软硬件配置方案，选择合适的信息处理技术，为物流信息系统运行打下可靠的物质基础。

2.1 计算机系统

计算机系统由计算机硬件系统和计算机软件系统构成，两者缺一不可。

2.1.1 常见的计算机类型

物流信息系统使用的计算机包括多种计算机类型，可分为微型计算机、服务器，有的还包括大型机、工作站等。我们说的计算机一般是指微型计算机系统。POS机、手持数据终端是专用的微型计算机。

1）微型计算机

对终端用户来说，微型计算机是最重要的计算机，可分为台式计算机、便携式计算机两类。

台式计算机是物流信息系统中使用最普遍的计算机，是进行业务数据输入、输出的基本工作单元，在网络系统中一般作为客户端用机，有时也把高档台式计算机作为服务器使用。在固定工作场所使用台式计算机，必须具备稳定的电源。便携式计算机方便人们在外出时和移动中使用，多用于移动办公。便携式计算机具有远程通信的功能，用户可以随时随地访问主机和公司网络，可以将它作单机使用，也可以在需要时联网获得信息支持。营销人员用它在市场调查中实时采集数据，在产品、服务推销时为客户演示多媒体的产品信息。便携式计算机包括笔记本电脑、平板电脑、智能手机、手持数据终端。POS机是特殊的微机，是一种配有条码或OCR码的终端阅读器。

2）服务器

服务器是网络的核心部件之一，它为网络系统中的其他计算机提供服务，如提供文件服务、应用服务、数据库服务、通信服务和Web服务等。服务器与普通微型计算机最主要的区别是可靠性高，可以7×24小时不间断地工作。服务器广泛采用冗余、容错、热插拔等高性能技术，保证了关键业务正常运行。服务器采用多CPU结构；采用大容量热交换硬盘或容错磁盘阵列，配备一个或多个高速网络适配器；预装和配置服务器管理软件，提供服务器管理功能。

3）工作站

工作站通常是指图形工作站，是一种功能极强的微型计算机，具有很强的图形化处理功能，支持单、双显示的3D图形。它用于图形影像的设计处理，如机器零件的计算机辅助设计（CAD）、三维影像处理、地理信息系统的地图处理等。在复杂的物流信息系统中，常常用图形工作站处理物流信息系统需要的地图数据。图形工作站价格很高，如果普通微型计算机可以满足工作需要，就没有必要配置图形工作站。

4）大型机

大型机具有强大而齐全的功能，运算速度极高，可达每秒上千万次，存储容量大，连接数百至数千个终端同时工作，主要用于科学计算、事务处理、天气预测等工作。大型机主要应用于大型公司、港口、大型商场、企业集团、银行、航空公司订票系统、国民经济管理部门等。

2.1.2 计算机硬件系统

从外观来看，一台微型计算机硬件系统包括以下部分：主机箱、显示器、键盘、鼠标、打印机、音箱。主机箱上有光盘驱动器及各种插口。

从计算机组成原理来看，硬件系统包括以下部分：主机和外围设备。主机包括主板、中央处理器CPU（运算器、寄存器和控制器）、内存储器（只读存储器ROM、随机读写存储器RAM、高速缓冲存储器Cache）。主板是计算机部件的承载平台，CPU、RAM、电源、各种输入设备和输出设备都要安装或连接在主板上。外围设备包括输入设备、输出设备和外存储器。

计算机的输入设备主要是键盘和鼠标，此外还有语音输入设备、扫描仪、光电识别、手写输入设备、自动接收设备、触摸屏、IC卡读卡机等。不同的业务需要配备专用的输入设备，只有在数据的输入环节采用自动化输入设备，物流信息系统才可以说是高效的信息系统。

条码识别设备是组建物流信息系统必不可少的输入设备，其由扫描和译码两部分组成。根据扫描方式不同，扫描器可分为接触式扫描器和非接触式扫描器。接触式扫描器包括光笔与卡槽式条码扫描器；非接触式扫描设备包括CCD扫描器与激光扫描器。根据操作方式不同，扫描器可分为手持式扫描器和固定式扫描器。手持式扫描器特别适用于条码尺寸多样、阅读环境复杂、条码形状不规则的应用场合。在这类扫描器中，可细分为光笔、激光枪、手持式全向扫描器、手持式CCD扫描器和手持式图像扫描器。固定式扫描器工作时不用人手把持，适用于人手劳动强度大或无人操作的自动识别场合。固定式扫描器有卡槽式扫描器、固定式单线、固定式全向扫描器和固定式CCD扫描器等。根据原理不同，扫描器可分为光笔、CCD、激光和拍摄四类。光笔类扫描器只能阅读一维条码；激光类扫描器可以阅读一维条码和行排式二维条码；拍摄类扫描器可以阅读常用的一维条码、行排式二维条码和矩阵式二维条码。

触摸屏是输入输出一体设备，是一种直观的输入设备，使用方便。在显示屏表面覆有一种感应装置，用手指（或其他物体）触摸显示屏，感应装置将用户手指触摸的位置转换成坐标，并识别出用户的动作是单击、双击还是拖动，类似于用户直接操作鼠标。根据感应技术不同，触摸屏分为红外线感应式、声波感应式、压感电容式、压感电阻式等类型。在宾馆、展览馆等需要向公众提供信息查询和展示的服务行业信息系统中，触摸屏得到广泛应用，例如用于办公大楼的科室布局查询。

输出设备是用来输出计算机处理结果的装置。目前使用较普遍的有显示器、打印机、绘图仪、多媒体输出设备等。

外存储器有固定硬盘、移动硬盘、软盘、光盘、磁带、U盘等，用于长期保存大量数据。

2.1.3 计算机软件系统

仅仅有计算机硬件是不能解决问题的，除了硬件之外，还应当有软件，软件在计算机硬件上运行才能解决问题。没有计算机软件支持的硬件，仅仅是集成电路芯片、电路板和其他电子元器件的组合体，通常被称为“裸机”，不能进行数据处理。计算机硬件只能按照指令运行，计算机指令的集合称为程序，程序和相应的有关文档组成了计算机软件。在信息系统中，计算机硬件通过软件接收输入的数据并进行处理，再转换成用户所需的信息输出给用户。一般的程序都保存在外存储器（如硬盘）中，当需要执行特定的程序时，将程序从外存储器调入到主存储器中运行。程序只能在计算机的主存储器中运行。

物流信息系统使用在计算机硬件上运行的软件来实现各项功能。计算机软件由程序、该程序的各种文档、相应的系统数据组成。程序是解决问题的步骤或顺序，以某种计算机语言表示。文档是描述及使用程序的有关资料，没有使用说明文档，用户就无法正确地使用、维护软件；没有设计说明文档，程序设计人员就无法对软件进行维护、更新、改造、完善。系统数据是指业务应用程序能正常运行所需要的基本“原料”，如各种标准代码。程序是软件的主体，是可执行的部分，是物流信息系统开发的最重要的部分。从应用的角度出发，可将计算机软件划分为应用软件和系统软件两大类。

1）应用软件

应用软件是直接服务于用户的程序系统，用户操作应用软件来完成自己的业务处理。一般地，应用软件包括专用应用软件和通用应用软件两类。

（1）专用应用软件。专用应用软件是满足用户对数据处理的专用功能需求，由专业开发人员采取信息系统开发的方法与技术为用户单独开发。例如，火车订票系统、图书情报检索系统、档案管理系统、辅助教学软件等都是专用应用软件。物流信息系统软件属于专用应用软件，开发物流信息系统实际就是开发专用应用软件。

（2）通用应用软件。通用应用软件是具有某些通用信息处理功能的商品化软件。这种软件对某些应用具有通用性，因此可以被许多具有此类应用需求的用户所使用。它一般具有较强的通用性，提供多种功能，用户可以灵活地配置软件以满足其特定的需求，常用的通用应用软件有以下几种：①办公系列软件：文字处理软件Word、WPS，表格处理软件Excel，幻灯片软件PowerPoint。②数值统计分析软件：SPSS、SAS。③软件流程图制作软件：Visio。④电子邮件软件· Foxmail、OutLook等。⑤财务核算软件：用友、金蝶等。⑥网页设计软件：FrontPage、DreamWeaver等。⑦计算机病毒防护软件：Avira Antivirus Pro（小红伞）、360安全卫士等。

通用应用软件一般是由计算机软件开发商开发的商品化软件。物流信息系统专用应用软件有时需要通用应用软件支持或和通用应用软件一起使用。

2）系统软件

仅有应用软件是不够的，没有其他软件的支持，应用软件就无法运行，我们把这类支持性软件称为系统软件。系统软件是指对整个计算机系统进行调度、监控、管理和维护的软件，是为其他程序提供服务的程序包。应用软件的销售商通常是不提供系统软件的，物流信息系统使用人员要注意这一点，做软件购置预算时不能仅仅考虑应用软件。

系统软件主要包括操作系统、数据库管理系统、程序设计语言等。

（1）操作系统。操作系统是最基本的软件，每一台计算机都必须安装操作系统。物流信息系统软件销售商销售的软件在默认条件下不提供操作系统软件。

客户端用的操作系统通常是Windows系列，另外一种免费的操作系统Linux逐渐受到更多用户的欢迎。

服务器端用的操作系统和客户端用的操作系统功能不同，服务器为网络中的客户端提供公共服务，支持多用户操作，具有非常高的稳定性和可靠性，响应速度快。该类操作系统常用的是Windows Server系列、UNIX。Linux也可以用于服务器端的操作系统，费用极低或免费。便携设备越来越多地使用自由免费开放源码的Android操作系统。

（2）数据库管理系统。数据库管理系统是管理数据库的工具。物流信息系统是基于数据库管理系统设计的，而物流信息系统软件销售商销售的软件在默认条件下也不提供数据库管理系统。由于大型数据库管理系统（MS SQL Server、Oracle、Sybase、DB2、Informix等）价格不菲，因此许多物流企业选择使用小型数据库系统Access开发桌面版物流信息系统。

（3）程序设计语言。物流信息系统应用软件的开发需要开发工具支持，开发工具也是软件，称为程序设计语言。我们将程序设计人员使用程序设计语言编写出来的程序称为源程序。源程序不能在计算机上直接运行，必须用程序设计语言中的编译功能把源程序“翻译”成计算机可直接执行的目标程序或可执行程序。

开发物流信息系统应用软件需要许多工具，目前，在市场上就有很多开发工具可以满足物流信息系统不同的应用软件的开发要求，例如，集成化开发工具有Visual Studio、JBuilder等；工程计算类开发工具有Fortran等；网页制作工具有Dream Weaver、Fire Works、Front Page、Home Page等；多媒体制作工具有Flash等；动态网页开发工具有ASP.Net、JSP、PHP（personal home page）等；计算机辅助软件工程工具有Rational Rose等。

2.2 计算机网络

物流信息系统信息的采集、处理、使用、存储等工作一般在多台计算机上进行，这些计算机分布在不同地理位置，多台计算机协同处理业务要解决计算机数据通信的问题，这就要使用计算机网络技术。因此，计算机网络技术是物流信息系统设计的基础。

2.2.1 计算机网络的概念

1）计算机网络的基本概念

什么是计算机网络？简单来说，计算机网络是多台计算机构成的一个系统。具体来说，计算机网络是用传输介质把分布在不同地理位置的计算机和其他通信设备联网，用网络软件实现数据通信和资源共享的分布式系统。

计算机网络的构成元素包括网络硬件和网络软件。网络硬件包括端节点、转接节点和传输介质。端节点包括计算机等；转接节点包括集线器、交换机、路由器、通信处理机等；传输介质包括双绞线、同轴电缆、光缆等。计算机网络的构成元素包括传输介质（通信线路）、通信设备、计算机系统（服务器和客户端计算机系统）和网络协议软件。

网络共享的资源包括网络中的硬件资源和软件资源，软件资源中主要的部分是数据。数据资源是计算机网络中最有价值的部分，共享数据也是组建计算机网络的主要目的。因此，计算机网络从功能上可以分为负责通信的通信子网和实现共享目的的资源子网两个部分。通信子网负责整个网络的通信、管理与控制，是计算机网络重要的硬件平台，解决数据的通信问题。通信子网硬件包括通信控制与处理设备（交换机）和通信线路。组建计算机网络的第一步是先在物理层面上搭建通信子网。

2）计算机网络的主要功能

（1）支持协同工作。计算机网络的首要功能是支持协同工作，一些工作必须在多台计算机上完成。比如联网售票，不可能所有的顾客到一台计算机前购票，计算机网络使多台计算机同时售票成为可能。许多企业的业务往往是跨地理位置的，计算机网络将跨地理位置的计算机连成一体，从而实现业务的协同处理。

（2）数据通信。数据通信是网络的基本功能，通过网络可实现方便、快速及低成本的信息传输，以便于数据的跨地区传输和集中处理。网络所提供的数据通信方式越来越多，如电子邮件、公告板系统BBS、即时通信、可视电话、视频会议等功能，使网络用户可以进行跨地区的交流与合作。

（3）资源共享。计算机网络系统中有大量资源，如大型计算机、大量数据、特殊I/O设备、大型系统软件与应用软件等，用户通过网络可以共享这些分散于不同地点的资源，共享数字、文本、语音、图形、图像等多种媒体的信息。云计算技术可以使用户在一台终端机上通过浏览器享用网络中的数据、软件和计算机资源。

（4）增强信息系统的可靠性。计算机网络可以增强计算机信息系统的可靠性。计算机网络中的各台计算机可以通过网络互为备份计算机，一旦某台计算机出现故障，它的任务可由其他计算机接管过来，这样，计算机网络整体的可靠性就得到了提高。

3）计算机网络的类型

按网络采用的通信技术不同，计算机网络可以分为有线网络和无线网络。无线网络采用无线电通信技术，有线网络的通信技术使用介质传输数据，如光缆、双绞线、同轴电缆等。

按网络覆盖区域的大小，计算机网络可分成局域网、城域网和广域网。有限的区域，如几百米到数千米之内，把计算机连成的网络称为局域网（local area network，LAN）。局域网常用于一幢大楼内、紧邻的楼群之间或一个分布有限单位内的通信。局域网是高速网，传输速率通常为10Mbps～1 000Mbps。一般来说，一个企业构建一个局域网即可满足办公需要，如果距离较分散，可以考虑构建多个局域网，多个子网构成一个大的局域网。常用局域网技术构建部门网、企业网、校园网、园区网等。城域网（metropolitan area network，MAN）的适用范围比局域网大，它也是高速网，其建网技术、运行方式与LAN相似。城域网是高速公共网，在城市或小区中建设，运营商为大众提供高速上网连接，有的还提供内容服务，如视频点播。广域网（wide area network，WAN）是比城域网地域更广大的网络。广域网也使用公共的通信系统，利用多种通信设施覆盖广大的地理区域，如光纤、卫星传输、海底电缆、电话线等。Internet是世界上最大的广域网，覆盖全球。

按介质访问控制方式不同，计算机网络可分为以太网（ethernet）、令牌环网（token ring）、光纤令牌环网（fiber distributed data interface，FDDI）、异步传输模式（asynchronous transfer mode，ATM）。

另外，还可以按网络拓扑结构对网络进行分类。

4）计算机网络的拓扑结构

计算机网络的结构指网络上各个节点的物理布局，我们只关心连接的形状。拓扑学是几何学的一个分支，它研究与大小、形式无关的线和面的特性几何问题，所以，计算机网络的结构一般称为网络的拓扑结构。

网络节点：网络中起信息转换或信息访问作用的设备。信息转换节点有路由器、交换机等；信息访问节点有终端、微机等。

链路：两个节点间的通信线路。

网络基本的拓扑结构有星形结构、环形结构、树形结构、总线式、卫星和无线电式。星形结构、环形结构、树形结构是点到点式网络拓扑结构，其特点是每条链路连接一对节点，这一对节点间彼此可以直接通信；总线式、卫星和无线电式是广播式拓扑结构，其特点是只有一条由所有节点共享的通信线路。

（1）星形结构。网络有一个中央通信节点，网络上的其他节点均以自己单独的链路与通信中心相连。其优点有：网络结构简单，便于管理；从终端到处理中心单独占用线路，延时低，一个端口和一条线路的故障不会影响到其他计算机；建网方便容易，成本较低。其缺点有：通信线路总长度较长，总线路成本较高；由于实行集中控制，一旦中心节点出问题，整个网络将陷入瘫痪，系统的可靠性低。

（2）环形结构。网络上的各个节点连接成封闭环回路，用令牌传递的方法进行数据访问，而线路是公用的，路径是固定的，信息流是单向的。其优点是网络总的通信线路短；缺点是回路中任一节点有故障时都会影响整个回路的通信，节点增多时效率下降，负载能力较低。

（3）树形结构。网络上节点之间的连接像一棵倒悬着的树，同一节点和多个节点相连。其优点是通信线路总长较短；缺点是结构复杂，中心节点出故障时对整个网络有较大的影响。

（4）总线式。共用一条公共线路，网络中瞬间只有一台机器是主站，可以发送信息。如果有两台机器同时需要发送信息，则需要由某种仲裁机制来解决可能引起的冲突。其优点是节省了电缆和其他连接设备，使用的电缆较少，安装容易；缺点是网络连接线出故障时会对整个系统影响较大，一旦总线上某点发生故障，将会影响到所有用户，导致整个网络瘫痪。

（5）卫星和无线电式。每个节点都有自己发送和接收信息的天线，用来接收来自卫星或其他无线电的信息，这种结构一般适用于地理范围广阔的单位之间的通信或不便架设有线网络的通信。其优点是可以跨越较大的地域，建设方便；缺点是容易受到干扰。

2.2.2 局域网

局域网是由一组相互连接、具有通信能力的计算机组成，并分布在较小地理范围内的计算机网络，它通常建立在计算机较集中的政府部门、学校、研究所、大中小型企业、服务单位内部，为一个单位所拥有，自行建设，不对外提供服务。

局域网的优点有：①资源共享。如办公室里有若干台计算机，只有一台打印机与其中一台计算机相连，这样就只有这台计算机才能使用打印功能，如搭建局域网，则每台计算机都能通过网络使用打印功能。②快速通信。部门的有关决定文件能迅速地发送到各相关部门的计算机中，企业单位内部之间信息沟通方便、可靠、快速。③分布处理。在一个小的地理范围内，在多台计算机上协同处理业务。

1）局域网的组成

局域网一般由传输介质、网络通信设备、网络服务器、客户端计算机系统和网络协议软件等组成。局域网采用总线、星形、环形拓扑结构，传输介质有双绞线、同轴电缆、光纤等。

（1）局域网的传输介质。传输介质是网络中发送方与接收方之间的物理通路。局域网使用的传输介质主要是双绞线、同轴电缆、光纤等，此外还有一些附属设备，主要是进行连接的网络配件，如线缆接头、T形接头、终端匹配器等。传输介质除有线传输介质外，还有无线传输介质，如无线电波、微波、红外线等。

（2）局域网通信设备。局域网的主要网络通信设备有网卡、Hub（集线器）、交换机、路由器等。

①网卡。网卡是安装在计算机中的接口部件，服务器和客户端计算机都要安装网卡，将各计算机连接成网络。

②Hub。由于信号在网络传输介质中有衰减，使有用的数据信号变得越来越弱，

为了保证数据的完整性，并可以在一定范围内传送，要用物理器件把所接收到的弱信号分离，并再生放大以保持与原数据相同，这类物理器件称为中继器。Hub也称集线器，可以说它是一种特殊的中继器。作为网络传输介质间的中央节点，集线器能够提供多端口服务，完成物理线路的连接。Hub是共享通信设备，相当于多个子信道分享通信线路。集线器也可分为无源集线器、有源集线器。

③交换机。交换机也可以对信号进行放大，并能够提供多端口服务。网络交换机工作在数据链路层上，可建立多个并发的通信，允许多个信道同时传输信息，因此交换机速度比Hub快，端口数也较多。交换机可以把大网络分成许多网络段，使每个网段享有一定的带宽。网络交换机的优点是分割冲突（碰撞）与减少冲突；允许建立多个连接以提高网络总体带宽；减少每个网段中的站点数以提高站点平均拥有的带宽。网络交换机在网络中作为LAN核心主干连接设备，可以提高网络通信流量，适用于对网络响应速度要求比较高的场合。

④路由器。随着网络中计算机数量的不断增加，将所有的计算机都连接在同一个网络上，会严重影响网络的性能，对于网络的管理和网络安全也会造成很大的影响。对网络进行分段可以解决这些问题，但如果将网络分成独立的网段（也就是子网），则必须提供必要的机制，以使不同网络中的计算机可以互相通信，这就需要使用路由器。路由器可将不同的网络连接在一起，也可将局域网连接到广域网。

2）局域网中的介质访问控制方法和局域网类型

局域网中数据的通信方式是广播传送方式，即在一定的拓扑结构中广播传送数据包，而不采用存储转发方式，因此网络中同一时刻只有一个节点才能传送数据包。解决多个节点传送数据包的冲突问题的方法有多种，如介质访问控制方式，它是网络中多节点之间信息传输的基本控制方式，是局域网的通信协议和控制的基础。根据介质访问控制方式不同，可以把局域网分成以下几种类型：

（1）以太网。以太网是按照IEEE802.3协议建立的局域网络，它的冲突解决协议是CSMA/CD（载波检测多重访问/冲突诊断）。它是网络中各节点基于竞争的随机访问传输介质的方法，其原理类似于多个学生按抢答器争取发言的机会。当一个节点在发送信息且已准备就绪时，先监听信道，如信道空闲，就可以抢先占用信道发送报文。发送数据的同时，通过碰撞检测机制检测是否同时有其他节点正在占用信道发送数据；如果没有，则抢先成功，继续发送数据；如果有，则说明发生了碰撞，就产生了冲突，参与冲突的各方就都停止发送，等待下次机会。以太网是一种总线形式的局域网。

目前，以太网是使用最广泛的局域网类型，从速度上可以分成以太网、快速以太网和千兆以太网。以太网传输距离有限，大型网络不用其作为主干网。

（2）令牌环网。令牌环网采用按需分配信道的原则，其原理类似于通过击鼓传花的方式轮流获得发言机会，即按一定的顺序在网络节点之间依次传送称为“令牌”的控制信息，得到令牌的节点若有信息要发送，则将令牌置为“忙”，以表示信道被占用，随即发送报文。报文发送完毕后将令牌置为“空”，令牌将传给下一节点。

（3）光纤令牌环网。光纤令牌环网介质访问控制方式是指以光纤为传输介质的高速局域网的介质访问控制方式。该方式在原理上与令牌访问控制方式相似，采用光纤传输介质，有较高的数据传输速率要求。光纤分布数据接口采用双环备份方式，每环单向传输，传输距离可达上百千米，可靠性高，适合于作为局域网、园区网的主干网。

（4）异步传输模式。异步传输模式（ATM）是一种高速的网络传输和交换信息模式，使用信元交换技术，比现有的电路交换方式更为优越。在传统的电路交换模式中，要用不同的线路来传输不同类型的数据，而信元交换技术可以在同一条线路上传送声音、数据和图像。ATM像电路交换技术一样具有固定的传输延迟和约定的传输能力，又像包交换技术一样能有效地处理非连续传输。ATM有别于共享访问式网络，其数据只出现在数据源和数据库之间的数据链路上。数据包是在直通式连接上传输，ATM的直通式连接使得端到端之间的延时更少。这种独特的交换技术允许在同一网络上支持多种不同的链路速度。目前，ATM既支持五类双绞线和多模光纤（传输速率100Mbps～155Mbps），也支持单模光纤（传输速率155Mbps～622Mbps），适合局域网、园区网的主干网采用。

2.2.3 无线局域网络

连接局域网的传输介质往往是有线介质，这些有线介质在某些特定的场合均存在一定的问题。例如，拨号线的传输速率较低；租用专线的速率虽然可以，但是每年的租金也较高；双绞线、同轴电缆、光纤则存在铺设费用高、施工周期长、移动困难、维护成本高、覆盖面积小等问题。若采用无线网络，上面的一切问题就都解决了。目前，无线网络技术已相当成熟，广泛应用于各种军事、民用领域。高速无线网络的传输速率已达到11M以上，完全能满足一般的网络传输要求，可传输文字、声音、图像等，甚至可以用于多路声音、图像并发的传输。无线网络的最大传输距离可达到几十千米，甚至更远，而且随着无线网络的应用领域越来越广，其相应的价格也降下来了，只需一次性投资，省去了许多后顾之忧。无线网络在性能、距离、价格上完全可以与有线网络相媲美，甚至在某些方面优于有线网络。

无线网络可以用于有线介质无法连接的地方或者有线介质连接比较困难的场合，特别适合港口、码头、古建筑群、市中心两幢高楼之间等地方的信息传输。在有线局域网中，两个站点的距离在使用铜缆时被限制在500米，即使采用单模光纤也只能达到3 000米，而无线局域网中两个站点间的距离目前可达到50千米，距离数千米的建筑物中的网络可以集成为同一个局域网。它不受障碍物限制，速率较高，架设也很方便，组网迅速快捷，可将局域网扩大到整个城市。

无线局域网的抗干扰性强、网络保密性好，有线局域网中的诸多安全问题在无线局域网中基本上可以避免。相对于有线网络，无线局域网的组建、配置和维护较为容易，一般计算机从业人员都可以胜任网络的管理工作。

无线网络的发射功率较一般的手机要微弱许多，无线网络发射功率为60mW～70mW，而手机发射功率约为200mW，其使用的方式亦非像手机一样直接接触人体，因此较安全。

1）无线局域网络技术

无线局域网的基础还是传统的有线局域网，是有线局域网的扩展。它只是在有线局域网的基础上通过无线Hub、无线访问节点（AP）、无线网桥、无线Modem、无线网卡等设备使无线通信得以实现。与有线网络一样，无线局域网同样也需要传输介质，只是无线局域网采用的传输介质不是双绞线或者光纤，而是红外线（IR）或者无线电波（RF），且以使用后者的居多。

（1）红外线系统。红外线局域网采用小于1微米波长的红外线作为传输媒体，有较强的方向性，由于它采用低于可见光的部分频谱作为传输介质，使用时不受无线电管理部门的限制。红外信号要求视距传输，并且窃听困难，对邻近区域的类似系统也不会产生干扰。在实际应用中，由于红外线具有很高的背景噪声，受日光、环境照明等影响较大，一般要求的发射功率较高，而采用现行技术，特别是LED，很难获得高的比特速率（大于10Mbps）。

（2）无线电波。采用无线电波作为无线局域网的传输介质是目前应用最多的，无线电波的覆盖范围较广，应用较广泛。使用扩频方式通信时，特别是直接序列扩频调制方法因发射功率低于自然的背景噪声，具有很强的抗干扰、抗噪声、抗衰减能力。无线局域网使用的频段主要是S频段（2.4GHz～2.4835GHz），这个频段也叫ISM（industry science medical），即工业科学医疗频段，该频段属于工业自由辐射频段，不会对人体健康造成伤害，所以无线电波成为无线局域网最常用的无线传输介质。

2）无线局域网的主要协议标准

目前比较流行的有802.11标准、蓝牙（Bluetooth）标准以及家庭网络（HomeRF）标准。

（1）802.11标准。IEEE 802.11无线局域网标准是无线局域网目前最常用的传输协议，各个公司都有基于该标准的无线网卡产品。不过由于802.11速率最高只能达到2Mbps，在传输速率上不能满足人们的需要，因此，IEEE小组又相继推出了802.11b、802.11g和802.11n等多个标准。802.11b标准采用一种新的调制技术，使得传输速率能根据环境变化，速度最大可达到11Mbps，802.11g传输速率可达54Mbps，802.11n传输速率可达540Mbps，完全能满足语音、数据、图像等传输业务的需要。

（2）蓝牙标准。蓝牙（IEEE 802.15）是一项最新标准。蓝牙是一种先进的大容量、近距离无线数字通信的技术标准，其目标是实现最高数据传输速率1Mbps（有效传输速率为721Kbps）、最大传输距离为0.1～10米，通过增加发射功率可达到100米。蓝牙比802.11更具移动性，比如，802.11限制在办公室和校园内，而蓝牙却能把一个设备连接到LAN和WAN，甚至支持全球漫游。此外，蓝牙成本低、体积小，可用于更多的设备。蓝牙最大的优势还在于，在更新网络骨干时，如果搭配蓝牙架构进行，其成本肯定比敷设线缆低。

3）无线局域网的主要设备

无线局域网的主要设备是无线访问节点，还包括无线Hub、无线网卡、天线等设备。

（1）无线访问节点。无线访问节点（access point，AP）一般称为网络桥接器，顾名思义，即作为传统的有线局域网络与无线局域网络的桥梁，因此任何一台装有无线网卡的PC均可通过AP分享有线局域网络甚至广域网络的资源。除此之外，AP本身又兼具网管的功能，可管理有无线网卡的PC。理论上一个AP可以支持一个CLASS C的工作站，但为了让工作站本身有足够的频宽可利用，一般一个AP支持20～30个工作站为最佳状态。

（2）无线网卡。无线网卡在功能上与传统有线网卡一样，只不过采用无线方式进行数据传输。目前，无线网卡的规格大致可分成2M、5M、11M、54M、108M、300M几种，而其适用接口可分为PCMCIA、ISA、PCI、USB四种。

（3）天线。无线局域网的天线（antenna）与一般电视、手机所用天线不同，是因为频率不同所致，无线局域网所用的频率为较高的2.4GHz频段。

天线的功能是将信号通过天线本身的特性而传送至远处，至于能传多远，一般除了考虑信号源的输出功率之外，其另一重要因素是天线本身的dB值，即俗称的增益值。dB值越高，所能传达的距离就越远。通常情况下，每增加8dB，传输距离可增加50%。

天线有指向性（uni-direction）与全向性（omni-direction）两种，前者较适合于长距离使用，而后者则较适合于区域性应用。

4）无线局域网的拓扑结构

目前，有线网络有五大网络拓扑结构，分别是总线（bus）、令牌环形（ring）、星形（star）、树形（tree）以及网状（mesh）拓扑，不过在无线网络中，只有星形和网状两种才有意义。

（1）星形拓扑。星形拓扑是目前最常见的一种，这种结构包含一个通信用的中央计算机或者存取点。数据包由源节点发出后，由中央计算机接收，并且转发到正确的无线网络目标节点。这台中央计算机可以用来作为与有线LAN的通信桥梁，并且用来存取其他有线客户端、Internet或是其他网络设备等。

（2）网状拓扑。网状拓扑和星形拓扑有些不一样，主要是网状拓扑并没有中央计算机。每个节点都可以与同在一个网段的其他计算机自由沟通。网状拓扑的网络要求网中任意两点均可直接通信。采用这种结构的网络一般使用公用广播信道，而信道接入控制协议多采用载波监测多址接入类型的多址接入协议。

5）无线局域网的组网模式示例

常见的无线局域网的组网模式主要有无线接入点组网模式、无线接入点支持远端网桥客户端模式、点对点网桥通信模式。

（1）无线接入点组网模式。该组网模式是利用一台无线访问节点、几台计算机组成一个简单的计算机网络。笔记本电脑开启无线接入点组网模式时通常需要安装无线网卡。

（2）无线接入点支持远端网桥客户端模式。该组网模式是利用两台无线访问节点，远处的计算机接入原有的有线局域网。如果距离近，远处的计算机也可以直接安装无线网卡接入。

（3）点对点网桥通信模式。这种模式是使用无线访问节点充当两个有线局域网之间的网桥。

2.2.4 广域网

广域网（wide area network，WAN）是地理位置相距较远的多个计算机系统通过通信线路连接起来实现数据通信的计算机网络，或者说是将分散于各地的局域网互联而形成的跨地区的大型网络。广域网的主要特点是网络中的计算机分布范围很广，从数十千米到数千千米，甚至遍及全球。

企业建立了局域网以后，根据要求需要把局域网接入广域网，以实现跨地区的业务处理。构建广域网和构建局域网不同，构建局域网必须由企业自己完成传输网络的建设，传输网络的传输速率可以很高，可达每秒千兆。对于一家企业而言，独自搭建一个广域网是极其昂贵的，不可能负担得起，所以构建广域网必须借助公共传输网络。接入广域网的目的是接入Internet，常用的接入方式有拨号接入、专线接入等。

拨号接入方式是指用户利用电话网，可以通过Chinanet上主机，以终端方式入网，或通过SLIP/PPP协议，以主机方式入网。

专线入网方式是用户通过租用专线接入Internet，该方式主要适用于拥有大量用户，需要传送大量信息并随时与Internet保持联系的情况。专线方式对用户端的要求为必备的硬件（一条专线、Modem、路由器、内部局域网及计算机）、软件、主机使用的IP地址、根据需要申请域名、路由器协议等。接入广域网的技术有多种，下面分别介绍。

1）PSTN

公共交换电话网（public switched telephone network，PSTN）是目前使用最广泛的网络系统，PSTN接入技术也称Modem拨号上网，或简称拨号上网。

它的优点是覆盖区域广、易于使用、价格较低；只要有电话线的地方就可以上网，无须任何申请、开通手续；硬件设备单一，只需要一台调制解调器，接入简单，用户自己可以解决。它的缺点是网络线路质量较差，传输速率较低，网速很慢，最高只有56k。PSTN适合于对通信质量要求较低、作为备份网络连接的场合或临时应急使用。

2）ISDN

综合业务数字网（integrated service digital network，ISDN），提供一组标准的用户/网络接口，使用户能够利用已有的电话线，连接各类终端设备，分别进行电话、传真、数据、图像等多种业务通信，或者同时进行包括语音、数据和图像的综合业务通信。

与普通拨号上网要使用Modem一样，用户使用ISDN也需要专用的终端设备，主要由网络终端NT1和ISDN适配器组成。网络终端NT1如同有线电视上的用户接入盒一样必不可少，它为ISDN适配器提供接口和接入方式。

3）DDN

数字数据网（digital data network，DDN），是以数字交叉连接为核心技术，集合数据通信、数字通信、光纤通信等技术，利用数字信道传输数据的一种数据接入业务网络。它主要完成OSI七层协议中物理层和部分数据链路层协议的功能。用户端设备（主要为网关路由器）一般通过基带Modem或DTU利用市话双绞线实现网络接入。DDN提供的接入速率范围也较宽，一般为9.6Kbps～2.048Mbps。

4）XDSL

数字用户线（x digital subscriber line，XDSL）是HDSL、ADSL、VDSL等技术的统称。在XDSL的这几项技术中，由于HDSL主要支持2Mbps及其以下的速率，VDSL提供的速率虽然很高（可达25Mbps以上），但线路长度较短（25Mbps时约为1km），且部分技术尚未完全确定，故在实际使用中，ADSL相比最为普遍。ADSL在一对双绞线上可为用户提供高达8Mbps的下行速率和1Mbps的上行速率。

ADSL并不影响用户对普通电话的使用。由于使用了独特的信号调制技术，用户接入ADSL的同时仍然可以进行普通电话通信。

5）光纤接入

光纤接入方式是指接入网中的传输媒质为光纤，光纤通信具有通信容量大、质量高、性能稳定、防电磁干扰、保密性强等优点。

光纤以太网采用单模光纤连接的高速网络，可以实现千兆到社区、到楼宇，百兆到用户桌面的网络连接。光纤方式适用于现代写字楼、单位、住宅小区等。

以广域网接入为例，具体实施方案是：从企业网关中心机房敷设光缆至整个办公楼，楼内布线采用五类双绞线敷设至办公室，双绞线总长度一般不超过100米，办公室里的电脑通过五类跳线接入墙上的五类模块就可以实现上网。企业网关中心机房的出口通过光缆或其他介质接入网络服务商。

2.2.5 Internet/Intranet

前面我们介绍了如何从硬件上接入广域网，接入广域网的目的一是利用广域网的功能为企业自己服务；二是为自己的客户提供服务。广域网最主要的、使用最广泛的是Internet。接入Internet要找本地的ISP（Internet service provider），ISP是Internet服务供应商，就是提供Internet连接以及各种Internet信息服务的公司。

1）Internet简介

Internet是由那些使用公用语言相互通信的计算机连接而成的全球网络。一旦连接到Web节点，就意味着您的计算机已经接入Internet。任何一个希望应用Internet开展业务的组织机构，只要使自己的计算机符合Internet基于TCP/IP的协议标准，并进行注册，就可以连接到Internet上，使本组织的网络成为Internet的网络资源，提供Internet信息服务。

想要获得Internet服务的用户，只要有微型计算机和适当的接入方式，借助本地的线路，通过网络服务公司就可在全球范围内访问Internet，享用Internet的各种信息资源。

2）Internet通信协议

虽然接入Internet的计算机类型繁多，各自使用不同的操作系统，隶属不同的局域网，但却可以彼此通信，原因是它们采用了共同的通信协议，Internet采用的通信协议是TCP/IP协议。TCP/IP协议包括两部分，即TCP传输控制协议和IP Internet协议。

（1）IP地址。Internet上的每一台机器（包括服务器、PC等）都有自己独立的IP（Internet position）地址，也就是计算机设备的网络地址。类似于我们的身份证号，通过IP地址可以对这些机器在Internet进行唯一标识，计算机的使用者就可以通过这些IP地址对这些计算机进行访问了。正是由于每一台计算机在Internet上拥有自己独立的IP地址，才保证了各计算机之间正常、有序的联系。

为了让信息能在网上传输并顺利地到达目的主机，就必须知道目的主机的地址。这样就需要把IP地址变换为物理地址，又称为MAC地址。MAC地址是厂商生产网卡的地址，全世界不同厂商生产的每个网卡的MAC地址是唯一的。ARP（address resolution protocol）协议负责将IP地址转换为相应的MAC地址。

（2）域名。IP地址作为Internet上主机的数字标识，对计算机网络来说是非常有效的，但对于使用人来说，很难记忆这些由数字组成的IP地址。在Internet上采用"名称"寻址方案，为每台计算机主机都分配一个独有的"标准名称"，这个用字符表示的"标准名称"就是我们现在所广泛使用的域名（domain name，DN）。

主机的域名和IP地址一样，也采用分段表示的方法。其结构一般是如下样式：

www.sdjtu.edu.cn

有了域名标识，对于计算机用户来说，只要记住域名而不必再记住难记的IP地址，在使用上的确方便了很多。

如www.sdjtu.edu.cn是一个合法的域名，sdjtu是计算机名，www是网络名。

但计算机本身并不能自动识别这些域名标识，必须把域名翻译成IP地址，域名管理系统（domain name system，DNS）就是负责将域名翻译成IP地址。DNS像一个庞大的数据库，只不过这个数据库并不存储在一台计算机上，而是分散遍布于整个Internet上数以千计的域名服务器中。

通过上面的IP地址、域名DN和域名管理系统DNS，就能够把Internet上的每一台主机赋予唯一的身份。

3）Internet的主要功能

Internet的功能很多，Internet的重要价值在于它将全球各地的各种网络信息资源以简单适用的方式连接起来，任何一个网络用户都可以通过自己的计算机访问世界上任何一个角落的计算机系统，直接享用该系统中的各种资源或进行通信，而不必关心该计算机的地理位置、机器类型以及操作系统等环节。Internet为网络用户提供了多种多样的信息服务功能，其中应用最为广泛的主要有以下几种：

（1）WWW多媒体信息服务。全球信息网（world wide web，WWW），是Internet上的一个超文本信息查询工具。我们用一页文本来表示信息，而许多信息用多个页来表示，信息之间是有关系的，这就表示为页和页之间的联系，这种关系是网状结构，形如"蜘蛛网"。从一页到另一页，即指出下一页的位置，这个位置可以在同一个目录，也可以在其他计算机上。从一页到另一页的关系我们称为链接。每一个链接有一个相应的指针，当我们用鼠标选择这些链接时，指针就会指向下一个文件。信息的起点为主页。

信息不仅有文本信息，还有图像、声音、动画、视频等，称为多媒体信息。我们称这种含有链接的文件为超文本文件。WWW 就是使用了超文本技术，即在超文本的文件中，包含有许多分别指向另一些文件和资源的指针。正是这些指针把Internet上的丰富资源链接在一起。在WWW中，链接可以是一个词、一个词组，也可以是一个图像（图像某部分）或显示内容的任何一部分，它通过改变颜色或下划线，以及链接号等来显示。用户只需要在超文本文件中用鼠标选择链接，就可以跟随这些链接访问另外一些超文本文件，用户可以不断地选择链接，最终找到自己所需的资料，故链接又称为超级链接。因此，WWW 使用起来极为方便，人们并不需要掌握太多的计算机方面的知识，就可以成为Internet的用户。

WWW 具有高度集成性，它把Internet的许多服务如FTP、Newsgroup、Telnet、Usenet等服务集成到了一起。同时，通过公共网关接口（common gateway interface，CGI），WWW还可以同其他信息查询系统（如关系数据库）交换信息。

有了WWW，我们可以用一致的用户界面获得各种服务，而不用分别使用各种服务所对应的客户软件。一致的用户界面即浏览器，常用的浏览器是Microsoft Internet Explorer。

企业上网，主要的工作是建立网站，建立WWW服务器，设计自己的网页，通过网页来宣传自己，使其他用户可以通过Internet查询到自己企业的信息。

（2）电子邮件。电子邮件（E-mail），就是利用计算机网络进行交换的电子媒体信件。计算机网络通过电子邮件系统来传送与管理电子邮件。包括局域网和广域网在内，通常都建有自己的电子邮件系统。

电子邮件服务通常是计算机网络中应用最广泛和使用最频繁的一项服务。由于它的使用，加速了世界范围内的数据交换和信息传播。

有专门的服务商提供电子邮件服务，有的收费，但大部分电子邮件系统是免费的，如网易电子邮件系统目前可以提供无限容量的免费信箱。大企业一般在自己的服务器上建立本企业的电子邮件系统。

（3）文件传输。Internet的另一个功能是在Internet上用FTP（file transfer protocol）进行文件传输。电子邮件虽然也用于传输文件，但其实际上是用来传输文本型文件，传输其他格式的文件不是其最擅长的。

FTP是在Internet网络上最早用于传输文件的一种通信协议，通常也就把采用这种协议传输文件的应用程序称为FTP。

FTP 经过不断的发展，已成为Internet的重要信息服务工具之一。尽管 FTP的最初设计是从一般网络文件的传输角度出发的，但它已用于从Internet网络上获取远程主机的各类文件信息，包括公用程序、源程序代码、可执行程序代码、程序、说明文件、研究报告、技术情报、科技论文、数据和图表等。

（4）信息检索。随着Internet的飞速发展，网上资源呈现爆炸性增长。面对浩如烟海的信息资源，迫切需要高效的检索技术和检索工具。目前，发展最为迅速、最受人们欢迎的信息检索工具是万维网上的检索工具，检索工具主要分为两类：主题指南和搜索引擎。

主题指南是人工建立的、结构化的Internet网址主题类目和子类目，按照字母、时间、地点、主题等顺序进行排列，使用户通过浏览网络站点列表，检索有关信息，典型的有Baidu、Google等。主题由人工编制，在信息的收集、编排、HTML编码以及信息注解等方面要花费大量的人力和时间。它强调自身的浏览功能，优点是人工干预提高了主题指南返回结果的相关性；缺点是很难检索到较专业的信息，难以控制主题等级类目的质量，信息更新速度相对较慢，收录信息数量相对不足。

除综合性主题指南之外，为了适应网上各种类型信息的发展变化，又出现了某些专业的主题指南，它由某一领域的专家编制和维护，在信息准确性和易于理解方面比综合性主题指南要好。

搜索引擎也叫关键词检索工具，是定期搜索Internet并拍照的计算机程序。搜索引擎都有自己独有的搜索系统和一个包容Internet资源站点的数据库。其数据库由自动检索程序建立，不需人工干预，这是它与主题指南的最大区别。搜索引擎自动在网上漫游，不断收集各种新网址和网页，形成数千万甚至上亿条记录的数据库。搜索引擎提供对关键词、主题词或自然语言的查询。当用户在搜索框中输入检索词或检索表达式后，每个搜索引擎都会以其特定的检索算法在其数据库中找出相关记录，并试图按相关性大小顺序排列并显示给用户。它具有检索面广、信息量大、信息更新速度快等优点，非常适用于特定主题词的检索，典型的搜索引擎有Baidu、Google。

（5）即时通信。继电子邮件之后，通信领域又产生了一场革命，只要双方都在Internet上，就可立即进行信息交换，比电子邮件具有更强的实时性。即时通信（instant messenger，IM）所拥有的实时性、跨平台性、成本低、效率高等诸多优势，受到人们的普遍喜爱。

即时通信可以进行文字、语音、视频、文件的即时联系，可以代替电子邮件传送超大文件，可以代替国际、国内长途电话进行语音通话。

即时信息交互全面提升了沟通方式与沟通速度，其功能有：查看联系人状态信息，即时消息发送与接收，多人会话，文件传送，截图功能，直接贴图功能，录制、发送语音片断，语音/视频交流，自定义讨论组，查找企业内外联系人，查找联系人等。

即时通信可以用于企业短信中心，实现企业办公与手机的紧密结合，其功能有：手机短信发送与接收、短信群发、可发送短信数目控制、发送情况统计、短信查资料、手机联系人资料导入导出等。

即时通信可以进行视频语音网络会议，大幅度节省沟通成本，其功能有：会议预订与定时提醒，文字、语音、视频交流，完整的会议记录与回放。

即时通信可以与邮件整合，如邮件到达提醒，离线消息转邮件，客户端进行邮件直接发送操作等。

Internet即时通信软件的鼻祖ICQ，最早出现在以色列的特拉维夫，是由四个以色列的小伙子开发的，他们在1996年7月成立了Mirabilis公司。ICQ就是英文“I SEEK YOU”的简称，中文意思是：我找你。通过它，用户可以在Internet上不限国界、不限时间地找到新朋友，与朋友交流信息、传递文件、讨论工作。除了ICQ，即时通信工具还有Skype、QQ、微信等。

4）Intranet

Intranet是用Internet技术建设的企业内部局域网，与以往的客户服务器技术不同，Intranet以Internet技术为基础。信息在企业内部以Internet方式向企业内的用户提供各种信息资源服务，用户只要通过浏览器软件就可以访问企业内部网上的所有信息资料。

物流信息系统是以数据库为基础的，Intranet的重要技术特征是通过WWW浏览器方式访问、修改、输入数据库数据。用户的操作十分简单，信息系统的维护与管理相对方便得多。利用Intranet，企业信息交流的方式有网页、电子公告板、电子邮件、即时通信等。而Intranet创造了使人们能够共同工作的全新的方法，通过Intranet，我们可以建立生产、供销、储运、开发、人事、财务等方面的企业资源计划管理系统，将整个企业的运作反映在电子网络中，并完全依赖电子网络进行企业运作。

2.3 数据库技术

2.3.1 数据管理技术

在物流信息系统中，数据量巨大，如何在计算机系统中存储这些数据，并能够十分方便地使用这些数据，是物流信息系统设计中一个至关重要的问题。在物流信息系统中，数据的采集、加工、检索、存储、传输、利用和维护等工作称为数据管理，数据管理的任务就是实现对数据的合理组织、维护和存取。数据管理是物流信息系统中信息处理工作能够高效率进行的重要基础。

随着计算机硬件和软件的发展，数据管理经历了人工管理、文件系统和数据库系统三个发展阶段。

2.3.2 数据的文件系统管理技术

随着数据库技术的发展，物流信息系统更多地采用数据库技术来管理数据，但数据的文件系统管理技术并没有完全过时，仍然在特定的领域中发挥着重要的作用。联机业务的实时处理采用数据库技术；而对于脱机数据的处理，由于脱机数据设备的体积小、内存少、功率小、功能简单，采用大型的数据库技术显然不合适，因而宜采用精练的文件系统管理技术来管理数据。

例如，在某些领域采用的脱机数据采集终端，就是用文件系统管理技术来管理数据。由于采集终端体积小、内存少，因此采用较简单的文件方式存储采集的数据。在仓库验货、定期巡检时先把采集的数据临时存放在本机的数据文件中，然后与数据库服务器联机，把数据加载到服务器中。

某一类型的数据采集终端数据如下：

H19930501104500 00 0000012345

数据文件格式：

19970501101500 00 A836 A836 05/01/97 10：15AM

19970501101600 00 278 278 05/01/97 10：16AM

19970501101800 00 FR38 FR38 05/01/97 10：18AM

记录（record）是按一定次序排列起来的数据项的集合，一个记录由若干个数据项组成，引用一个记录实际上就是引用它们所包含的一组数据项。文件是按一定形式组织起来的相关记录的命名集合，即描述同质总体的数据集合，在操作系统中，以文件为整体管理数据。关键字（key）用来识别记录的一个或一组数据项，它是识别记录和文件中查找记录的标志，也是组织文件的基本数据。例如，库存记录中的商品编号就具有这样的性质。每个商品有唯一的编号，只要给出编号便可确定这个商品的其他属性（如名称、单价、金额等）。

对于开发人员，要掌握文件的存取技术和命令，一般要熟悉C语言的文件操作命令。文件的存取方式是指查找文件内某条记录的方式、将一条新记录存入某个文件的方式或修改记录的方式。文件的存取方式主要有顺序存取方式、随机存取方式和动态存取方式三种。

顺序存取方式是指按某种顺序输入输出记录的方式。这种方式适用于各种文件组织。随机存取方式是指按给定的记录键值进行输入输出的方式。动态存取方式是指既能按顺序输入输出，又能按给定的键值输入输出的方式，也就是顺序存取方式和随机存取方式两者相结合的方式。

2.3.3　数据库系统

数据库系统（database system，DBS）是指数据库及数据库管理系统（及其开发工具）、数据库管理员和用户、应用系统及硬件的总和。数据库系统主要包括两部分，即数据库和数据库管理系统，如图2-1所示。在不引起混淆的情况下，人们常常把数据库系统简称为数据库。

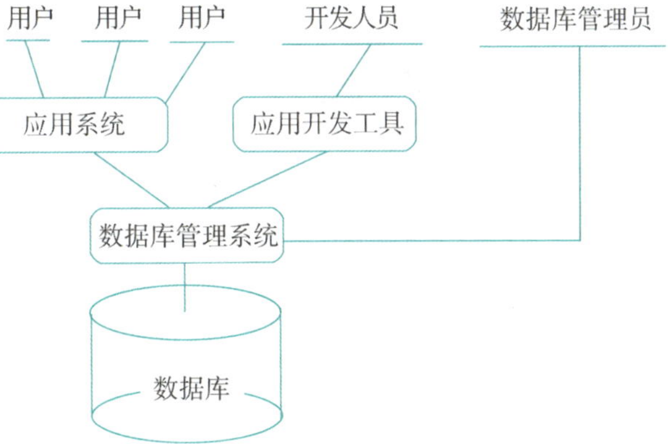

图2-1　数据库系统

数据库（database，DB）是存储在计算机存储介质上的、有组织的、可共享的数据集合。数据集合是用户最宝贵的资源，它具有不可替代性，是用户专有的。数据库长期储存在计算机内，按一定的数据模型组织、描述和储存，具有较小的冗余度、较高的数据独立性和易扩展性，并可为各种用户共享。

如何科学地组织并高效地处理这些数据呢？完成这个任务的是一个软件系统——数据库管理系统（database management system，DBMS）。数据库管理系统是位于用户与操作系统之间的一层数据管理软件。数据库在建立、运用和维护时由数据库管理系统统一管理、统一控制。数据库管理系统使用户能方便地定义数据和操作数据，并能够保证数据的安全性和完整性、多用户对数据的并发使用及发生故障后的系统恢复。

2.3.4　关系数据库管理系统

采用关系模式作为数据的组织方式的数据库称为关系数据库。关系模式中的一些基本概念如下：

关系（relation）：一个二维表称为一个关系。

字段（field）：表中的一列称为一个字段。

域（domain）：一个字段的取值范围称为一个域。

记录（record）：表中的一行称为一条记录。

关键字（key）：表中的某个字段，若它的值唯一地标识一条记录，则称该字段为关键字。

常见的关系数据库系统产品见表2-1。

表2-1 常见的关系数据库系统产品

关系数据库系统名称	厂家	特点	应用环境
Access	Microsoft	小型桌面数据库	微机；Windows
Visual FoxPro	Microsoft	小型桌面数据库	微机；Windows
Lotus 1-2-3	Lotus	小型桌面数据库	微机；Windows
SQL Server	Microsoft	大型网络数据库	微机；服务器；Windows Server
Oracle	Oracle	大型网络数据库	大型机；小型机；服务器；Windows Server Unix
Sybase	Sybase	大型网络数据库	小型机；服务器；Windows Server Unix
DB2	IBM	大型网络数据库	大型机；MVS UNIX
Informix	Informix	大型网络数据库	小型机；微机；UNIX
MySQL	Free	大型网络数据库	微机；服务器；Windows Server Unix Linux

下面介绍几种物流信息管理中常用的数据库产品。

1）Access

Microsoft Access数据库系统是Microsoft公司开发的、最流行的和功能强大的桌面数据库管理系统。Access不仅是一种关系数据库管理系统，而且是Windows图形用户界面的应用程序生成器。

Access提供后台的数据管理功能，是一个中、小型关系数据库系统，用于桌面、小型数据库的应用开发。它以文件共享方式支持多用户网络环境，即使在20~40个用户的应用系统网络环境下的速度也会令人满意。

Access的主要特点是支持前端开发，无须编写程序代码，仅通过直观的可视化的操作即可完成大部分数据的管理工作，是一种开发效率极高的数据库开发工具，甚至比其他工具的开发效率快5~10倍。与其他数据库管理系统相比，Access具有如下特点：

（1）面向数据库最终用户和数据库开发人员。Access提供了许多便捷的可视化操作工具（如表生成器、查询设计器、窗体设计器、报表设计器等）和大量的向导（如表向导、查询向导、窗体向导、报表向导等）。数据库的最终用户利用这些工具和向导不用编程即可构造简单实用的物流信息系统。对于数据库开发人员，Access提供了更为完善和灵活的VBA（visual basic for application）语言，利用该语言以及Access提供的可视化操作工具和向导，可以快速构造具有一定规模、较为复杂和功能强大的物流信息系统。

（2）开放式数据库管理系统。Access通过开放式数据库（ODBC）能与其他数据库（如Oracle、Sybase、SQL Server、Visual FoxPro等）相连，实现数据交换与共享。另外，Access作为Microsoft Office套装办公软件的一个部分，承担了数据处理、查询和管理的责任。它使得与Word、Excel等办公软件进行数据交换和共享变得更加容易，构成了一个集文字处理、图表生成和数据管理于一体的高级综合办公软件。

（3）支持多媒体的应用与开发。在Access数据库中可以嵌入和链接诸如声音、图表和图像等多媒体数据，并通过对象链接与嵌入（OLE）技术来管理，因此，Access又被称为多媒体关系数据库。

（4）基于Web的功能。用户可以将文档按HTML格式另存为Web页，并通过Access直接发布文件到Web页，用户可以很方便地在数据库中创建超级链接，通过单击文档中的超级链接，用户可以链接到本地或者其他Web站点上的有关文本或者一个E-mail地址，用户甚至还可以通过Access组织网络会议。

用户可以利用新增的基于Web的智能管理功能，通过Web来互相协作和共享信息，调用和分析重要的商业信息，以便作出更好且更正确的决策。新增了直接发布文件到Web上的功能，每天跟Office打交道的用户都可以通过“另存为”对话框成为对Web内容的贡献者。用户在阅读和浏览时，就在Web网页内协作，易于用户之间反馈信息和交流思想。

扩展标记语言（XML）除了成为Web上数据交换的标准技术外，也成为商务软件应用程序间交换数据时的首选技术方案。Access提供了功能强大而直观的XML数据共享功能，而无须考虑平台、数据格式、协议、架构或商务规则之间的差异。利用熟悉的Access用户界面，用户可以方便地利用Jet或SQL Server结构和数据创建XML数据或架构文档。同时，还可使用来自窗体、报表和数据访问页读取其他应用程序的XML数据。

（5）SQL Server的专用前端开发工具。对大型数据库应用系统的开发，用户后端采用SQL Server，前端使用Access，Access是SQL Server的专用前端开发工具。与SQL Server数据库连接之后，即可使用SQL Server设计工具查看、创建、修改和删除表、视图、存储过程和数据库图表，甚至比在SQL Server企业管理器操作数据库还方便。

2）SQL Server

SQL Server是一个后台数据库管理系统，它功能强大、操作简便，为广大数据库用户所喜爱，越来越多的开发工具提供了与SQL Server的接口。

SQL Server包含了一系列的管理开发工具，使其安装、调用、管理及使用都十分方便。SQL Server的工具有如下几种：

（1）Enterprise Manager。企业管理器Enterprise Manager是SQL Server中最重要的管理工具，在使用SQL Server的过程中大部分的时间都是和它打交道。通过企业管理器可以管理所有的数据库系统和服务器的工作，也可以调用其他的管理开发工具。

（2）Service Manager。服务管理器Service Manager用于启动、暂停或停止数据库服务器SQL Server、SQL Server Agent 、MSDTC微软分布式事务协调器。

（3）Query Analyzer。查询分析器Query Analyzer用于执行Transaction-SQL命令等SQL Scripts SQL脚本程序，以查询、分析或处理数据库中的数据。这是一个非常实用的工具，对掌握SQL语言、理解SQL Server的工作有很大帮助。

（4）Profiler。SQL Server Profiler是一个图形化的管理工具，用于监督记录和检查SQL Server数据库的使用情况，对系统管理员来说，它是一个监视用户活动的“间谍”。

（5）Client Network Utility。SQL Server Client Network Utility用于配置客户端的连接、测定网络库的版本信息以及设定本地数据库的相关选项。

（6）Import and Export Data。输入输出数据Import and Export Data采用DTS Import/Export向导来完成，此向导包含了所有的DTS Data Transformation Services数据转换服务工具，提供了在OLE DB数据源之间复制数据的最简捷的方法。

（7）Configure SQL XML Support in IIS。IIS是internet information services的缩写，即Internet信息服务。此工具可以在运行IIS的计算机上定义注册虚拟目录，并在虚拟目录和SQL Server实例之间创建关联。

（8）DTC Client Support。分布式事务协调器（distribute transaction coordinator，DTC）用于提供和管理不同服务器之间的分布式事务，这些服务器必须是基于Windows NT或Windows 9x/2000系列操作系统的服务器。

（9）Replication Conflict Viewer。Replication Conflict Viewer是复制冲突观察器，用于检查数据库的复制冲突，可以用它来更改冲突解决的方法。

3）Oracle

Oracle数据库是具有网格计算功能的数据库，支持集群和多点应用。Oracle数据库产品具有良好的兼容性、可移植性、开放性、伸展性、高性能。Oracle数据库可部署从小刀片服务器到最大型的SMP服务器以及其他所有型号的服务器，覆盖了大、中、小等几十种机型，可管理从传统业务信息到XML和三维空间信息的所有数据，是交易处理、数据仓库、内容管理应用和GIS空间数据管理的理想工具。Oracle数据库已成为世界上使用最广泛的关系数据系统之一。

Oracle数据库版本包括企业版、标准版、简化版和移动版。企业可根据需要从规模较小的单一处理器服务器方案到多处理器服务器集群方案中选择。

Oracle数据库产品主要包括数据库服务器、开发工具和连接产品三类。Oracle提供的开发工具包是Developer、Designer、Discover、Oracle Office等，它涵盖了从建模、分析、设计到具体实现的各个环节。Developer包括Oracle Forms用于快速生成窗体，具有GUI界面和多媒体功能，主要用于操纵数据和查询。Oracle Reports是快速生成报表的工具，能生成各种复杂的报表，同样能处理多媒体信息。Oracle Graphics用于生成各种图形。Oracle Books用于生成联机文档。Designer是Oracle提供的CASE工具，该工具能够帮助用户对复杂系统进行建模、分析和设计，还可以帮助用户绘制ER图、功能分层图、数据流程图和方阵图。Discover是一个OLAP工具，主要用于支持数据仓库应用，它可以对历史数据进行挖掘，以找到发展趋势，对不同层次的概况数据进行分析，以便发现有关业务的详细信息。Oracle Office适用于办公自动化，能完成企业范围内的消息接收与发送、日程安排、日历管理、目录管理以及拼写检查。

4）DB2

DB2是IBM公司的产品，起源于System R和System R*。它支持从PC到Unix、从中小型机到大型机、从IBM到非IBM（HP及Sun Unix系统等）的各种操作平台；既可以在主机上以主/从方式独立运行，也可以在客户/服务器环境中运行；其中，服务平台可以是OS/400、AIX、OS/2、HP-Unix、Solaris等操作系统，客户机平台可以是OS/2或Windows、DOS、AIX、HP-UX、Solaris等操作系统。

DB2数据库核心又称作DB2公共服务器，采用多进程、多线索体系结构，可以运行于多种操作系统之上，并分别根据相应平台环境做了调整和优化，以便能够达到较好的性能。

IBM提供了许多开发工具，主要有Visualizer Query、VisualAge、VisualGen。Visualizer是客户/服务器环境中的集成工具软件，主要包括Visualizer Query可视化查询工具、Visualizer Multimedia Query可视化多媒体查询工具、Visualizer Chart可视化图标工具、Visualizer Procedure可视化过程工具、Visualizer Statistics可视化统计工具、Visualizer Plans可视化规划工具、Visualizer Development可视化开发工具。VisualAge是一个功能很强的可视化的面向对象的应用开发工具，可大幅度地提高软件开发效率。其主要特征有：可视化程序设计工具、数据库查询、关系数据库支持、群体程序设计、支持增强的动态链接库、支持多媒体、支持数据共享。VisualGen是IBM所提供的高效开发方案中的重要组成部分，它集成了第四代语言、客户/服务器与面向对象技术，给用户提供了一个完整、高效的开发环境。

5）MySQL

MySQL是开源数据库，体积小、速度快、总体拥有成本低，许多用户基于成本考虑选择了MySQL作为数据库工具。MySQL是一个快速、多线程、多用户和强力的SQL数据库服务器。对于一般的个人使用者和中小型企业来说，MySQL提供的功能已经绰绰有余。对Unix和OS/2平台，MySQL基本上是免费的；但对微软平台，你在30天的试用期后必须获得一个MySQL许可证。MySQL由瑞典的T.C.X公司负责开发和维护。

Internet上流行的网站构架方式是LAMP（Linux+Apache+MySQL+PHP/Perl/Python）和LNMP（Linux+Nginx+MySQL+php/perl/Python），即使用Linux作为操作系统，Apache和Nginx作为Web服务器，MySQL作为数据库，PHP/Perl/Python作为服务器端脚本解释器。由于这四个软件都是免费或开放源码软件（FLOSS），因此使用这种方式不用花购置以上软件一分钱就可以建立起一个稳定、免费的网站系统。

6）SQLite

SQLite是一款轻型运行在嵌入式设备上（如物流信息系统中手持数据终端）的数据库，占用资源非常低，可能只需要几百KB的内存就够了。SQLite能够支持Windows、Linux、Unix、Android等操作系统，能够跟很多程序语言相结合，比如Tcl、C#、PHP、Java等，还有ODBC接口，而且处理速度快。

基本训练

□ 知识题

1.单项选择题

（1）网络基本的拓扑结构有（　　）、环形结构、树形结构、总线式、卫星和无线电式。

A.硬件结构　　B.软件结构　　C.星形结构　　D.直线结构

(2) 终端计算机联网的必需设备是（　　）。

A.网卡　　B.光盘驱动器　　C.打印机　　D.U盘

(3) 物流信息系统中的大量业务数据存储需要用（　　）技术。

A.卡片　　B.文件系统　　C.文件柜　　D.大型数据库

2.问答题

(1) 如何配置一个小型物流信息系统局域网的硬件、软件？

(2) 列出物流信息系统的数据输入设备。

3.课堂讨论题

(1) 文件数据管理方式是否可以淘汰？

(2) 如何接入Internet？请写出可行的方案。

思政小课堂

关键词： 网络安全、国家安全

2020年以来，我国强调以科技产业为突破口，加快推动5G网络、数据中心、工业互联网等新型基础设施建设。新基建作为国家经济发展战略正在显现出强大动能，助力网络安全产业迈向新高度，同时也对网络安全提出了全新要求。没有网络安全就没有国家安全，没有信息化就没有现代化。

如果说新基建是“地基”，那么安全则是“底座”。第八届互联网安全大会首日特设新基建日，如何筑牢新基建时代的网络安全防线成为与会专家热议的话题。

中国工程院院士沈昌祥在会上表示，在新基建时代，要从树立安全可信的科学网络安全观、构建新基建网络安全主动免疫新体系、打造主动免疫的可信计算3.0新型产业空间等方面出发，构筑网络安全防线。

沈昌祥认为，当前我国的网络安全面临着不少挑战，要按照国家网络安全法律、战略和等级保护制度要求，推广安全可信产品和服务。新型基础设施以数据和网络为核心，其发展前提是用主动免疫的可信计算筑牢安全防线。

“传统的安全防护体系亟待改变。”周鸿祎认为，在“网络战”战场上，要从仅考虑IT设备安全，转向以数字时代大视角构建整体安全方案；在战略上，要扭转安全是传统信息化附属的身份，其已成为整体数字化的“基座”；在战术上，过去合规、静态的解决方案已不合时宜，面对高风险、高级别的APT（高级持续性威胁）组织、网络犯罪组织等需要动态变化的解决方案；在产品上，要摒弃“打补丁”式防护措施，在安全顶层设计之下形成协同防御、联合作战。

资料来源　黄鑫．新基建对网络安全提出新要求　专家：筑牢防护网络“安全底座”[N]．经济日报，2020-08-18.

第3章 物流信息技术的发展

学习目标

知识目标：了解电子标签、条码技术、GPS技术、GSM、地理信息系统技术、EDI、呼叫中心、数据仓库等物流信息系统需要的技术。

技能目标：学会综合运用GPS、GIS、GSM技术知识分析配送信息系统的结构。

3.1 电子标签

前面我们讲到信息系统的第一个环节是数据采集环节，信息系统的效率主要由数据采集环节的速度决定，在数据采集环节应尽可能采用自动识别技术以提高数据输入的效率和准确性。自动识别数据采集，是指对计算机系统、可编程逻辑控制器或其他的微处理设备进行非键盘输入的数据输入方法。自动识别数据采集技术提供了非常可靠的自动识别和事务追踪的方法，它所存储、传递的信息量很大，包括从基本的关于人和事物的识别信息到翔实的人们可以理解的信息。自动识别数据采集技术包括条码技术、无线射频识别技术、磁条磁卡技术、光学字符识别技术、生物统计识别方法、IC卡等。与人工数据采集传递方法相比，自动识别数据采集能够有效地节省时间，降低出错的概率。自动识别数据采集可以把数据采集和传递两种目标用一种设备和技术来实现，更快捷、准确、高效，而且成本更低。电子标签技术是一种新兴的自动识别数据采集技术。

3.1.1 电子标签概述

1）电子标签的概念

电子标签也叫智能标签，英文是Tag或者Smart Label，又称为感应卡，是一种通过无线电波读取卡内信息的新型IC卡，有时也称射频标签、射频卡、射频识别卡。其核心是采用了RFID（radio frequency ID）技术。RFID是一种非接触式的自动识别技术，通过射频信号识别目标对象并获取相关数据，这项技术无须人工接触、无须光学可视、无须人工干预即可完成信息输入和处理，操作快捷方便。

电子标签单元中载有关于目标物的各类相关信息，如该目标物的名称，目标物运输起始终止地点、中转地点及目标物经过某一地的具体时间等，还可以载入诸如温度等指标。标签可灵活附着于从车辆到载货底盘的各类物品上。

每个标签具有唯一的电子编码，附着在目标对象上。电子标签可以像纸一样薄，柔韧弯曲并可编程，标签内编写的程序可按特殊的应用进行随时读取和改写。标签中的内容被改写的同时也可以被永久锁死保护起来。通常标签芯片体积很小，厚度一般不超过0.35毫米，相当于一粒大米的1/50，可以印制在纸张、塑料、木材、玻璃、纺织品等包装材料上，也可以直接制作在商品标签上，通过自动贴标签机进行自动贴标签。

根据电子标签内部是否需要加装电池，将电子标签分为无源标签（passive）和有源标签（active）两种类型。无源标签没有内装电池，有源标签的工作电源完全由内部电池供给。

从功能方面来分，可将电子标签分为四种：只读型标签、可重写型标签、带微处理器的标签和配有传感器的标签。只读型标签的结构功能最简单，包含的信息较少并且不能被更改；可重写型标签集成了容量为几十字节到几万字节的闪存，标签内的信息能被更改或重写。只读型标签和可重写型标签主要应用于物流系统以及生产过程管理系统和行李控制系统中。带微处理器的标签靠内置式只读存储器中储存的程序来工作，有些标签集成了传感器，如温度传感器或压力传感器等，主要用于动物个体识别和轮胎管理等方面。

按调制方式来分，电子标签还可分为主动式标签和被动式标签。主动式标签用自身的射频能量主动地发送数据给读写器，主要用于有障碍物的应用中；被动式标签使用调制散射方式发射数据，它必须利用读写器的载波来调制自己的信号，适用于门禁或交通系统。

电子标签由天线、集成电路、连接集成电路与天线的部分、天线所在的底层四部分构成。

电子标签识别系统的主要性能指标是阅读距离，也称为作用距离，它表示在最远为多远的距离上，阅读器能够可靠地与电子标签交换信息，即阅读器能读取标签中的数据。实际上，这一指标相差很大，范围在0～1 000米之间，取决于标签及阅读器系统的设计、成本的要求、应用的需求等，技术方面主要取决于阅读器读取标签的无线电频率。

RFID电子标签需要以印制的方式来制作。生产商必须要将RFID芯片的电子电路以印制的方式印在一张塑料片或纸片上面，如同条码印在纸上或产品上一样，只不过条码所使用的是水墨，而RFID卷标则使用电子电路。

电子标签具有以下的特性：①穿透性。RFID若被纸张、木材和塑料等非金属或非透明的材质包覆的话，可以进行穿透性通信。②数据存储。与传统形式的标签相比，容量更大（1bit～1 024bit），数据可随时更新，可读写。③读写速度。与条码相比，无须直线对准扫描，读写速度更快，可多目标识别、运动识别。④容易小型化和多样化的形状。RFID在读取上并不受尺寸大小与形状的限制，不需要为了读取精确度而配合纸张的固定尺寸和印刷品质。⑤使用方便。体积小，容易封装，可以嵌入产品内。⑥安全。专用芯片、序列号唯一、很难复制。⑦耐用。无机械故障、寿命长、抗恶劣环境。

2）电子标签的原理

电子标签应用系统由电子标签（tag）、读写器（read/write device）以及数据管理系统三部分组成。

读写器由无线收发模块、天线、控制模块及接口电路等组成。不含电池的电子标签工作的能量是由读写器发出的射频脉冲提供。电子标签接收射频脉冲，整流并给电容充电。电容电压经过稳压后作为工作电压。数据解调部分从接收到的射频脉冲中解调出数据并送到控制逻辑。控制逻辑接受指令完成存储、发送数据或其他操作。EEPROM用来存储电子标签的ID号及其他用户数据。

还有一种有源电子标签系统，是由电池供电，可以在较高频段工作，识别距离较远，和读写器之间的通信速率也较高。阅读器还有附加的接口（如RS232、RS485、以太网接口等），以便将所获得的数据传向数据管理系统或从数据管理系统接收命令。读写器类型较多，主要分为固定有线型和无线型。

发生在阅读器和电子标签之间的射频信号的耦合类型有两种：一种是电感耦合，变压器模型，通过空间高频交变磁场实现耦合，应用原理是电磁感应定律；另一种是电磁反向散射耦合，雷达原理模型，发射出去的电磁波，碰到目标后反射，同时携带回目标信息，应用原理是电磁波的空间传播规律。

电子标签应用系统的读卡原理：卡片的电器部分只由一个天线和ASIC（IC）组成。卡片的天线是只有几组绕线的线圈，很适于封装到卡片中。卡片的ASIC由一个高速（106KB波特率）的RF接口、一个控制单元和一个定容量的EEPROM组成。读写器电路向IC卡发出一组固定频率的电磁波，卡片内有一个LC串联谐振电路，其频率与读写器发射的频率相同，在电磁波的激励下，LC谐振电路产生共振，从而使电容内有了电荷，在这个电容的另一端，接有一个单向导通的电子泵，将电容内的电荷送到另一个电容内储存，当所积累的电荷电压达到2V时，此电容可作为电源为其他电路提供工作电压，将卡内数据发射出去或接收读写器的数据。

读写器的功能相当于计算机的键盘，输入数据处理需要后端的计算机数据处理系统，数据管理系统主要完成数据信息的存储及管理并对标签进行读写控制。

3）电子标签与条形码的比较

目前，全球数以千亿计的大大小小商品，都靠着产品上一条条粗细不一的线条来辨别身份，但是一维条形码只能记载产品简单的背景，如生产商和品项名称。目前，全世界每年生产超过5亿种商品，全球通用商品条形码，由12条线条排列出来的条形码号码已经快要用光了。在扫描条形码时需要对准目标且条形码容易破损，纸张受到污染就会看不到条形码；但电子标签对水、油和药品等物质却有较强的抗污性，在黑暗或脏污的环境之中也可以读取数据。条形码是只读的，一次只能读一个，电子标签是可擦写的，使用时不需对准目标，能够读取多个，能够全天候使用，可不需要人力介入操作。

电子标签数据容量大。数据容量最大的二维条形码（PDF417），最多也只能存储2 725个数字，若包含字母，存储量则会更少；电子标签则可以根据用户的需要扩充到数十KB。

电子标签能实现对供应链上每一件单品的识别和跟踪，其关键是每个电子标签中都有一个唯一的识别码。目前在流通领域中已经存在各种物品的编码体系，但都是针对产品种类的编码，而不是针对每一件物品的编码。

3.1.2 EPC电子商品编码

当前RFID最受瞩目的应用，是以RFID标签来取代现有的商品条形码系统，也就是赋予每个商品一个独一无二的电子商品编码（electronic product codes，EPC），商品在从生产到销售的整个物流配送过程中，除了能以非接触的商品辨识方式来提供管控上的便利性，更能通过与后台系统的连接，实现全球供应链梦寐以求的实时商品信息管理。

有的专家预言RFID将取代条码，将引起全球零售业的革命。到2005年年底，沃尔玛百货公司所有供应商品的包装箱上，都已使用电子商品标签。沃尔玛百货应用新技术降低了成本，尤其是降低了与库存流程相关的物流失误与人力成本。

欧美国家采用的电子标签标准EPC已被国际公认的RFID标准制定机构——ISO/IEC

认可为国际标准。

1）电子商品编码及EPC系统

商品的唯一性识别对于商品非常必要。条码识别最大的缺点是它只能识别商品类别，而不能依靠条码确定唯一的一件商品。例如，可口可乐上的条码到处都一样，要辨别哪瓶可口可乐先超过有效期是不可能的。而我们需要识别和跟踪供应链上的每一件单品，最好的解决方法就是给每一个商品提供唯一的号码——EPC码。EPC码采用一组编号来代表制造商及其商品，不同的是EPC还用另外一组数字来唯一地标识单品。随着Internet的发展和射频EPC码的应用，公司将能够及时知道每个商品在供应链上任何时点的位置信息。

1999年，美国麻省理工学院（MIT）成立了自动识别技术中心，提出了EPC系统的概念，之后EAN.UCC正式接管了EPC在全球的推广应用工作，成立了EPC Global。

EPC系统的最终目标是为每一件商品建立全球的、开放的标识标准。通过EPC系统对商品进行实时跟踪，可优化整个供应链、提供用户支持，提高消费者的生活质量。EPC系统类似于Internet，电子标签只存入每一件商品的唯一识别码，而EPC系统存入每一件商品的详细信息，如产品种类、成分、尺寸、重量、成本、生产信息、生产时间和地点、有效期、销售信息、经过的销售商、时间、次数等，信息甚至可以精确到生产储存时的条件，如温度等。需要这些信息时，阅读器读出电子标签上代表产品信息的唯一识别码EPC，通过Internet将信息传输给计算机或本地申请系统，对象名解析服务（object name service，ONS）告知计算机系统寻找相关产品信息并返回给用户。

EPC系统主要由如下六个方面组成：①EPC编码标准；②EPC标签；③阅读器；④Savant（神经网络软件）；⑤对象名解析服务；⑥物理标记语言（physical markup language，PML）。

2）EPC编码结构

EPC码是与EAN/UPC码兼容的新的编码标准体系。在EPC系统中，EPC编码与现行GTIN相结合，不是取代现行的条码标准，而是由现行的条码标准逐渐过渡到EPC标准，或者是在未来的供应链中EPC和EAN.UCC实现共存。EPC中码段的分配是由EAN.UCC来决定的。

EPC码的位数有64位、96位和256位三种。要保证所有物品都有一个EPC并使其载体——标签的成本尽可能降低，如96位EPC码，这个数目可以为2.68亿个公司提供唯一标识，每个生产厂商可以有1 600万个对象种类，并且每个对象种类可有680亿个序列号，这对未来世界上所有的产品已经够用了。至今已经推出了EPC-96 Ⅰ型，EPC-64 Ⅰ型、Ⅱ型、Ⅲ型，EPC-256 Ⅰ型、Ⅱ型、Ⅲ型等编码方案。

EPC码是由一个版本号加上另外三段数据（依次为域名管理者、对象分类、序列号）组成的一组数字。其中，版本号标识EPC的版本号，它使EPC随后的码段可以有不同的长度；域名管理是描述与此EPC相关的生产厂商的信息。

例如，可口可乐公司对象分类记录产品精确类型的信息为：美国生产的330ml罐装减肥可乐（可口可乐的一种新产品）。序列号唯一标识货品，它会精确地告诉我们所说的究竟是哪一罐330ml罐装减肥可乐。EPC码具体结构见表3-1。

表3-1 EPC码

方案	型号	版本号	域名管理	对象分类	序列号
EPC-64	TYPE Ⅰ	2	21	17	24
	TYPE Ⅱ	2	15	13	32
	TYPE Ⅲ	2	26	13	23
EPC-96	TYPE Ⅰ	8	28	24	36
EPC-256	TYPE Ⅰ	8	32	56	160
	TYPE Ⅱ	8	64	56	128
	TYPE Ⅲ	8	128	56	64

3）Savant系统

每件产品都加上RFID标签之后，在产品的生产、运输和销售过程中，阅读器将不断收到一连串的EPC码。如何传送和管理这些数据呢？自动识别产品技术中心开发了一种名叫Savant的软件技术来完成这项工作。

Savant用一个分布式的结构，以层次化进行组织、管理数据。Savant用在商店、分销中心、地区办公室、工厂，甚至有可能在卡车或货运飞机上。每一个层次上的Savant系统将收集、存储和处理信息，并与其他的Savant系统进行交流。例如，一个运行在商店里的Savant系统可能要通知分销中心还需要更多的产品，在分销中心运行的Savant系统可能会通知商店的Savant系统一批货物已于一个具体的时间出货了。Savant系统需要完成的主要任务是数据校对、阅读器协调、数据传送、数据存储和任务管理。

4）对象名解析服务

将EPC码与相应商品信息进行匹配的功能由对象名解析服务来实现，ONS是一个自动的网络服务系统，类似于万维网上提供域名解析服务的DNS。

阅读器读取一个EPC标签时，EPC码就传递给了Savant系统。然后Savant系统在公司局域网上找产品信息，如果局域网没有，就在Internet上利用ONS对象名解析服务找到这个产品信息所存储的位置。ONS给Savant系统指明了存储这个产品的有关信息的服务器，找到并且将这个产品的信息传递过来用于供应链的管理。

生产商可以将供应商的ONS数据存储在自己的局域网中，而不是货物每次到达工厂都需要到万维网上去寻找这个产品的信息。这个系统有内部的冗余，当一个服务器崩溃时，ONS会引导Savant系统找到存储着同种产品信息的其他服务器。

5）物理标识语言

关于产品用途的信息用一种新型的标准计算机语言——物理标记语言PML书写，PML是基于可扩展标识语言（XML）。

PML提供一种通用的方法来描述自然物体，它是一个广泛的层次结构。例如，一罐可口可乐可以被描述为碳酸饮料，它属于软饮料的一个子类，而软饮料又在食品大类下面。当然，并不是所有的分类都如此简单。

除了那些不会改变的产品信息之外，PML还描述经常性变动的数据（动态数据）和随时间变动的数据（时序数据）。动态数据如水果的温度、机器震动的级别；时序数据的典型例子就是物品所处的地点。公司能够以新的方法利用这些数据，例如，公司可以设置一个触发器，以便当有效期将要结束时，降低产品的价格。

PML文件将被存储在一个PML服务器上，此PML服务器将配置一个专用的计算机，为其他计算机提供它们需要的文件。PML服务器由制造商维护，并且储存这个制造商生产的所有商品的文件信息，类似于制造商维护自己的网页。

6）EPC网络

EPC标签、阅读器、Savant服务器、Internet、ONS服务器、PML服务器以及众多数据库组成了EPC网络。

EPC网络的工作过程为：阅读器先读出的EPC只是一个商品信息关键字——EPC码，由这个关键字在Internet上找到IP地址并获取该地址中存放的相关的物品信息，然后采用分布式Savant软件系统处理和管理由阅读器读取的一连串的EPC信息，即需要ONS来提供一种自动化的网络数据库服务，Savant将EPC传给ONS，ONS指示Savant到一个保存着产品文件的PML服务器查找，该文件可由Savant复制，因而文件中的产品信息就能传到供应链上。

EPC网络的特点：自动实现网络运行，不需要人为干预；无缝链接；网络的成本相对较低；网络是通用的，可以在任何环境下运行。

3.1.3　EPC系统的应用

电子标签作为数据载体，能起到标识识别、物品跟踪、信息采集的作用，已被广泛应用于诸如物流业、工业自动化、商业自动化等众多领域。电子标签技术给物流和供应链管理带来的好处是信息的准确性和及时性。

信息的准确性和及时性是物流及供应链管理的关键因素，EPC系统使供应链的透明度大大提高，物品能在供应链的任何地方被实时地追踪，同时消除了以往各环节上的人工错误。安装在工厂、配送中心、仓库及商场货架上的阅读器能够自动记录物品在整个供应链——从生产线到最终消费者的流动情况。

我们以可口可乐的生产销售为例，说明EPC系统的应用。可口可乐借助EPC系统生产销售的过程如下：

1）给产品加上射频识别标签

可乐生产公司SuperCola Inc.给它生产的每一罐可乐加上一个电子标签，它含有一个独一无二的产品EPC，存储在标签的微芯片里。有了这些标签，公司可以用全自动、高效率的方式，对可乐罐进行识别、计数和跟踪。

2）给包装箱加上识别标签

可乐罐装箱（箱子本身也有自己的电子标签）后，装进带标签的货盘。

3）读写器对标签进行识读

可乐货盘出厂时，装货站门楣上的RFID读写器发出的射频波射向电子标签，启动这些标签。标签“苏醒”过来，开始发射各自的EPC，读写器每次只让一个标签“发言”。它快速地轮流开关这些标签，直到阅读完所有标签为止。

4）Savant软件

读写器与运行Savant软件的电脑系统相连接，它将收集的EPC传给Savant，随后Savant软件进入工作状态。系统通过Internet向对象名解析服务（ONS）数据库发出询问，而该数据库就像倒序式电话查号服务方式，根据收到的号码提供对应的名称。

5）ONS对象名解析服务

ONS服务器将EPC与存有大量关于该产品信息的服务器的地址相匹配，世界各地的Savant系统都可以读取并增加这样的数据。

6）PML物理标识语言

第二台服务器采用PML存储有关该厂产品的完整数据。它辨认出收到的EPC属于SuperCola Inc.生产的罐装可乐，由于该系统知道发出询问的读写器的位置，因此它现在也知道哪个工厂生产了这罐可乐。如果发生缺陷或不合格事件，有了这个信息就可以很容易地找到问题的根源，便于回收有问题的产品。

7）高效的产品分销体系

可乐货盘抵达装运公司的集散中心后，由于在卸货区有RFID读写器，因此不需要开包检查里面的货。Savant提供货物说明，这样这批可乐就可以很快地装上卡车，形成高效的产品分销体系。

8）零成本存货盘点

送货车抵达Speedymart，而Speedymart一直在通过自己Savant的连接跟踪这批货的运送。Speedymart也有装货站读写器，可乐一送到，Speedymart的零售系统马上自动更新，将送到的每一罐可乐记录下来。这样，Speedymart可以自动确认它的可乐的存货量，精确可靠，成本极低。

9）消除库存积压情形

除此之外，Speedymart的零售货架装有集成式读写器。罐装可乐进货时，货架能“认识”新添的货物，此时，若一位顾客拿走6罐装的可乐时，该货架就会向Speedymart的自动补货系统发出一个信息，该系统就向SuperCola Inc.订购可乐，有了这样的系统，就不需要在外面的仓库高成本维持“安全存货量”了。

10）对顾客的便利

自动识别技术还能方便顾客，顾客不需要长时间排队等候付款，他只需推着所送物品出门，装在门上的读写器可以通过货物的EPC，辨认购物车里的货物，顾客只要刷一下付款卡或信用卡就可离去。

3.2　条码技术

在物流信息系统中，条码的使用很广泛，如在仓储系统中使用商品条码，在图书销售中使用图书条码。

3.2.1　条码技术概述

条码概念是由美国的N.T.Woodland在1949年首先提出的，随着计算机应用的不断普及，条码的应用得到了很大的发展。条码技术是一种光学自动识别技术，在国防、公共安全、交通运输、医疗保健、工业、商业、金融、海关及政府管理等多个领域得到了广泛应用，尤其在下述的各个行业有着广泛的应用：物流、机场行李分拣系统、连锁店中心库房、制造业（汽车组装厂、烟草和化纤生产中的在线数据采集、印刷厂、医疗保健公司的库存管理系统）、报纸杂志分销公司、读书俱乐部的回收件处理系统、花卉拍卖市场等。

条码是由一组按一定编码规则排列的条、空符号，用以表示一定的字符、数字及符号组成的信息。条码系统是由条码符号设计、制作及扫描阅读组成的自动识别系统。

条码技术的优点：一是信息采集速度快。计算机键盘的普通录入速度是每分钟200字符，而利用条码扫描录入信息的速度是键盘录入的20倍。二是采集信息量大。利用条码扫描，一次可以采集十几位字符甚至几十KB的信息，使录入的信息量成倍地增加。三是采用条码技术误码率低于百万分之一。四是条码技术相对其他自动识别技术成本较低、操作简单。

条码技术对于物流信息系统的开发来说，主要包括条码对象的编码规则、条码符号设计、条码输出印刷打印、条码识别、计算机管理等方面的技术。

条码按其符号排列方式可以分为一维条码和二维条码，一维条码和二维条码的原理不同，识别设备也不同。

中国物品编码中心负责统一组织、协调、管理我国的条码工作。

3.2.2　一维条码

一维条码是由一组规则排列的条、空以及对应的字符组成的标记，“条”指对光线反射率较低的部分，“空”指对光线反射率较高的部分，这些条和空组成的数据表达一定的信息，并能够用特定的设备识读，转换成与计算机兼容的二进制和十进制信息。一维条码只是在一个方向（一般是水平方向）表达信息，而在垂直方向则不表达任何信息，其一定的高度通常是为了便于阅读器对准。

对于普通的一维条码来说，还要通过数据库建立条码与商品信息的对应关系，当条码的数据传到计算机上时，由计算机上的应用程序对数据进行操作和处理。因此，普通的一维条码在使用过程中仅作为识别信息，它的意义是通过在计算机系统的数据库中提取相应的信息而实现的。

1）一维条码的码制

码制即指条码条和空的排列规则，常用的一维码的码制包括EAN条码、三九条码、交插二五条码、UPC条码、128条码、九三条码及Codabar（库德巴）条码等。

不同的码制有它们各自的应用领域：

EAN条码：是国际通用的符号体系，是一种长度固定、无含义的条码，所表达的信息全部为数字，主要应用于商品标识。

三九条码和128条码：为目前国内企业内部自定义的码制，可以根据需要确定条码的长度和信息，它编码的信息可以是数字，也可以包含字母，主要应用于工业生产线领域、图书管理等。

九三条码：是一种类似于三九条码的条码，它的密度较高，能够替代三九条码。

交插二五条码：只应用于包装、运输以及国际航空系统的机票顺序编号等的跟踪管理。

Codabar（库德巴）条码：应用于血库、图书馆、包裹等的跟踪管理。

物流业中用的条码码制主要有通用商品条码、储运单元条码等。

（1）通用商品条码。通用商品条码是用于标识国际通用的商品代码的一种模块组合型条码，分为标准版商品条码（13位）和缩短版商品条码（8位）。

标准版商品条码所表示的代码由13位数字组成，其结构有3种，结构见表3-2。

表3-2 条码结构

结构种类	厂商识别代码	商品项目代码	校验码
结构一	$X_{13}X_{12}X_{11}X_{10}X_9X_8X_7$	$X_6X_5X_4X_3X_2$	X_1
结构二	$X_{13}X_{12}X_{11}X_{10}X_9X_8X_7X_6$	$X_5X_4X_3X_2$	X_1
结构三	$X_{13}X_{12}X_{11}X_{10}X_9X_8X_7X_6X_5$	$X_4X_3X_2$	X_1

厂商识别代码：由7～9位数字组成，用于对厂商的唯一标识。厂商识别代码是EAN编码组织在EAN分配的前缀码（$X_{13}X_{12}X_{11}$）的基础上分配给厂商的代码。前缀码是标识EAN编码组织的代码，由EAN统一管理和分配。

商品项目代码：由3～5位数字组成，商品项目代码由厂商自行编码。在编制商品项目代码时，厂商必须遵守商品编码的基本原则，即唯一性和无含义性。在EAN系统中，商品编码仅仅是一种识别商品的手段，而不是商品分类的手段。

校验码：只有1位数字，用于校验厂商识别代码和商品项目代码的正确性。

（2）储运单元条码。储运单元条码是专门表示储运单元编码的条码。储运单元是指为便于搬运、仓储、订货、运输等，由消费单元组成的商品包装单元。在储运单元条码中，又分为定量储运单元（由定量消费单元组成的储运单元）和变量储运单元（由变量消费单元组成的储运单元）。

当定量储运单元同时又是定量消费单元时，应按定量消费单元进行编码，如洗衣机等，其定量消费单元的编码同通用商品编码。当含相同种类的定量消费单元组成定量储运单元时，可给每一定量储运单元分配一个区别于它所包含的消费单元代码的

13位数字代码，也可用14位数字进行编码。

变量储运单元编码由14位数字的主代码和6位数字的附加代码组成，代码结构如下：

主代码 附加代码

2）校验位计算

在生成条码和识读条码时，需要编程计算校验位，我们以一个实例说明如何计算校验位，见表3-3。

表3-3 **计算校验位**

校验位计算方式													
项目	国家代号			厂商代号					商品代号			校验位
位数	13	12	11	10	9	8	7	6	5	4	3	2	1
条码编号	6	9	0	1	2	3	4	5	6	0	0		
步骤一 偶数位数值相加乘3	9+1+3+5+0+1=19，19×3=57												
步骤二 奇数位数值相加	6+0+2+4+6+0=18												
步骤三 将步骤一与步骤二之和相加	57+18=75												
步骤四 以10减去步骤三总和之个位数，即得校验位	10−5=5→校验位 若步骤三总和的个位数为“0”， 校验位即为“0”												

3.2.3 二维条码

一维条码携带的信息量十分有限，由于受信息容量的限制，一维条码仅仅是对“物品”的标识，而不是对“物品”的描述，使用时要依靠后台数据库中的信息。在没有数据库和不便联网的地方，一维条码的使用受到了较大的限制，另外，在要用一维条码表示汉字的场合，使用一维条码也十分不方便，且效率很低。

在水平和垂直方向的二维空间存储信息的条码，称为二维条码。二维条码是大容量、高可靠性信息实现存储、携带并自动识读的最理想的方法，可以用它表示数据文件（包括汉字文件）、图像等。

二维条码能够把过去使用一维条码时存储于后台数据库中的信息包含在条码中，可以直接通过阅读条码得到相应的信息，并且二维条码还有错误修正及防伪功能，增强了数据的安全性。

在海关报关单、长途货运单、税务报表、保险登记表上也都使用二维条码技术来解决数据输入及防止伪造、删改表格的例子。二维条码可把照片、指纹编制其中，有效地解决证件的可机读和防伪问题，因此，可广泛应用于护照、身份证、行车证、军人证、健康证、保险卡等。我国香港特别行政区的护照上就采用了二维条码技术。

二维条码的特性：高密度、具有纠错功能、多种语言文字表示和具有加密机制。

目前，二维条码主要有PDF417码、Code49码、Code16K码、Data Matrix码、MaxiCode码等，主要分为堆积或层排式和棋盘或矩阵式两大类。

二维条码有许多不同的编码方法——码制。以码制的编码原理而言，通常可分为以下两种类型：线性堆叠式二维码和矩阵式二维码（如图3-1所示）。

PDF417

线性堆叠式二维码

Data Matrix

矩阵式二维码

图3-1 二维条码的种类

3.2.4 条码的应用

以条码在快递公司的应用为例，快递公司的整个工作流程主要包含以下部分：接货→中心库房的分拣→出库→全程跟踪。

接货有固定地点接收和移动接收两种。移动接收是接货人员在接货时使用手持终端将包裹或邮件信息录入系统，以无线传输的形式将数据传至服务器，或将数据暂存在手持终端，然后将数据送入系统。固定接收则是用于物流公司的各收货点内，用固定式工业扫描器采集包裹的信息。

中心库房的包裹分拣系统的主体部分是交叉带分拣机。系统工作原理如下：系统首先根据实际需求给每一类不同寄达局的包裹分配一个滑道，系统工作时，交叉带分拣机的每一个单元上最多只有一件包裹，包裹经上包系统进入交叉带分拣机，然后经过扫描站，包裹上以条码形式代表的寄达局信息经由扫描站进入主机，主机会按照预先的分配方案找到相应的滑道，并且实时地计算包裹的位置，当包裹到达预定滑道时，卸载机构将其送入滑道。

在自动包裹分拣机中，扫描站的位置可根据实际需要来定，既可以安装在上包段，亦可以安装在交叉带分拣机的环形部分。现在大多快递公司开通了在线查询服务，除了上述的内部自动跟踪分拣系统之外，快递公司还要有相应的出入库跟踪系统才可能实现这一功能。工作流程如下：操作人员首先把新的集装箱的信息扫描输入计算机，然后系统会自动地更新系统数据；接着当包裹到达装货区时，货运操作人员直接将其装入指定的集装箱内，包裹上的信息由扫描器自动地读取，此时系统会生成一条记录，该记录包含集装箱、集装箱内包裹以及目的地等信息。

3.3 卫星导航系统

3.3.1 卫星导航系统概述

导航是一个技术门类的总称，它是引导飞机、船舶、车辆以及个人（总称为运载体）安全、准确地沿着选定的路线，准时到达目的地的一种手段。导航的基本功能是回答“我现在在哪里?”“我要去哪里?”“如何去?”等问题。

导航由导航系统完成，包括装在运载体上的导航设备以及装在其他地方与导航设备配合使用的导航台。卫星导航技术可以实现全球定位与导航。目前，世界上有四套卫星导航系统：中国的北斗系统（COMPASS）、欧盟的Galileo系统、俄罗斯的GLONASS系统、美国的全球定位系统（global position system，GPS）。目前应用最广泛的是GPS。

我们非常需要对货物进行精确定位，借助卫星导航系统和地理信息系统，可以在电子地图上直观地显示出货物的位置，并进行最短路线的分析，找出配送路线的最优方案。

GPS是由美国研制的导航、授时和定位系统。这个系统通过24颗地球同步卫星全天候向地面发送授时和定位信号，其中高精度的信号仅供美国军方和北约盟军使用，普通用户只能够接收和解析低精度的民用信号。如果对接收到的民用信号进行差分处理，也可以得到精度很高的定位数据。目前一般的差分GPS接收机都可以得到1米精度的定位数据，在欧美市场上已经出现了厘米级的差分GPS接收机。普通用户只需购买GPS接收机，就可享受免费的导航、授时和定位服务。目前全球定位系统技术在农业、林业、水利、交通、航空、测绘、安全防范、军事、电力、通信、城市管理等领域都有广泛应用。

GPS定位系统包括三大部分：空间部分——GPS卫星星座；地面控制部分——地面监控系统；用户设备部分——GPS信号接收机。

1）空间部分

GPS的空间部分由21颗工作卫星及3颗备用卫星组成，它们均匀分布在6个相对于赤道的倾角为55°的近似圆形轨道上，每个轨道上有4颗卫星运行，它们距地面的平均高度为20 200千米，运行周期为12恒星时。这样，对于地面观测者来说，每天将提前4分钟见到同一颗GPS卫星。位于地平线以上的卫星颗数随着时间和地点的不同而不同，最少可见到4颗，最多可见到11颗。在用GPS信号导航定位时，为了计算测点的三维坐标，必须观测4颗GPS卫星，称为定位星座。

2）地面控制部分

对于导航定位来说，GPS卫星是一个动态已知点。卫星的位置是依据卫星发射的星历描述卫星运动及其轨道的参数算得的。每颗GPS卫星所播发的星历，是由地面监控系统提供的。卫星上的各种设备是否正常工作，以及卫星是否一直沿着预定轨道运行，都要由地面设备进行监测和控制。地面监控系统的另一个重要作用是保持各颗卫星处于同一时间标准——GPS时间系统，这就需要地面站监测各颗卫星的时间，求出钟差，然后由地面注入站发给卫星，卫星再以导航电文发给用户设备。GPS工作卫星的地面监控系统包括一个主控站、三个注入站和五个监测站。

3）用户设备部分

GPS信号接收机的任务是能够捕获到按一定卫星高度截止角所选择的待测卫星的信号，并跟踪这些卫星的运行，对所接收到的GPS信号进行变换、放大和处理，以便测量出GPS信号从卫星到接收机天线的传播时间，解译出GPS卫星所发送的导航电文，实时地计算出它的三维位置，甚至三维速度和时间。

在静态定位中，GPS接收机在捕获和跟踪GPS卫星的过程中固定不变，接收机高精度地测量GPS信号，利用GPS卫星在轨的已知位置，解算出接收机天线所在位置的三维坐标，静态定位需要较长的时间。动态定位则是用GPS接收机测定一个运动物体的运行轨迹。GPS信号接收机所位于的运动物体称为载体（如航行中的船舰、空中的飞机、行走的车辆等）。载体上的GPS接收机天线在跟踪GPS卫星的过程中相对地球而运动，接收机用GPS信号实时地测得运动载体的状态参数（瞬间三维位置和三维速度）。

各种类型的GPS测地型接收机用于精确定位时，其双频接收机精度可达5米，单频接收机在一定距离内精度可达10米，用于差分定位时其精度可达亚米级至厘米级。

按接收机的用途可分为导航型接收机、测地型接收机、授时型接收机。

导航型接收机主要用于运动载体的导航，它可以实时给出载体的位置和速度。这类接收机一般采用C/A码伪距测量，单点实时定位精度较低，一般为±25米。这类接收机价格便宜、应用广泛。根据应用领域的不同，此类接收机还可以进一步分为：

车载型——用于车辆导航定位。

航海型——用于船舶导航定位。

航空型——用于飞机导航定位。由于飞机运行速度快，因此，在航空上用的接收机要求能适应高速运动。

星载型——用于卫星的导航定位。由于卫星的速度高达7千米/秒以上，因此对接收机的要求更高。

3.3.2 GPS技术在物流中的应用

GPS目前在交通领域的应用包括车辆自导航、车辆调度、民航运输等。物流信息系统广泛地使用GPS技术进行车辆的定位与导航。下面介绍GPS在物流信息系统中的应用——GPS物流监控系统。GPS物流监控系统主要功能是实现车辆的定位。一套完备的GPS物流监控系统包括GPS车载设备、通信部分和监控中心，以实现对车辆进行调度管理和跟踪。GPS车载设备安装在移动目标中，通过GPS完成自身的定位。通信部分负责移动车辆与监控中心间的数据传输，它是整个系统的物理基础，决定了系统的容量、系统的可靠性和监控覆盖的范围。监控中心由电子地图和管理软件组成。电子地图显示目标的位置及该点附近的地物，使管理人员能直接地观察目标；管理软件负责系统的调度、控制。

1）监控中心部分的主要功能

数据跟踪功能：将移动车辆的实时位置以列表的方式显示出来，如车号、经度、纬度、速度、航向、时间、日期等。

图上跟踪功能：将移动车辆的定位信息在相应的电子地（海）图背景上复合显示出来。电子地（海）图可任意放大、缩小、还原、切换，有正常接收与随意点名接收两种接收方式，还可提供是否要车辆运行轨迹的选择功能。

模拟显示功能：可将已知的目标位置信息输入计算机并显示出来。

决策指挥功能：决策指挥命令以通信方式与移动车辆进行通信。通信方式可用文本、代码或语音等，实现调度指挥。

2）车载部分的主要功能

定位信息的发送功能：GPS接收机实时定位并将定位信息通过电台发向监控中心。

数据显示功能：将自身车辆的实时位置在显示单元上显示出来，如经度、纬度、速度、航向。

调度命令的接收功能：接收监控中心发来的调度指挥命令，在显示单元上显示或发出语音提示。

报警功能：一旦出现紧急情况，司机启动报警装置，监控中心立即显示出车辆情况、出事地点、车辆人员等信息。

车辆GPS定位属于单点动态导航定位，其定位精度为25米～100米量级。为了提高定位精度，可采用差分GPS技术。

车辆GPS定位管理通信采用GSM/GPRS/3G/4G/5G技术。GSM的短消息（SMS）服务技术的诞生，使GPS综合服务的范围也得到了极大的拓展。适用GPS物流系统的通信线路有：短波、超短波（包括集群）、卫星网和公网（GSM/GPRS/3G/4G/5G）。短波、超短波通信存在信道干扰大、不可靠、通信速率低（9 600bit/s）、覆盖范围小（100千米以下）、投资大等缺点。卫星通信虽然克服了上述缺点，但除租用专用信道、费率高等缺点外，每个车载设备还要具有卫星通信设备，价格昂贵，不适于推广。使用公网（GSM/GPRS/3G/4G/5G）短信通信是一个较理想的途径。短消息业务是通过GSM网的控制信道传输用户分组信息的一种增值服务，特别适合信息量不大的业务数据。GPRS传输速率比GSM高，且一直在线，大数据量通信费用较GSM短消息低。3G、4G、5G分别指第三代、第四代、第五代移动通信技术，能够同时传输声音和数据信息。5G的数据传输能力的提升使GPS定位更为快速、准确。我国目前已建成全球最大光纤网络、4G和5G独立组网网络，已建成5G基站91.6万个，占全球总量的70%，5G连接数已经超过3.65亿，占全球总量的80%。

3.4 地理信息系统

地理信息系统（Geographics Information System，GIS）是研究如何利用计算机处理与空间位置相关的信息的科学，是信息科学研究的重要分支学科之一，它综合了计算机信息技术和现代空间地理学，也是现代地理学三个主要分支学科之一。地理信息系统集成了计算机图形处理技术和数据库技术。

地理信息系统结合遥感（RS）、全球定位系统、数字地球（DE）的应用已非常普遍和深入，已广泛应用于交通运输、区域城市规划、资源管理、环境监测、人口管理、房产管理、土地、应用软件、基础设施和规划管理等领域。在物流业中已采用地理信息系统技术。

3.4.1 GIS技术概述

1）空间信息与地理信息

空间信息可以从三方面来描述：位置信息、非位置信息（属性信息）和时间信息。位置信息与非位置信息彼此独立地随时间发生变化。空间物体抽象为点、线、面等实体，空间数据是对空间物体特征描述和物体间建立相互联系的数据。

位置信息用定位数据（亦称几何数据）来记录，它反映自然现象的地理分布，具有定位的性质；非位置信息用属性数据来记录，它描述自然现象、物体的质量和数量特征。

例如，地面上的山峰，可以从其所在的经度和纬度几何数据得知具体的位置，而相应地理位置上的峰顶高程数据就是属性数据；一个井泉，可以从地形图上确定它的地理坐标（几何数据），而井泉的地面高度、性质、涌水量等参数则是该井泉的一系列属性信息。

空间数据的表示方法很多，最常用的也是人们最习惯的方法是以地图形式来表示。地图是表示客观事物的地理分布及其相互联系的空间模型，是反映地理实体的图形，是对地理实体的简化和再现，能反映事物的空间分布、组合和相互联系及其在时间上的变化。地图由点、线、面组成，它们被称为地图元素。例如，地图上的点可以是矿点、采样点、高程点、地物点和城镇等；线可以是地质界线、铁路、公路、河流等；面可以是土壤类型、水体、岩石类型等。地图元素由空间参考坐标系中的位置和非空间属性加以定义。

地理信息是信息的一种，地理信息是指空间地理分布的有关信息，它是表示地表物体和环境固有的数量、质量、联系和规律的数字、文字、图形、图像等的总称。

2）地理信息系统

地理信息系统是整个地球或部分区域的资源、环境在计算机中的缩影。地理信息系统是以地理空间数据为基础，在计算机软硬件的支持下，对空间相关数据进行采集、管理、操作、模拟、分析和显示，并采用地理模型分析方法，实时提供多种空间动态的地理信息，为地理研究和地理决策服务而建立起来的计算机技术系统。地理信息系统所处理的数据包括空间数据和属性数据两类，是空间数据和属性数据的综合体。

世界上第一个地理信息系统是1963年由加拿大测量学家R.F.Tornlimon提出并建立的，称为加拿大地理信息系统（CGIS），主要用于自然资源的管理和规划。

国外主要的GIS软件产品有ESRI的ARC/INFO、MapInfo、ERDAS等，目前国内开发出的比较流行的GIS软件有SuperMap、MapGIS。

3）地理信息系统的功能

在建立一个实用的地理信息系统的过程中，从数据准备到系统完成，必须经过各种数据转换，一般的GIS包括以下几项基本功能。

（1）数据采集与输入。数据采集与输入，即在数据处理系统中将系统外部的原始数据传输给系统内部，并将这些数据从外部格式转换为系统便于处理的内部格式的过程。对多种形式、多种来源的信息，可实现多种方式的数据输入，主要有图形数据输入（如管网图的输入）、栅格数据输入（如遥感图像的输入）、测量数据输入（如全球定位系统GPS数据的输入）和属性数据输入。

（2）数据编辑与更新。数据编辑主要包括图形数据编辑和属性数据编辑。属性数据编辑主要与数据库管理结合在一起完成，图形数据编辑主要包括拓扑关系建立、图形编辑、图形整饰、图幅拼接、图形变换、投影变换、误差校正等功能。

数据更新即以新的数据项或记录来替换数据文件或数据库中相对应的旧的数据项或记录，它是通过删除、修改、插入等一系列操作来实现的。由于空间实体都处于发展着的时间序列中，人们获取的数据只反映某一瞬时或一定时间范围内的特征，随着时间的推移，数据会随之改变。数据更新可以满足动态分析的需要，对自然现象的发生和发展作出合乎规律的预测预报。

（3）数据存储与管理。数据存储，即将数据以某种格式记录在计算机内部或外部存储介质上，其存储方式与数据文件的组织密度相关。属性数据管理一般直接利用商用关系数据库软件，如Oracle、SQL Server、Access等进行管理。空间数据管理是GIS数据管理的核心，各种图形或图像信息都以严密的逻辑结构存放在空间数据库中。

（4）空间查询与分析。空间查询与分析是GIS的核心，是GIS最重要的和最具有魅力的功能，也是GIS有别于其他信息系统的本质特征。它主要包括数据操作运算、数据查询检索与数据综合分析。数据查询检索即从数据文件、数据库中，查找和选取所需的数据，它是为了满足各种可能的查询条件而进行的系统内部数据操作，如数据格式转换、矢量数据叠合、栅格数据叠加等操作以及按一定模式关系进行的各种数据运算，包括算术运算、关系运算、逻辑运算、函数运算等。综合分析功能可以提高系统评价、管理和决策的能力，主要包括信息测量、属性分析、统计分析、二维模型分析、三维模型分析及多要素综合分析等。

（5）数据显示与输出。通常以人机交互方式来选择显示的对象，图形数据根据要素的信息量和密集程度，可选择放大或缩小显示。GIS不仅可以输出全要素地图，还可以根据用户需要，分层输出各种专题图、各类统计图、图表及数据等。

3.4.2 GIS应用系统开发技术——组件式地理信息系统

地理信息系统是计算机技术和信息系统共同发展的产物，最初的GIS系统过于专业化，主要运用于地理、地质等专业部门。随着计算机技术的发展和用户需求的不断提高，信息可视化成为计算机信息系统的一种发展趋势。大量的应用是在信息系统中嵌入地理信息系统功能，即应用型地理信息系统。开发应用型地理信息系统主要采用组件式地理信息系统技术。

组件式GIS的基本思想是把GIS按功能划分为几个控件，每个控件完成不同的功能，用户通过控件提供的接口，编制代码实现相应的功能。在可视化开发环境下将GIS控件与其他非GIS控件集成在一起，形成最终的GIS应用系统。使用组件式GIS进行系统开发，用户就不需要购买整个GIS软件系统，只要在GIS组件的基础上进行开发组装即可，而且组件式GIS都支持标准的开发语言（如C#等），从而使对专用系统的开发更快捷和便利。

组件式CIS的特点主要有：

（1）高效无缝的系统集成。传统的GIS系统集成方式有独立应用、松散集成、紧密耦合，无论哪种方式，集成效果都十分有限，而组件式GIS可以在通用的开发环境下嵌入组件式对象模型实现GIS功能，利用开发语言直接编程或是插入其他专业性控件实现专业应用功能，使得不同部分在同一环境下实现无缝、高效的集成。

（2）不需要专门的GIS开发语言。组件式GIS不需要掌握额外的GIS二次开发语言，只要了解组件式GIS中各控件的功能、各控件与外界的接口，以及控件的属性和方法，熟悉通用的集成开发环境，就可完成应用系统的开发和集成，提高用户的开发效率。

（3）既可以充分利用GIS工具软件对空间数据库的管理、分析功能，又可以利用其他可视化开发语言具有的高效、方便等编程优点，集二者之所长，不仅能大大提高应用系统的开发效率，而且使用可视化软件开发工具开发出来的应用程序具有更好的外观效果，更强大的数据库功能，可靠性好、易于移植、便于维护。

常用的组件有MapInfo公司的MapX、ESRI公司的Arc Engine、国内超图公司的SuperMap Objects等。

3.4.3 GIS技术在物流信息系统中的应用

目前，我国整体物流技术水平比较落后：配送中心功能不健全，配送规模小，物流网点没有统一布局；配送中心现代化程度低，其中信息没有得到充分的加工和利用，离信息化还有很大差距，具体表现在响应客户需求慢、客户服务品质低、运力资源浪费、管理水平低。

为了解决这些问题，在激烈的市场竞争中，物流企业需要及时跟踪货物的运输过程，了解各仓库的准确信息，合理调配和使用车辆、搬运工具、库房和人员等各种资源，为客户提供优良的客户服务，提供实时的信息查询和物品承运的各种指标数据，为客户提供简单的流通加工业务，提供配送业务，进行运输和仓储整合。

将GIS用于建立物流信息系统在国外物流企业中已得到广泛应用并取得很大成功，目前也已在国内一些物流企业成功应用，具有GIS的物流信息系统主要实现了以下功能：快速响应客户的需求；缩短满足请求的时间；提高满足请求的质量；动态安排和优化运送作业；及时反馈配送的状态，完成应急处理；保证客户的到货时间，提高客户满意度；充分利用运力资源，控制或减少成本；分析老客户的消费行为模式，准确预测和把握客户的需求。

具有GIS功能的物流信息系统能够便于企业基于属性数据和图形数据的结合进行科学、规范的管理，并且可以优化车辆与人员的调度，最大限度地利用人力、物力资源，使货物配送达到最优化。对于物流中的许多重要决策问题，如配送中心的选址、货物组配方案、运输的最佳路径、最优库存控制等方面，都可以得到更好的解决。用GIS解决物流中的重要决策问题列举如下：

（1）分区。客户可以在未分区域的地理地图信息中，参照地理区域，并结合自己的实际情况，将地理信息管理系统区域划分为若干个责任管辖区域。

（2）客户定位。在已分完区域的地理地图信息中，由于地理地图已具有了地理坐标，通过对地理坐标的描述，可以在地图上对新客户进行地理位置的定位或者修改老客户的地理位置，从而在地理地图坐标中最终确立客户的地理位置。

（3）使用GIS对某个城市或地区按管理的要求建立电子地图，准确地反映出街道、道路等的情况，从而使企业能精确地确定配送点和客户的位置。

（4）根据服务区域和特点，划分工作组、责任区，并根据客户分布和需求量合理安排工作路线和顺序。

（5）需求优先级。对于不同的客户，根据对产品的不同需求量，等待服务的不同的时间点和时间段分配不同的优先级，使客户满意程度最大化。

（6）路径最优化。根据实际的需求分布，优化具体运行路径，使资源消耗最小化。

（7）动态模糊分区。对已经按地理位置分区的多个工作组，根据具体情况，动态地分配他们的服务区，特别是交叉地段，从而协调各组的工作量和服务质量。

举例：基于GIS的城市物流配送系统。

配送指的是运送、输送和交货，从物流功能或物流要素的角度来看，配送是多项目、多环节物流活动的有机结合，既有货物运输，同时也包括集货、存储、分货、拣选、配装等活动。

GIS应用于城市物流配送，主要是指利用GIS强大的地理数据功能来完善物流分析技术。GIS技术应用于城市物流配送，使配送企业能够优化车辆与人员的调度，最大限度地利用人力、物力资源，使货物配送达到最优化，能大大缩短配车计划的编制时间，提高车辆的利用率，减少闲置及等候时间，合理安排配送区域和路线等。GIS物流分析包括许多分析模型，有设施定位模型、最短路径模型、网络物流模型、分配集合模型和车辆路线模型等。

设施定位模型用于确定一个或多个设施的位置。在物流系统中，仓库和运输线路共同组成了物流网络，仓库处于网络的节点上，节点决定着线路。根据供求的实际需要并结合经济效益等原则，在既定区域内应设立多少个仓库，每个仓库的位置、规模，以及仓库之间的物流关系等问题，是此模型研究的问题。

车辆路线模型用于解决一个起始点、多个终点的货物运输中每辆车的路线，以及如何降低物流作业费用，并保证服务质量的问题，包括决定使用多少辆车等。

最短路径模型用于确定起始点、途经点和终点之间货物运输的最短路径，包括距离最短、用时最少和费用最低等。

如将货物从N个仓库运往到M个客户，每个客户都有固定的需求量，需要确定由哪个仓库提货送给哪个商店，所耗的运输代价最小，这类问题由网络物流模型来解决，网络物流模型还用于解决寻求最有效的分配货物路径问题，也就是物流网点布局问题。

分配集合模型可以根据各个要素的相似点把同一层上的所有或部分要素分为几个组，用以解决确定服务范围和销售市场范围等问题。如某一公司要设立N个分销点，要求这些分销点要覆盖某一地区，而且要使每个分销点的顾客数目大致相等。

（1）系统功能结构与特点。基于GIS的城市物流配送服务系统包括九大基本功能和一个扩展接口，基本模块主要用于实现城市范围内的货物配送业务的管理，其中包括订单管理、车辆管理、仓库管理、员工管理、客户管理、配送管理、GIS服务和GPS服务、系统管理等业务功能，提供了一个功能强大、智能可视的应用服务系统，还能够通过扩展接口模块与其他业务系统进行连接（如财务管理系统、电子商务系统等），对系统进行功能的扩展。

订单处理系统是物流企业从客户处获取订单、确认后对订单进行处理的过程。该过程包括获取订单以进行数据传输交换或录入和订单确认；结合库存自动处理订单，制订发货计划；与配送系统交换发货计划；与配送系统交换配送数据，给出各类分析报告，包括送货情况、订单完成情况、销售数据分析等，并与客户交换配送数据。

配送系统是通过订单处理系统获取发货计划，结合运输、装运及仓库信息作出配送、配载方案，交与运输系统和仓储系统执行，并反馈给订单处理系统。该系统的活动包括：自动分析和处理发货计划；根据已建立的配送模型，运用GIS技术管理销售网点和仓库，结合公司实际做法，提出最佳配送方案（取、送货方案和装载方案、最佳配送路线）。

运输系统根据自动配送系统的运输和配载需求，计划和调度运输工具（车辆），安排运输任务并反馈完成情况及运费结算。该系统的活动包括：制订运输计划；调度运输工具/车辆，安排运输任务；按配送路线和装载方案，进行货物取送和装载；运费结算。

仓储管理系统主要是对客户的货物进行仓储管理、配送作业等活动。它为整个配送系统提供主要后台数据。该系统的活动包括货物接受、货物仓储、破损货物的处理、货物的配送和库内搬运、库存查询和数据分析报告的产生。

与其他管理软件的接口包括：与企业管理软件（如SAP、Oracle的物料管理和财务模块等）的接口；与大型第三方物流服务商的接口；与一般企业进销存系统的接口；与财务管理系统（如用友等）的接口。

（2）系统逻辑结构。基于GIS的城市物流配送服务系统是一个基于Web，并结合GIS、GPS的三层B/S架构方案，如图3-2所示。

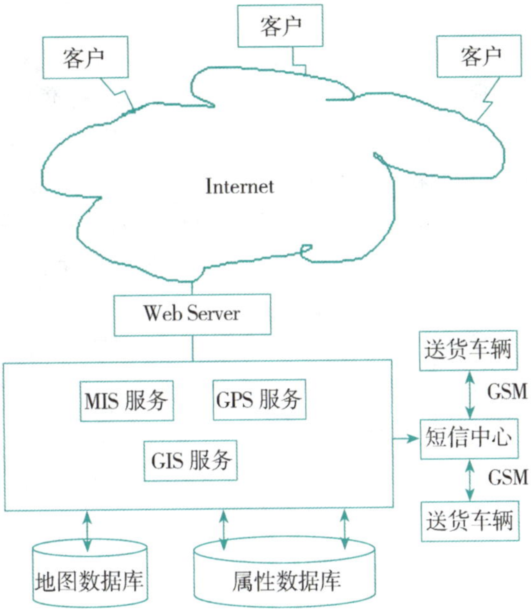

图3-2 基于GIS的城市物流配送服务系统结构

前端的表示层使用Web浏览器作为用户界面；中间的应用服务层运行业务逻辑和控制数据访问；后端数据库控制数据的存储和服务的传输。

（3）系统的特点。普通的城市物流配送主要是传统的MIS系统，对客户、设施信息的管理是数字化的，不能实现空间位置的可视化管理，不能直观地表达客户、设施等的空间分布，更不可以进行业务规划和空间分析。而在GIS中，不仅可以管理和表达地理实体空间信息和属性信息，还包括了空间要素之间的几何关系，因而GIS能够支持传统的关系数据库所不能支持的空间查询和空间分析，进行辅助规划和决策。通过GIS与MIS的集成，就能够对城市物流配送业务中与空间位置有关的客户、设施等信息进行有效的管理，达到可视化和直观的效果。

系统的GPS功能实现了GIS与GPS定位技术的集成，GIS与GPS的集成功能将配送车辆的位置在电子地图上显示出来，对配送车辆进行跟踪与监控，根据道路交通状况向配送车辆发出调度指令，提高配送企业的效率和水平。

3.5 电子数据交换（EDI）

3.5.1 EDI概述

EDI是电子数据交换英文Electronic Data Interchange的简称。在国际贸易中，由于买卖双方地处不同的国家和地区，因此在大多数情况下，不是简单地直接面对面地买卖，而必须由银行进行担保，以各种纸面单证为凭证，方能达到商品与货币交换的目的。这时，纸面单证就代表了货物所有权的转移。全球贸易额的上升带来了各种贸易单证、文件数量的激增。在各类商业贸易单证中有相当大的一部分数据是重复出现的，需要反复地键入。交易双方之间需相互传递许多的业务文件，如订单、发票、运单、采购单、银行对账单等；国际贸易还有报关单、商检证明、保单等更多的单证。交易文件要经过多个环节的传递与处理，涉及海关、商检、港口、船代、运输、场站、银行、保险等政府部门以及服务企业和中间企业。在企业交易量与信息量日益扩张的情形下，交易文件靠传统的物理邮寄传递及人工处理已不能相适应。正是在这样的背景下，以计算机应用、通信网络和数据标准化为基础的EDI应运而生。EDI一经出现便显示出了强大的生命力，迅速地在世界各主要工业发达国家和地区得到广泛的应用。

EDI是一种在公司之间传输订单、发票等作业文件的电子化手段，是用标准的格式以电子方式在计算机之间自动进行的传送企业商业交易资料的技术。它通过计算机通信网络将贸易、运输、保险、银行和海关等行业信息，用一种国际公认的标准格式，实现各有关部门或公司与企业之间的数据交换与处理，并完成以贸易为中心的全部过程。EDI是随着网络技术及数据库技术的发展，企业信息系统日趋成熟而产生的用于商务管理的新技术。使用EDI，只需在业务的源头企业将交易文件一次性地输入计算机，并转换成标准格式，然后通过计算机通信网络传送至异地的贸易伙伴的计算机，再转换成接受企业计算机系统所采用的格式，不需重复输入就可直接在计算机上处理交易文件。

EDI有三个要素：计算机应用、通信网络和数据标准化。EDI实现了商业文件、单证的互通和自动处理，这不同于人机对话方式的交互式处理，而是计算机之间的自动应答和自动处理。因此文件结构、格式、语法规则等方面的标准化是实现EDI的关键。目前，UN/EDIFACT标准已经成为EDI标准的主流。

应用EDI不仅可免去重复劳动，减少工作量，还可大大提高交易文件的传输速率，减少差错，实现无纸交易，显著地降低交易成本。应用EDI对增强企业与供应商及客户之间的关系，提高企业的市场竞争能力，改善企业的形象都具有重要的作用。EDI可以说是电子商务的前身。

3.5.2 EDI的工作原理和操作过程

1）EDI的工作原理

在EDI中，EDI参与者所交换的信息客体称为邮包。在交换过程中，如果接收者从发送者处得到的全部信息包括在所交换的邮包中，则认为语义完整，并称该邮包为完整语义单元（CSU）。CSU的生产者和消费者统称为EDI的终端用户。在EDI工作过程中，所交换的报文都是结构化的数据，整个过程都是由EDI系统完成的。EDI系统结构如图3-3所示。

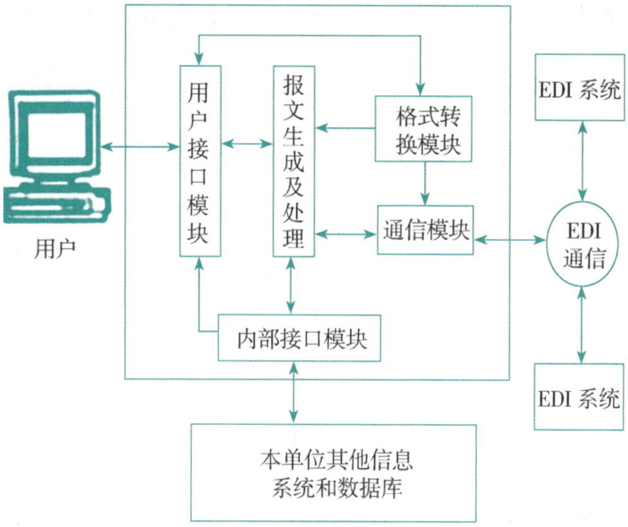

图3-3　EDI系统结构

现将各模块功能介绍如下：

（1）用户接口模块功能：业务管理人员可使用此模块进行输入、查询、统计、中断、打印等，及时地了解市场变化，调整策略。

（2）内部接口模块功能：这是EDI系统和本单位内部其他信息系统及数据库的接口，一份来自外部的EDI报文，经过EDI系统处理之后，大部分相关内容都需要经内部接口模块送往其他信息系统，或查询其他信息系统才能给对方EDI报文以确认的答复。

（3）报文生成及处理模块，该模块有两个功能：一是接受来自用户接口模块和内部接口模块的命令和信息，按照EDI标准生成订单、发票等各种EDI报文和单证，经格式转换模块处理之后，由通信模块经EDI网络分发给其他EDI用户。二是自动处理由其他EDI系统发来的报文。在处理过程中要与本单位信息系统相连，获取必要信息并给其他EDI系统答复，同时将有关信息发送给本单位其他信息系统。

如因特殊情况不能满足对方的要求，经双方EDI系统多次交涉后不能妥善解决的，则把这一类事件提交用户接口模块，由人工干预决策。

（4）格式转换模块功能：所有的EDI单证都必须转换成标准的交换格式，转换过程包括语法上的压缩、嵌套，代码的替换以及必要的EDI语法控制字符。在格式转换过程中要进行语法检查，对于语法出错的EDI报文应拒收并通知对方重发。

（5）通信模块功能：该模块是EDI系统与EDI通信网络的接口，包括执行呼叫、自动重发、合法性和完整性检查、出错报警、自动应答、通信记录、报文装包和拆包等功能。

此外，还有命名和寻址功能。EDI的终端用户在共享的名字当中必须是唯一可标识的。命名和寻址功能包括通信和鉴别两个方面。

2）EDI的操作过程

计算机应用、通信网络和数据标准化这三方面相互衔接、相互依存，构成EDI的基础框架。两个交易伙伴间进行数据交换的EDI系统模型如图3-4所示。

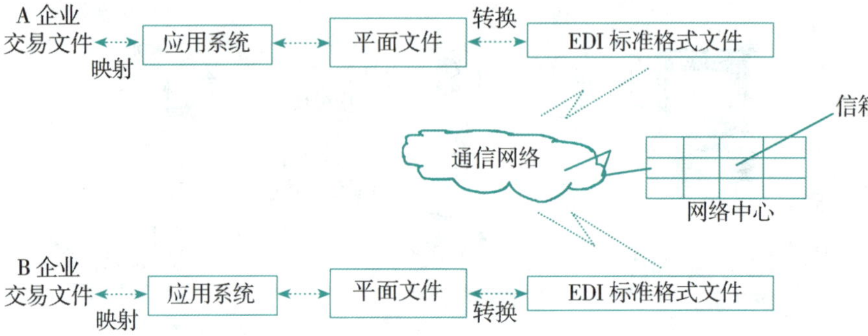

图3-4 EDI系统模型

EDI可以视为MHS通信子平台，图3-4表示了EDI在信箱系统通信和交换的原理，以及完整的通信流程。通用的EDI通信网络是建立在MHS数据通信平台上的信箱系统，其通信机制是信箱间信息的存储和转发。具体实现方法是在数据通信网上加挂大容量信息处理计算机，在计算机上建立信箱系统，通信双方需申请各自的信箱，其通信过程就是把文件传到对方的信箱中。文件交换由计算机自动完成，在发送文件时，用户只需进入自己的信箱系统。

通信流程中各模块的功能说明如下：

映射：生成EDI平面文件。EDI平面文件（flat file）是通过应用系统将用户的应用文件（如单证、票据）或数据库中的数据，映射成的一种标准的中间文件。这一过程称为映射。平面文件是用户通过应用系统直接编辑、修改和操作的单证和票据文件，它可直接阅读、显示和打印输出。

翻译：生成EDI标准格式文件，即将平面文件通过翻译软件（translation software）生成EDI标准格式文件。EDI标准格式文件，就是所谓的EDI电子单证，或称电子票据。它是EDI用户之间进行贸易和业务往来的依据。EDI标准格式文件是一种只有计算机才能阅读的ASCII码文件，它是按照EDI数据交换标准（即EDI标准）的要求，将单证文件（平面文件）中的目录项，加上特定的分隔符、控制符和其他信息，生成的一种包括控制符、代码和单证信息在内的ASCII码文件。

通信：这一步由计算机通信软件完成。用户通过通信网络，接入EDI信箱系统，将EDI电子单证投递到对方的信箱中。

EDI信箱系统自动完成投递和转接，为电子单证加上信封、信头、信尾、投送地址、安全要求及其他辅助信息。

EDI文件的接收和处理过程是发送过程的逆过程。首先需要接收用户通过通信网络接入EDI信箱系统，然后打开自己的信箱，将来函接收到自己的计算机中，经格式校验、翻译、映射还原成应用文件，最后对应用文件进行编辑、处理和回复。

在实际操作过程中，EDI系统为用户提供的EDI应用软件包，包括了应用系统、映射、翻译、格式校验和通信连接等全部功能。至于其处理过程，用户可将其视为一个“黑匣子”，完全不必关心里面具体的过程。

3）基于Internet的EDI

虽然EDI取代了传统贸易单证和文件的手工处理，大大提高了贸易资料处理的效率，但在Internet正式对商业活动开放以前，EDI一直是通过租用专门线路在专用网络上实现的。这种专用增值网（VAN）的使用费用很高，一般只有跨国公司和大型企业才会使用，因此，限制了EDI应用范围的扩大。

在Internet出现后，因其具有费用低廉、覆盖面更广、服务功能更好的优点，克服了EDI的不足，也满足了中小企业对电子数据交换的需求，所以基于Internet的EDI迅速发展，传统的EDI业务逐渐萎缩。基于Internet的EDI把电子交换的范围从票证、单据扩大到了全方位的商务信息，于是产生了现代意义上的电子商务。

以Internet为基础的EDI始于1995年8月，当时劳伦斯利威莫实验室开始试验用电子邮件的方式在Internet上传输EDI交易信息。EDI交易信息经过加密压缩后作为电子邮件的附件在网上传输。

基于Internet的EDI主要有三种基本形式：使用E-mail进行的EDI、使用Web页面进行的EDI、使用FTP进行的EDI应用系统，其实现框架如图3-5所示。

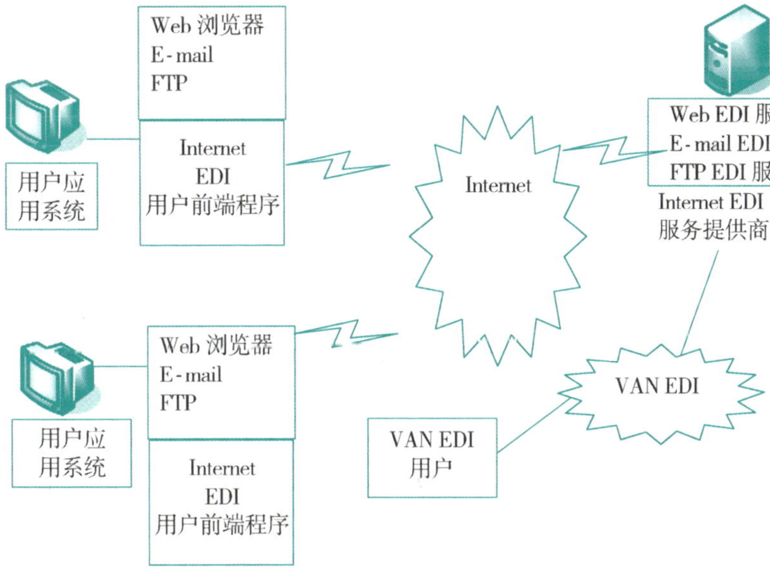

图3-5 基于Internet的EDI实现框架

3.5.3 EDI标准

当使用EDI时，贸易伙伴不需要具有相同的文件处理系统。当一个贸易伙伴发送一个文件时，EDI翻译软件将其专用格式转换成一个共同标准格式。当接收这个文件时，EDI翻译软件自动将其标准格式转换成本地的文件处理软件能识别的专有格式。

EDI标准是EDI系统最关键的部分。联合国成立了国际贸易程序简化工作组，制定了UN/EDIFACT标准（Electronic Data Interchange for Administration, Commerce and Transport），这个标准得到了国际标准化组织的认可，形成了如ISO 9735、ISO 7372等国际标准。我国采用UN/EDIFACT标准。

EDI通信流程需要具体的EDI标准和数据传输协议的支持。EDI的实施需要不同通信层次的标准，一般说来有两个基本层次：一个是通信层次，主要指的是数据传输的基础载体，如电话线、卫星通信线路、专线网络等。只有有了通信标准，电子单证的传输才有可能。只有有了EDI语言，数据的相互理解才有可能。EDI语言对其载体所使用的通信标准并无限制，但是，目前一般采用国际标准的MHS系统（电子邮件系统）。另外一个层次是EDI报文层次。这一层次也被称为是单据标准层次，它是EDI标准的最重要也是最不容易协调的标准层次，用于将信息结构化地表达出来，以使计算机相互理解。这种语言主要用于描述传统上结构化的信息，如贸易单证。这一层次中与EDI所交换的数据内容相关的标准，是EDI系统的真正核心。EDI标准分为以下几个方面：EDI基础标准、EDI管理标准、EDI单证标准、EDI报文标准、EDI代码标准、EDI通信标准、EDI相关标准。

3.5.4 EDI的应用

根据用途不同，EDI可分为四类：

第一类常用的EDI系统是订货信息系统，它是最基本也是最知名的EDI系统，又可称为贸易数据互换系统（trade data interchange, TDI），它用电子数据文件来传输订单、发货票和各类通知。

第二类常用的EDI系统是电子金融汇兑系统（electronic fund transfer, EFT），即在银行和其他组织之间实行电子费用汇兑。EFT已使用多年，但它仍在不断地改进中，最大的改进是同订货系统联系起来，形成一个自动化水平更高的系统。

第三类常见的EDI系统是交互式应答系统（interactive query response, IQR）。它可应用在旅行社或航空公司作为机票预订系统。这种EDI在应用时要询问到达某一目的地的航班，要求显示航班的时间、票价或其他信息，然后根据旅客的要求确定所要的航班，打印机票。

第四类是带有图形资料自动传输的EDI。最常见的是计算机辅助设计（computer aided design, CAD）图形的自动传输。比如，设计公司完成一个厂房的平面布置图，将其平面布置图传输给厂房的主人，请他提出修改意见。一旦该设计被认可，系统将自动输出订单，发出购买建筑材料的报告。在收到这些建筑材料后，自动开出收据。如美国一个厨房用品制造公司——Kraft Maid公司，在PC机上以CAD设计厨房的平面布置图，再用EDI传输设计图纸、订货单、收据等。

下面介绍一下运用EDI进行采购运营的方式。

运用EDI，整个采购过程的运营情况如下：

当公司通过数据库监测采购物料的库存状态或根据MRPII系统生成的采购请求需要采购这一物料时，应用程序就通知翻译软件，创建一个EDI采购订单。根据事先协商好的某些商务条款填写采购订单，并转送给供应商。

供应商收到该采购订单并马上传回一份已收到采购订单的通知。公司计算机自动记录该采购订单的状态。随后，根据公司的需要可以随时产生状态查询请求传给供应商，供应商的计算机自动地翻译状态查询请求信息，检查订单的状态，创建一个状态回信并把它传送到公司的计算机上。计算机又自动地修正它的采购订单状态。当原始的EDI订单被接纳的同时，应用程序又把相关的数据传输到供应商的仓库系统和供应商的发票系统。

供应商准备好物料后，就产生一张运输通知单并通知公司准备接收货物。运输通知单可能需要承运人手工录入某些数据。

当货物收到以后，运输通知单进入接受系统，接受通知单系统自动地转到应付款系统和发票系统，供应商的发票系统就自动地输出发票并传给公司。

公司计算机收到发票以后，就把它转换成公司的格式，并把它和接受通知单、采购订单自动匹配（忽略会计审计这一步）。一旦匹配成功就自动地产生付款授权并传到应付款系统，同时通知供应商的应收款系统可以收款了，公司就通过银行自动转账到供应商的银行账户，这时一份自动汇款通知单就传给了供应商。一个完整的物料采购过程就这样完成了，在这整个过程中，最多只需3～4次手工录入。在传统过程的信息流传输过程中，每一步都需要由员工完成纸面上的工作，而EDI几乎均由计算机自动完成，因此出错的机会大大减少，没有邮寄的物理上传输的耽搁，节省了大量的时间。另外，EDI系统给企业带来的主要效益包括：减少提前期，通过频繁的订货可以使原材料、物料库存下降，减少仓储量，改善物料运送的可靠性，降低交易成本，提高顾客服务水平。同时，EDI系统还可以通过与零售点系统（POS）的集成来更好地适应市场的变化。

举例：海关—企业EDI系统。

海关—企业EDI系统使海关对加工贸易的监管适应高新技术产业的全球采购、即时交货的运作模式，实现海关对加工贸易企业的计算机联网监管方式，简化了保税业务的手续。它在对企业加工贸易有关数据进行实时监控的基础上，实现了后续的计算机自动手册核销，从而可以取消纸制手册的办理，加快了加工贸易的进出口报关，达到提高通关效率和监管效能的双赢目的。其功能有：①监管查询：原料库存查询、单耗数据查询、损耗数据查询、成品的入库查询、成品的出库查询、材料入库查询、材料出库查询。②报关单统计分析：进口报关单分析、出口报关单分析。③过渡料件信息处理：过渡料件审核、过渡料件与企业料件对应关系审核、对应关系查询、过渡料件信息删除。④流程处理：报关单增补、补税处理（查询）。⑤预警处理：有新的单号版本需要审核、有新的损耗数据需要审核、有新的过渡料号需要审核、有新的过渡料号与企业料号对应关系需要审核、有新的报核报关单需要审核。⑥核销处理：报关单预核、核销报关单、核销结论、核销日志。报关单数据输入界面如图3-6所示。

图3-6 报关单数据输入界面

3.6 计算机电信集成技术

3.6.1 CTI概述

随着计算机网络与电信技术的不断发展，计算机网络与电信技术不断融合渗透，计算机技术尤其以Internet为代表的网络技术，取得了飞速的发展。电信网络也从最初的单纯通话的电话网络，发展成为以光纤、ATM为基础，传输多媒体信息的通信网络，还加强了提供附加值业务的能力。

CTI就是计算机电信集成技术（computer telecommunication integration）。传统CTI技术关注的是如何将基于计算机的智能技术运用到电话的发送、接收及管理中，如今的CTI技术中还要考虑对其他媒体类型的信息传送，如传真、电子邮件和视频信号等。目前的通信内容已不再仅仅局限于语音，还包括视频等实时信号和电子邮件等非实时信号。

电信网络和数据通信网络正在互相渗透、互相融合，语音通话不再必须通过电话线路完成，通过数据链路也能够完成；呼叫中心也与Web技术连接在一起，增加了新的功能；通过“统一消息”，可以在一个接收箱中处理语音、传真和电子邮件等不同类型的信息。

CTI技术用于以下几个方面：

1）建立“以顾客为中心”的通信系统

“顾客就是上帝”，如果顾客给公司打电话、发电子邮件或传真，公司就应该尽快地回复。如果总是占线或无法为其提供足够的服务信息，那么顾客有可能转向竞争对手去获取帮助。

2）呼叫自动处理和用户引导服务

用户引导服务，就是不需要人工的帮助，由用户自己根据语音提示，通过电话的按键操作逐步地获得有关信息，这样将大大减少服务工作人员的数量，同时提高系统的工作效率。通过这种用户引导服务，可以提供24小时的服务，并及时处理大量的呼叫。

CTI已成为物流信息系统的重要技术，得到越来越广泛的应用。

3.6.2 CTI技术

CTI技术内容十分广泛，已得到广泛应用的技术有：呼叫中心（客户服务中心），语音邮件，IP电话和IP传真，电子商务，客户关系管理（CRM）与服务系统，自动语音应答系统，自动语音信箱，自动录音服务，基于IP的语音、数据、视频的CTI系统，综合语音、数据服务系统；自然语音识别CTI系统，有线、无线计费系统，专家咨询信息服务系统，寻呼服务，故障服务，秘书服务；多媒体综合信息服务。另外，还有一些专业服务系统，即特别服务号，这些系统为政府、企业、公司和广大个人用户提供了良好的服务且受到广泛的欢迎，如160人工信息服务系统、168自动信息服务系统、166语音信息系统、被各行各业广泛应用的计费系统和缴费系统，还有如

112、114、119、121等信息查询和集团电话等服务系统。

我们以呼叫中心系统为例介绍CTI技术。

呼叫中心是CTI技术的典型业务之一，CTI技术的发展一直是和呼叫中心密切相关的。传统的呼叫中心，由一个较大的电话系统和自动呼叫分配（ACD）系统组成，并包括一定数量的用于提供服务的座席人员。其目标就是要在最短的时间内，处理尽可能多的呼叫，为用户提供良好的服务。

现在呼叫中心又结合了许多新的技术，如ICC、预拨号、自动总机、用户信息显示、"一线通"、电话/电视会议等，提供的功能也越来越多。Internet呼叫中心是基于Internet的呼叫中心，它不是简单地把Internet的信息提供给呼叫中心，而是把Internet与呼叫中心有机地集成为一体。用户可以从Web站点直接进入呼叫中心，用点击按钮的方式实现与对方通话，当然也可以用IP电话呼入，也可做文本交互（如白板功能），一切Internet上的功能都可以采用软排队、中间件技术与呼叫中心集成为一体。

另外，呼叫中心又在向着小型化和专业化方向发展，其中面向SOHO（小型办公和家庭办公）环境的呼叫中心近年来发展很快。呼叫中心一般提供的系统功能包括：均匀工作负荷、服务质量监督、灵活的呼叫分配、远端的座席接入和咨询辅导台等内容。

随着多媒体技术与Internet呼叫中心的日趋融合，呼叫中心引入了多媒体功能，尤其是视频信息内容。由于人类接受信息的70%来自视频，呼叫中心引入视频技术使呼叫中心在功能上实现了又一个飞跃，但要实现交互式视频通信，用户端要有足够带宽。

目前市场上已开发出不同层次的呼叫中心应用系统，例如，电信增值业务如声讯服务、查询通知等；证券、金融、保险咨询服务系统；110/119/122/120报警受理系统；CRM应用系统（如客户服务中心）；寻呼排队系统；配送、投诉等应用系统；出租车调度系统。

下面介绍一下大中型呼叫中心系统。

大中型呼叫中心系统的体系结构在逻辑上由客户层、接入层、支持层、服务层四部分组成，如图3-7所示。

客户层是用户的进入系统层，客户层不属于呼叫中心建设的内容。客户可以采用手机、电话、传真和Internet方式进入呼叫系统，请求呼叫中心提供服务。

接入层负责各种媒体的综合接入，如PSTN/ISDN接入、E-mail接入、短消息接入、视频接入等。接入层主要包括排队机、路由器、IP网关、IVR服务器、CTI服务器、FAX服务器和防护墙等，是系统强大的组网能力的保证。交换机/排队机完成话路的接入、等待及转移。路由器完成系统与广域网、本地局域网及地市VOIP网络之间的连接与路由。CTI服务器通过CTI-Link与交换机连接，还通过网络与座席计算机相连，其功能是根据话路的连接情况，控制座席计算机的运行。

支持层包括Web服务器、E-mail服务器、数据库服务器、应用服务器、IVR/FAX服务器等。它为整个呼叫中心提供支持服务，包括为座席提供网络服务。

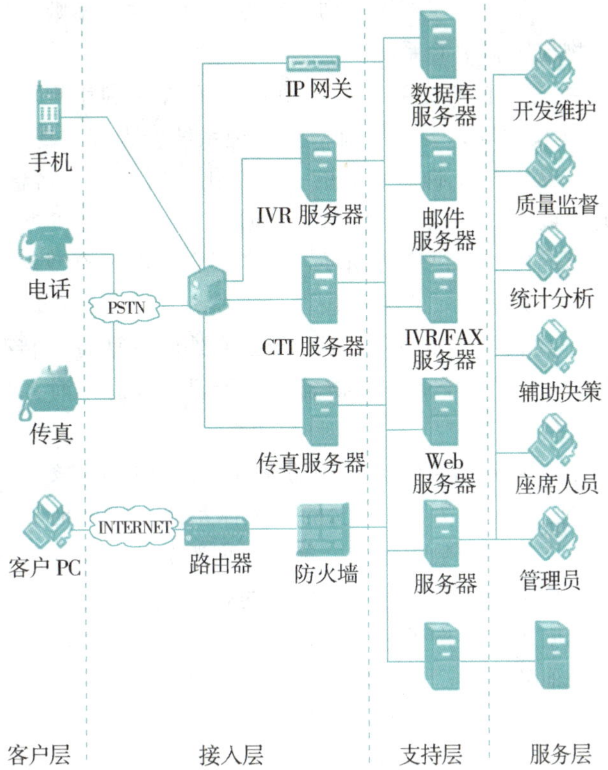

图3-7 呼叫中心系统体系结构

服务层主要包括座席系统，每个座席由一部电话和一台计算机组成，完成人工接入时业务的处理。座席系统基于B/S架构，所以在座席端的计算机上只要装有IE浏览器就可以了。服务层还包括内部管理系统，由业务主管、信息管理员和系统管理员使用，完成对系统开发管理和座席的管理。

大中型呼叫中心系统ACD采用交换机方案，交换机是传统的电话接入设备，通过交换机可以将用户的呼叫接向后台的座席人员。同时，通过CTI服务器，对交换机进行有关的控制。该方案具有稳定性强、扩容简单的优点，但其成本相对较高。

3.6.3 CTI的应用——客服中心

客户关系管理（CRM）是将企业经营导向“以客户为中心”的技术和管理方法，是以IT系统为基础、以客户为中心的快速决策支持系统。一个较完整的CRM系统应该包括：客户信息收集和客户关系管理及关怀，市场营销与管理，销售及售后服务与管理，各种信息数据的存储、分析与挖掘，市场预测及决策支持系统。

CRM系统最基础的环节是信息接入，它广泛地应用了CTI技术。引入CTI技术后，企业的CRM系统可以更全面地收集市场情报，积累客户资料，更好地服务客户，扩大销售。同时，由于CTI技术不仅将计算机系统和通信系统密切地连接在一起，而且也将信息通信技术与数据库技术完美结合在一起，因此产生了更快捷、高效和经济的商业运作模式，可以帮助企业在更激烈的市场竞争中立于不败之地。

下面主要介绍物流客服中心系统。

物流客服中心系统的核心是物流客户联络中心，它利用现代通信技术、CTI技术、Internet与多媒体技术等，结合物流信息管理系统，为客户提供统一的服务接入，完善企业服务形象，从而树立物流企业的“专业化、网络化、信息化”的服务形象，进一步巩固客户的忠诚度、满意度，同时，及时、周到、详尽的服务内容，也必将吸引更多客户资源，形成良性的供应链循环，有利于企业的规模型发展，从而降低服务成本，获取更大的核心竞争力。它主要包含以下模块：物流客户联络平台、物流自动服务（话音、传真、短信、E-mail等）、物流智能外呼（话音、传真、短信、E-mail等）、物流应用服务、物流电子商务、物流人工受理（咨询查询、业务订单、投诉建议等）、物流电话会议。

物流客户联络中心充分结合物流企业的现状，提出基于“数据集中、业务分散”“数据、业务集中，业务再分散”等理念的多种体系架构，满足了一些物流企业的特殊需要。例如，系统支持远程数据处理、远程座席服务；灵活的语音流程设计器可以让企业自由设计独具特色的服务流程；多媒体的查询、订单方式让客户无时无刻不在感受物流企业的亲切服务；咨询受理端的客户信息、作业信息的实时弹出，让客户永远感受到物流企业对他的尊重；结合物流信息管理可以实时向客户提供他最关心的最新、最全的信息。物流客服中心系统架构如图3-8所示。

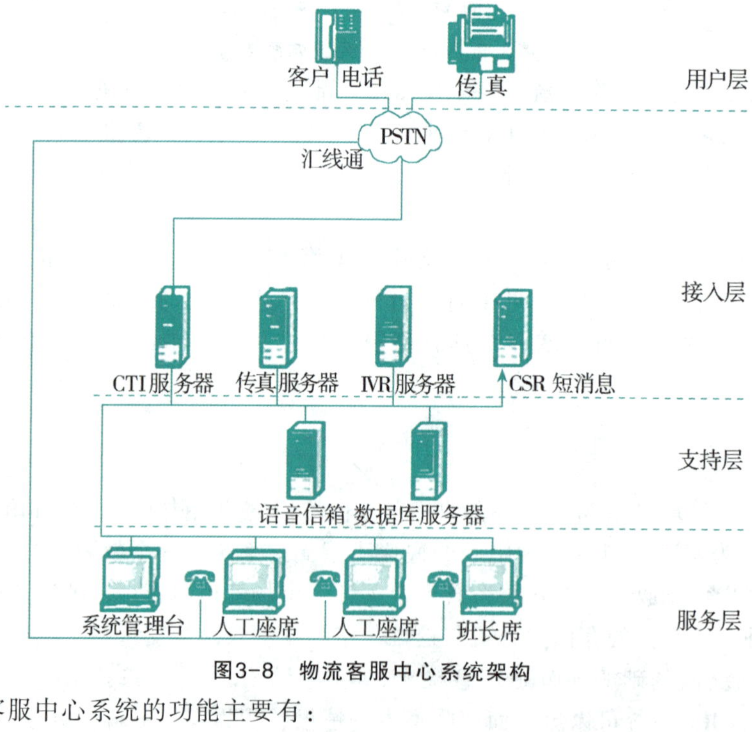

图3-8 物流客服中心系统架构

物流客服中心系统的功能主要有：

(1) 多媒体接入方式。它可以支持话音、传真、邮件、E-mail、短信等接入方式。

（2）智能话务分配。系统内置智能话务分配功能，自动判断座席人员的负载，进行“空闲、优先”等方式的任务和话务线路资源调整，避免了某些话务员过度劳累、某些话务员过于清闲。

（3）实时监控。实时监控功能主要用来检查话务员工作情况，进行服务态度、服务效率、工作量负载、工作内容等方面的监控，有利于随时检查话务员的工作情况，按质按量对话务员的工作进行考核。

（4）软电话。软电话的使用极大地解放了话务员的双手，通过软电话可以实现电话机的所有功能，同时可以支持电话和资料同步转接等功能。

（5）座席桌面。座席桌面提供诸如知识库、客户资料弹出、业务受理等支持。它可以根据用户来电，及时将客户的需求和资料填入数据库，并将生成的订单转移到相关部门进行处理；座席资料的弹出，有助于话务员立刻通过来电识别出客户的身份，根据客户的以往资料，可以准确地为客户提供更为个性化的服务。座席桌面支持同步话音、电脑资料转移。当一个话务员不太了解客户的需求内容时，可以将此客户的信息资料和话音同步转移到另一个更加熟悉的话务员进行处理。资料的同步转移，避免了话务员重复询问客户同一内容的现象，提高了座席工作效率，减少了用户等待时间。

（6）电话业务受理。当客户来电时，系统会自动调出客户的相关资料（当判断为新客户时，系统会自动调出新客户登记表），同时根据需求可以直接填写电脑订单。订单填写完毕后，系统将自动将此订单转移至审核部门。

（7）订单审核。电脑会实时显示最新需要审核的订单，当审核完毕后，系统可以将此订单转移到相关业务部门。

（8）派单处理。当订单审核完成，会自动转移到相关业务部门进行派单处理，产生受理凭证，并自动查询可用的车辆、司机、仓库等信息，极大提高了业务部门的工作效率。

（9）自动语音/传真服务。自动语音/传真服务可以自动提供“业务介绍、运费查询、货物到达”等相关信息。

（10）智能外拨呼叫服务。智能外拨呼叫服务可以自动提供如“到货自动通知、业务宣传、市场调查”等内容的服务。

（11）数据统计。系统可以提供话务、业务受理、业务处理等方面的详细统计报表，有利于企业的决策。

（12）系统管理和维护。系统可以进行数据的监控、维护等资源管理。

3.7 数据仓库

3.7.1 数据仓库的概念

著名的数据仓库专家W.H.Inmon给予数据仓库如下描述：数据仓库（data warehouse）是一个面向主题的（subject oriented）、集成的（integrated）、相对稳定的（nonvolatile）、反映历史变化（time bariant）的数据集合，用于支持管理决策。

首先，数据仓库用于支持决策，面向分析型数据处理，数据仓库使数据操作型环境与数据分析型环境分离开来，建立一种数据存储体系结构，它不同于企业现有的操作型数据库；其次，数据仓库是对多个异构的数据源的有效集成，提供了一致的数据视图，集成后按照主题进行了重组，包含历史数据，为用户提供灵活自主的信息访问权力、丰富的数据分析与报表功能，而且存放在数据仓库中的数据一般不再修改。

数据仓库支持在一个机构的数据和信息上进行高性能的查询，支持OLAP、DSS（决策支持系统）和数据挖掘等类型的应用。OLAP是用来描述数据仓库中复杂数据的分析方法或者工具。DSS是用来支持一个公司的主要决策制定者利用更高级的数据进行复杂和重要的决定的应用系统。数据挖掘是用来进行知识发现，为发现没有预料的新知识而检索数据的一种过程。

3.7.2 数据仓库的特点

1）面向主题

操作型数据库的数据组织面向事务处理任务，各个业务系统之间相互分离，而数据仓库中的数据是按照一定的主题进行组织的，按企业关心的主题来建立数据仓库。主题是一个抽象的概念，是指用户使用数据仓库进行决策时所关心的重点方面，一个主题通常与多个操作型信息系统相关，与决策问题无关的数据排除在数据仓库之外。

例如，一般物流部门的信息系统通常是操作性的，用于发货单、入库单、路单、收款单、付款记录等，但是对数据仓库来说，它并不面向这类操作性的过程，而是面向一些特定的主题（如顾客、厂家、物流活动等）来进行数据处理。

2）集成性

面向事务处理的操作型数据库通常与某些特定的应用相关，数据库之间相互独立，并且往往是异构的，而数据仓库中的数据是在对原有分散的数据库进行数据抽取、清理的基础上经过系统加工、汇总和整理得到的，必须消除源数据中的不一致性，以保证数据仓库内的信息是关于整个企业一致的全局信息。

3）稳定性

操作型数据库中的数据通常实时更新。数据仓库的数据主要供企业决策分析之用，所涉及的数据操作主要是数据查询，数据进入数据仓库以后，一般情况下将被长期保留。数据仓库中一般有大量的查询操作，但修改和删除数据的操作很少，通常只需要定期地加载数据。

4）反映历史变化性

操作型数据库主要关心当前某一个时间段内的数据，而数据仓库中的数据通常包含历史信息，系统记录了企业从过去某一时点到目前的各个阶段的信息，通过分析这些信息，可以对企业的发展历程和未来趋势作出定量分析和预测。

3.7.3　数据仓库的结构

斯坦福大学提出的一个基本的数据仓库模型如图3-9所示。

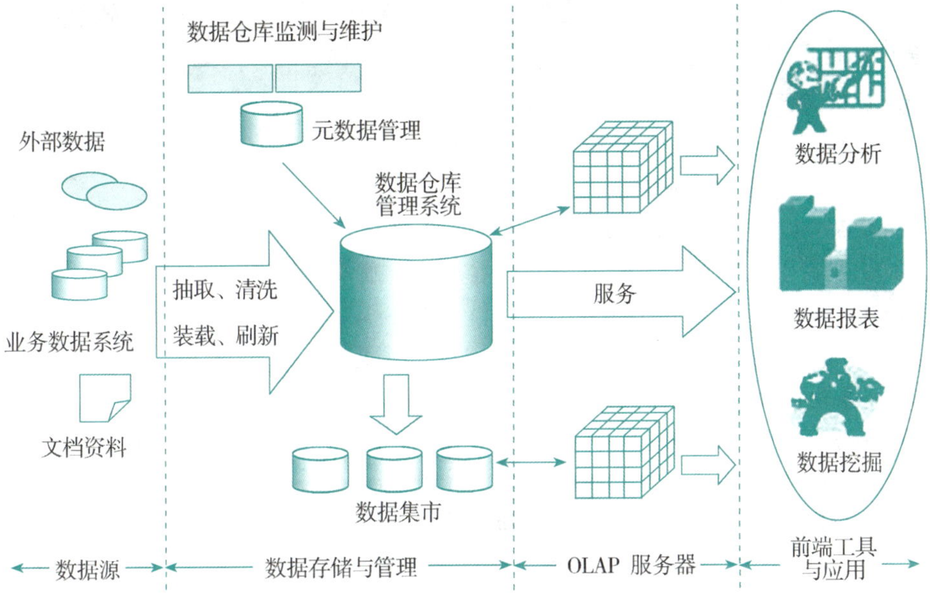

图3-9　数据仓库基本体系结构

一个数据仓库的基本体系结构中应有以下几个基本组成部分才能够将已有的数据源提取出来，组织成可用于决策分析的综合数据的形式。

1）数据源

数据源是数据仓库系统的基础，是整个系统的数据源泉，通常包括企业内部信息和外部信息。内部信息包括存放于RDBMS中的各种业务处理数据和各类文档数据。外部信息包括各类法律法规、市场信息和竞争对手的信息等等。

2）数据存储与管理

数据的存储与管理是整个数据仓库系统的核心。数据仓库的组织管理方式决定了它有别于传统数据库，同时也决定了其对外部数据的表现形式。要决定采用什么产品和技术来建立数据仓库的核心，则需要从数据仓库的技术特点着手分析。针对现有各业务系统的数据进行抽取、清洗，并有效集成，按照主题进行组织。数据仓库按照数据的覆盖范围可以分为企业级数据仓库和部门级数据仓库（通常称为数据集市）。

3）OLAP服务器

OLAP服务器对分析需要的数据进行有效集成，按多维模型予以组织，以便进行多角度、多层次的分析，并发现趋势。其具体可以分为：ROLAP、MOLAP和

HOLAP。ROLAP基本数据和聚合数据均存放在RDBMS之中；MOLAP基本数据和聚合数据均存放于多维数据库中；HOLAP基本数据存放于RDBMS之中，聚合数据存放于多维数据库中。

4）前端工具与应用

前端工具主要包括各种报表工具、查询工具、数据分析工具、数据挖掘工具以及各种基于数据仓库或数据集市的应用开发工具。其中数据分析工具主要针对OLAP服务器，报表工具、数据挖掘工具主要针对数据仓库。

基本训练

□ 知识题

1.单项选择题

（1）（　　）可以实现对供应链上每一件单品的识别和跟踪。

A.商品名称　　B.条码　　C.产地　　D.电子标签

（2）（　　）技术可以取得运输车辆在地球上唯一的位置信息。

A.GIS　　B.GPS　　C.RS　　D.GSM

（3）（　　）不仅可免去重复劳动，减少工作量，还可大大提高交易文件传输速率，减少差错，实现无纸交易，显著地降低交易成本。

A.条码　　B.EDI　　C.电话　　D.CTI

2.判断题

（1）CTI技术对物流企业一点用处也没有。（　　）

（2）电子标签上的数据只能读取，不能修改。（　　）

3.问答题

（1）商品条码结构是怎样的？

（2）什么是EDI?

4.课堂讨论题

（1）物流企业如何跟踪货物的位置？

（2）客户如何了解自己货物的位置？

（3）物流业目前还可以采用什么新的信息技术？

知识应用

□ 案例分析

EDI仓储物流管理系统

EDI仓储物流管理系统适应于公司物流管理的保税仓库业务，该系统简化了公司物流管理的复杂性，提高了工作效率，实现了仓库管理的自动化，结束了长期使用纸质单证的历史。

1.仓储管理系统的结构

仓储管理系统的业务流程如图3-10所示，包括保税仓库管理系统和与外部的接口，与外部的接口帮助实现货物进保税区时货物的明细数据的导入和出库时货物明细数据的导出。

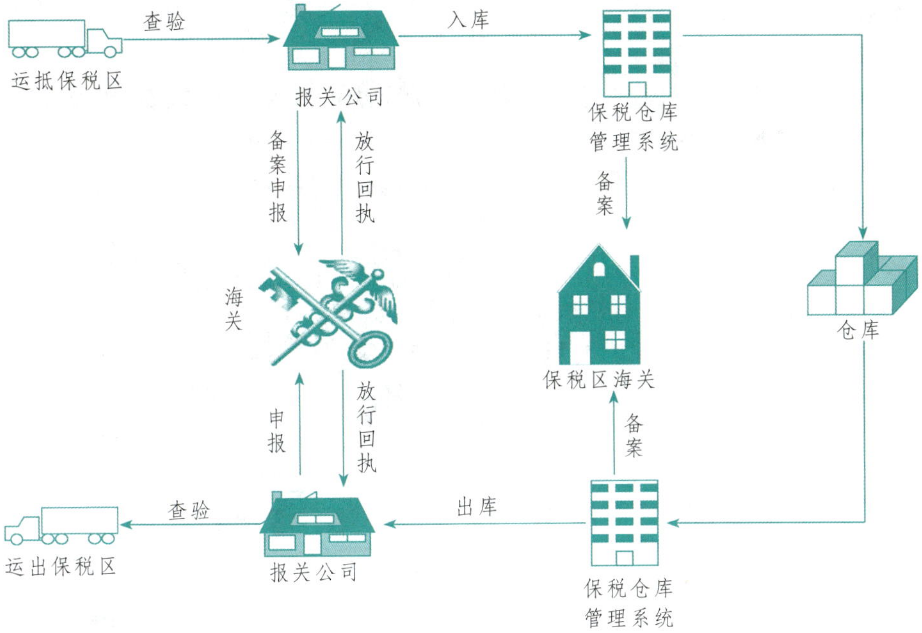

图3-10 仓储管理系统的业务流程

2.仓储管理系统的主要功能

(1)物流数据的进库输入。把进入保税区的货物数据输入到计算机中，输入的内容可根据用户的需要进行选择，以满足不同用户的需要。

(2)物流数据的出库输入。把从保税区出库的货物数据输入到计算机中，输入的内容可根据用户的需要进行选择，以满足不同用户的需要。

(3)货物储存费用的计算。根据客户的需要，对储存在保税仓库的货物的仓储费用进行计算及核销。

(4)储存货物的查询。可以进行任意项目的组合查询，包括进库和出库的内容、进出库的时间、进出库的货物内容等等。

(5)出入库货物的打印。根据客户的需要，打印满足客户需要的数据清单。

(6)数据的导入/导出。根据用户的需要，把数据导出到申报系统或把相关的数据导出到保税区海关，也可把其他系统的数据导入到物流管理系统中。

(7)报表的管理。根据用户的需要产生所需要的报表，并可把数据导出成Excel的文件格式。

(8)对出入库的数据进行动态管理，随时了解出入库的情况。

3.仓储管理系统的总体结构

保税区仓储物流管理系统采用分布式多层数据库进行设计，并考虑了与WWW的集成。系统有以下技术特点：

(1)采用分布式多层应用技术。

(2)采用客户/服务器及Internet/Intranet技术。

(3) 采用分布与集中相结合的数据存储方式。

4. 系统用户

系统用户可分类如下:

(1) 公司总部:采用拨号上网连接到公司 WWW 数据服务器,可随时查询、管理、统计库存情况。

(2) 公司异地分部:采用局域网连接,可方便地实现公司业务的正常处理;软件系统可采用 GUI 和 Browser/Server 两种方式。

(3) 客户:连接到公司 WWW 数据服务器,可随时查询统计库存情况。

(4) 海关:海关可通过接口接收仓库出入库数据,具体可采用 FTP 方式。

该项目的总体结构图如图 3-11 所示,其中的数据汇总服务器和 WWW 服务器可以采用 EDI 中心的服务平台,也可以在公司内部的某一个地方放置。

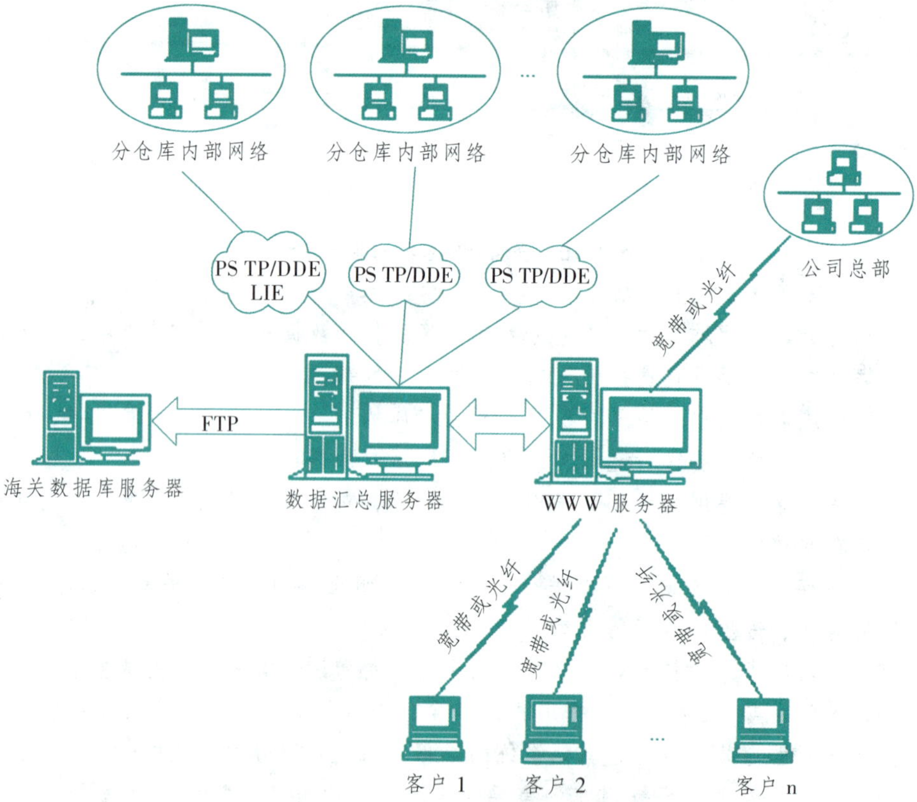

图3-11 项目总体结构图

问题: 根据上述案例,分析 EDI 仓储物流管理系统有哪些特点。

思政小课堂

关键词: 北斗、中国梦

"河汉纵且横,北斗横复直。"自古以来,北斗七星就是中国人辨明方向、把握时节的标志。如今,一颗颗北斗导航卫星闪耀天际,组网形成全球卫星导航系统,为人类提供一流的卫星导航服务，指引着人们追逐梦想、走向远方的脚步。北斗导航系统从无到有，从弱到强，充分彰显了中国智慧、中国速度、中国精度，为世界卫星导航的发展贡献了中国方案，更说明只要矢志创新，中国完全可以自主掌握核心技术。

作为中国自主创新的结晶，北斗导航系统的发展历程，浓缩了中国科技创新的不凡之路，写照着中国人向着星辰大海进发的不屈志气。正如北斗一号卫星总指挥李祖洪所说："北斗的研制，是中国人自己干出来的。'巨人'对我们技术封锁，不让我们站在肩膀上，唯一的办法就是自己成为巨人。"今天，北斗导航卫星单机和关键元器件国产化率达到100%，北斗导航系统为我们带来的将不仅是更精准的定位、更精确的数据，更是充足的战略底气和安全感。

核心技术往往具有通用特点，能够深度融入社会生活，渗透到经济社会发展的各个方面。北斗导航系统正是这样。不久前，在备受瞩目的珠峰测高中，北斗导航系统就发挥了重要作用。为武汉火神山医院建设提供高精度定位、精确标绘，支持无人机实现精准喷洒等防疫作业的，也正是北斗导航系统。其实，近年来，从在地质灾害多发地区实现实时监测、及时报警，到在广袤田野上大展身手，助力劳动生产效率大幅提升，再到在7万余艘渔船、650多万辆营运车辆上守护交通运输安全，越来越"接地气"的北斗导航系统，正在为各行各业赋能，产生显著的经济效益和社会效益。而数据显示，如今在中国入网的智能手机里，也已经有70%以上提供了北斗导航系统服务。相信随着北斗导航系统广泛进入大众消费、共享经济和民生领域，它将进一步改变人们的生产生活方式，为每一个人的美好生活助力。

从当前看向长远，新冠肺炎疫情冲击加速了数字经济到来的步伐，而数字经济的发展也需要更加精准的导航系统。犹如城市运转离不开水和电一样，时间基准和空间位置基准对数字经济至关重要。许多新型基础设施建设就离不开北斗导航系统的赋能。正如北斗三号卫星总设计师陈忠贵所说，"北斗导航系统是新基建的基建，是基础的基础"。同时，在工业互联网、物联网、车联网等新兴应用领域，北斗导航系统正助力自动驾驶、自动泊车、自动物流等创新应用加速发展。相信未来，随着"北斗+""+北斗"产业体系不断丰富完善，5G、数据中心等新基建也将不断提速，从而开启数字经济与智慧社会的巨大发展空间。

如今，世界上已经有半数以上的国家在全球范围内使用北斗导航系统，中国方案、中国智慧正在随着"太空桥梁"不断延展。未来，闪耀在苍穹的北斗卫星，也将引领人类的梦想和脚步走向更远的远方，为绘就一个更加智能、更加便捷、更加美好的未来，作出应有的更大贡献。

资料来源　张凡. 中国北斗，写照自主创新的志气［N］. 人民日报，2020-07-03（5）.

第 4 章
物流信息系统开发过程与方法

学习目标

知识目标：了解物流信息系统开发的基本原则、开发物流信息系统的各种方法及其特点、开发物流信息系统应具备的条件；熟悉结构化开发方法的过程及步骤、生命周期理论；了解原型法的步骤。

技能目标：对具体的物流企业，能够从购买成熟软件、部分定制、委托开发、合作开发、完全独立开发几种方式中选择适当的物流信息系统开发方式。

4.1 物流信息系统的开发原则、开发方式及开发前的准备工作

4.1.1 物流信息系统的开发原则

为了确保开发工作顺利进行，开发出来的系统达到实用、灵活、安全可靠、高效先进的目的，物流信息系统开发一般应该遵循这样几条原则：

（1）效益第一原则。任何正常企业的行为都是为了创造效益。效益可以是直接或间接的；效益可以是当前的或长远的；效益可以是经济效益或社会效益。企业物流信息系统也必须着眼于效益。企业不应片面追求最先进的技术，而应该选择成熟的适用的先进技术，以提高效益为目标。

（2）分步实施原则。企业物流信息系统是一个复杂的大系统。试图一步到位的想法会增大实施风险，使企业现有的业务受到很大的影响，使系统研发周期过于漫长，影响经营者的信心。因此最好先做一个总体规划，然后分步实施、逐步发展，将风险降到最低。

（3）适应性原则。适应性包括两个方面：一是物流信息系统要适应企业管理者的需求；二是要主动掌握现代管理的科学原理、方法和信息技术，提高企业的经营管理水平。因为一味地迁就管理现状，不借助先进的信息技术来提高管理科学水平，是不能带来期望的效益的。

（4）规范化原则。在企业物流信息系统中，软件的开发是复杂的工程，应按照现代软件工程的理论、方法和规范去组织。必须注重软件开发工具、文档资料和项目管理的规范化。

（5）可靠性原则。系统在正常情况下是可靠运行的，实际就是要求系统的准确性和稳定性。一个可靠的系统要能在正常情况下达到系统设计的预期精度要求，不管输入的数据多么复杂，只要在系统设计要求的范围内，都能输出可靠的结果。非正常情况下的可靠性，就是指系统的灵活性。它是指系统在软、硬件环境发生故障的情况下仍能部分使用和运行。一个优秀的系统也是一个灵活的系统，在设计时就必须针对一些紧急情况预先准备出应对措施。

4.1.2 物流信息系统的开发方式

对企业来说，物流信息系统开发的最终的核心结果是拥有处理业务的软件并投入使用；系统开发的核心工作是软件的开发；开发的方法主要围绕如何快速地开发软件。站在企业的角度看，拥有业务处理软件的过程就是开发。软件开发方式有购买成熟软件、部分定制、委托开发、合作开发、完全独立开发等方式，企业应根据自己的情况采用合适的开发方式。

1）购买成熟软件

如果有合适的软件，购买成熟软件是最快的一种方式，也是综合成本最低的方式，买来即可以投入使用，因此推荐采用购买成熟软件的方式。软件的开发是风险性很高的工作，需要各类人才、大量稳定的资金。国内外专门从事物流信息系统开发的

软件公司已经开发出一批使用方便、功能强大的系统软件。为了尽快地开展企业的核心业务，应尽可能购买通用的物流信息系统软件。

即使自己开发物流信息系统，也要购买一些专门软件，如财务管理系统、办公软件和分析软件等。购买成熟软件的缺点是通用物流信息系统的专用性较差，不一定完全适合本企业的业务处理要求。得到完全适合本企业的物流信息系统软件是十分困难的，尤其在企业处于变革的时期。当本企业的业务处理要求发生变化时，软件公司往往不能及时修改软件。用户要么会逐步淘汰购买的软件，要么只能用购买的软件处理部分业务数据，有些业务还要手工处理，非常不方便。另外，企业可能刚开始感觉购买的软件还不错，随着使用模块的增多和应用的深入，才发现系统有一些问题。此时企业已经投入了巨大的财力、人力和物力，而软件企业根本不可能为你一家修改软件，要么全部报废，要么把软件系统的目标大幅降低。该方式的优点是节省时间和费用、技术水平较高。成熟的软件不仅包括计算机软件本身，还包含先进的管理理念、管理思想、管理制度、管理技术和管理方法。企业不仅可以借助软件包含的成熟的先进流程提升自己的管理水平，规范企业的管理，还可以趁此机会解决许多历史累积的问题，如机构的改革。企业采用先进成熟的物流软件，不啻实施换脑工程。

2）部分定制

这是指针对通用的物流信息系统软件的专用性较差，虽然大部分功能可以适用，但仍有一小部分不适合本企业的业务处理要求的特点，可以购买成熟软件，不适合部分由开发单位专门开发定制的方式。如果这部分工作量不大，开发单位一般会同意。开发的费用由双方协商解决。如果该部分通用性较差，专用性较强，该部分的维护会有一定的麻烦。

3）委托开发

委托开发方式适合于资金较为充足的单位。应用单位没有物流信息的系统分析、设计及软件开发人员，开发队伍力量较弱，而又希望拥有物流信息系统的源代码，以方便将来进行维护修改，可以选择这种开发方式。被委托方通常是专业的软件开发公司。一般来说，开发一个小型单项业务物流信息系统需要几万元至十几万元，而开发一个大型的、综合的物流信息系统则需要几百万元甚至上千万元。

双方应签订物流信息系统开发项目协议，重点明确被委托方应提交源代码。其他内容还有明确新系统的目标与功能、开发时间与费用、系统标准与验收方式、人员培训、开发双方的责任、违约的赔偿等。由于提交源代码相当于向委托方转让软件开发技术，价格往往比购买成熟软件贵许多倍。有些源代码是被委托方的核心机密，不愿意提交。被委托方也对委托方就源代码的使用方式、范围、再次转让做一些规定。

委托开发方式的优点是快速、省力，开发的系统技术水平较高。其缺点是费用十分高、系统维护需要开发单位的长期支持。此种开发方式需要委托单位派业务人员参与系统的分析论证工作，开发过程中需要双方及时沟通、充分协调。

4）合作开发

合作开发方式适合于有一定的物流信息系统分析与设计人员、程序设计人员、系统维护使用人员，并且资金充足、时间充裕但开发队伍力量较弱的企业。企业希望通过物流信息系统的开发过程建立、完善和培训提高自己的开发技术队伍，便于将来的系统维护和升级。

双方共享开发成果，包括共享源代码。合作开发实际上是一种半委托性质的开发方式。其优点是可以培养本单位的技术力量，便于系统维护工作。该方式相对于委托开发方式比较节约资金，软件系统的技术水平较高。其缺点是双方在合作中易出现沟通不畅的问题，需要双方及时进行协调以达成共识。

5）完全独立开发

对于有较强的物流信息系统分析与设计人员、程序设计人员、系统维护使用人员，并且资金充足、时间充裕的组织和单位，如大型集团公司，可以考虑采用完全独立开发方式。

完全独立开发的主要优点是企业可以最终拥有系统的源代码，方便对系统的升级和维护，可以在此基础上开发其他类似系统；开发的系统可以做到完全适合自己的需要而且满意度较高。单位在条件成熟时可以把系统软件推向市场，成立计算机软件公司，进一步获得收益。这也是大部分完全独立开发单位自己独立开发系统的主要原因。

目前有的地方多家企业共同投资成立软件开发公司，为本系统的企业开发物流信息系统软件，这也是一种完全独立开发方式。若采用市场化运作，可提高成功的可能性。

完全独立开发方式的开发费用可能低，但最终成本一般比购买的软件要高，虽然开发软件本身的费用看起来不是很高。

由于不是专业开发队伍，而且容易受当前业务内容的限制，造成系统的通用性优化不够，软件开发水平较低，后期维护困难。

完全独立开发的风险较高，成功的比率很低，系统开发往往延期。一旦失败，将会造成很大损失。

物流信息系统完全独立开发的条件：①领导重视，业务人员积极性高；②必须有建立LIS的实际需求和迫切性；③必须要有一定的科学管理基础；④有必要的资金支持，并能提供系统维护人员的编制和维护费用；⑤管理人员知识结构应满足系统建设需要；⑥基础数据要齐全规范。

通常说的物流信息系统的开发指的是完全独立开发方式，后面所讲的开发技术是对完全独立开发方式来说的。各种开发方式的比较见表4-1。

表4-1　**各种开发方式的比较**

比较项目 \ 方式	购买成熟软件	部分定制	委托开发	合作开发	完全独立开发
分析和设计能力的要求	不需要	较低	一般	逐渐培养	较高
编程能力的要求	不需要	较低	不需要	需要	较高
系统维护的要求	较困难	较困难	较困难	较容易	容易
开发费用	较少	较少	多	较少	少
风险	小	较小	大	大	大

4.1.3 开发物流信息系统的准备工作

开发物流信息系统应做好开发前的准备工作，充分的准备工作保证了开发建设的成功。

1）建立一个明确的机构以便开展工作

开发机构应当由企业的一把手负责，贯彻一把手原则。物流信息系统涉及企业的长远和全局的问题，不仅仅是信息部门的事情。一把手担任开发机构的领导，便于协调和统领全局。建立新开发队伍的时候，人员不一定多，但要懂物流信息系统建设的理论并要有相关经验。领导机构及组织开发队伍包括：

（1）系统开发领导小组。小组负责新系统开发的领导工作，具体负责机构调整，人员、设备的调配，规章制度的制定，资金的使用，项目管理；要拥有作出重要决策的权力。其成员包括企业有实权的领导者即一把手、业务的部门负责人和系统开发的技术负责人。

（2）系统开发工作小组。它负责系统开发的组织与具体实施工作阶段。对于大型的系统开发工作，可根据具体需要分成系统规划小组、系统分析小组、系统设计小组、程序设计小组、测试小组、试运行小组等。小组成员包括系统开发技术负责人、系统分析员、网络专家、系统设计员、程序员和硬件专家等。

2）借鉴同类系统的开发经验

企业在建立物流信息系统之前没有对物流信息系统的全面认识，应组织人员到其他的单位参观，了解物流信息系统的功能、工作进程和经验，经验包括成功的经验和失败的教训。

根据本企业的技术储备、物流信息系统的规模和复杂程度，选择适合本企业实际的开发方式。企业应确定物流信息系统建设的系统目标、投资金额，保证资金到位。在确定建设物流信息系统之后，企业应开始注意收集和整理基础数据，便于以后的系统调查。

4.2　物流信息系统的生命周期与开发方法

4.2.1　物流信息系统的生命周期

物流信息系统是计算机软件的一种特定应用类型，物流信息系统的开发采用软件工程的理论来指导。物流信息系统的开发过程应该划分为哪几个阶段？每个阶段应完成哪些工作？每一种过程划分称为一种过程模型，物流信息系统开发的过程模型在软件工程中用软件生命周期概念描述。

对于一个软件的研制，从问题的提出，经过开发、使用、维护、修订，直到最后终止使用而被另一软件所取代，就像是一个生命体从孕育、出生、成长到最后消亡，软件的这个状态变化的过程称为生命周期。

在软件工程理论中生命周期模型有多种，常见的一种为瀑布模型。瀑布模型把软件开发的步骤及步骤间的关系看成瀑布，开发过程由上一个阶梯向下一个阶梯逐步地下来，各项开发活动按线性方式排列进行，上一个阶段工作完成后才可以进行下一个阶段。

生命周期模型还有增量模型、原型模型或快速原型模型、迭代模型等，基本模型为瀑布模型，其他的模型以瀑布模型为基础，适用于不同的软件规模、需求特点、开发工具、开发技术等。本书只介绍瀑布模型和快速原型模型。

1）瀑布模型

瀑布模型的生命周期将整个物流信息系统的建设过程分解成若干阶段，每个阶段有其应达到的目标、工作内容，使物流信息系统的建设工作具有合理的组织和科学的秩序。

瀑布模型的生命周期可以分成的阶段如图4-1所示。

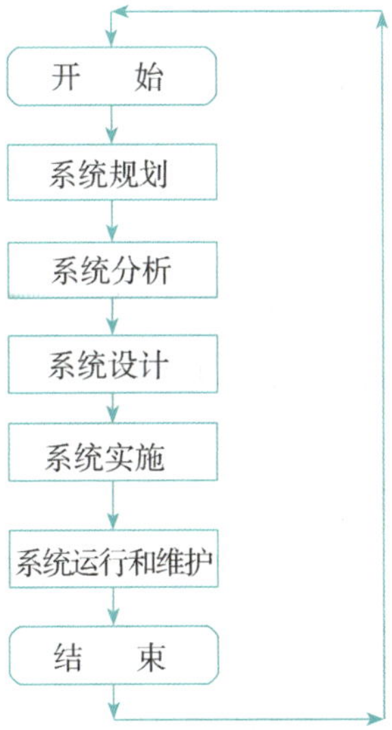

图4-1　瀑布模型的生命周期

（1）系统规划。这是物流信息系统建设的第一个阶段。物流信息系统建设是企业的重大建设项目，涉及企业的长远、重大发展目标。它应服从于组织的整体目标和管理需要。这一阶段的工作任务是根据企业的整体目标和发展战略，确定物流信息系统的发展战略，制订物流信息系统建设的总体计划；确定系统总体目标、规模、全部功能、所需资源和环境的资源约束；把整个物流信息系统的建设分成几个部分，规划系统分期分批的建设内容和目标。本阶段的主要工作成果是企业物流信息系统的规划说明书。

（2）系统开发——系统分析、系统设计。本阶段的主要工作内容是根据前阶段确定的安排，分期分批分子系统进行系统开发。这是系统建设的核心阶段。项目的开发工作包括系统分析和系统设计两个主要阶段。系统分析阶段根据规划说明书所确定的范围，对现行系统进行详细调查，描述现行系统的业务流程，指出现行系统的可优化的地方，确定新系统的基本目标和逻辑功能要求，即提出新系统的逻辑模型。

系统设计阶段根据系统分析报告中规定的功能要求，考虑实际条件，具体设计实现逻辑模型的技术方案即设计新系统的物理模型。系统设计阶段分为总体设计和详细设计两个步骤。

对企业来说，系统开发的方式有许多，企业根据需要和能力合理地确定适合自己的系统开发方式。本阶段的主要工作结果是物流信息系统软件及各种文档。

（3）系统实施。本阶段的主要工作内容是根据系统开发阶段所得到的软件，购置计算机与网络设备、购置必要的辅助软件包、安装与调试硬件和软件、软件编程、系统测试、人员的培训及新旧系统切换。也有人把软件编程归入系统开发阶段。

（4）系统运行和维护。这是从旧的系统切换到新系统后进入系统正常运行的阶段，系统实现功能并发挥其效益。要保证系统正常运行，必须进行及时、完善的系统维护。系统维护可以分为纠错性维护、适应性维护、完善性维护和预防性维护。纠错性维护是指发现并纠正运行阶段暴露的而在调试阶段没有发现的问题。适应性维护是指由于管理环境与技术环境系统中某些部分的工作内容与方式已不能满足需要，对这些部分的功能进行调整修改以满足管理需要。

物流信息系统的维护工作只限于小范围的局部调整。当系统的主要功能已经不能通过维护来适应环境和用户信息需求的变化时，则整个物流信息系统或某个子系统就要重新设计，新的一轮系统建设周期便开始了。瀑布模型的生命周期各阶段的工作内容见表4-2。

表4-2 **瀑布模型的生命周期各阶段的工作内容**

阶段		主要活动	
系统规划		战略规划	根据企业的目标与发展战略确定物流信息系统的发展战略
		企业信息需求分析	对企业的信息需求进行总体分析，确定信息系统的总体结构方案，划分建设项目
		资源分配	对系统建设所需各类资源进行估计与安排
系统开发	系统分析	系统初步调查，开发项目的可行性研究，现行系统的详细调查，提出新系统的逻辑方案	
	系统设计	系统总体结构设计，数据存储设计，输入、输出设计，处理过程设计，计算机与网络系统方案的选择，软件编程	
系统实施		软件包的购置，计算机与网络设备的安装与调试，系统测试，新旧系统的转换	
系统运行与维护		系统运行的组织管理，系统评价，系统的纠错性维护、适应性维护、完善性维护、预防性维护	

我们也可以通过图4-2来表示瀑布模型的生命周期及各阶段的开发步骤。

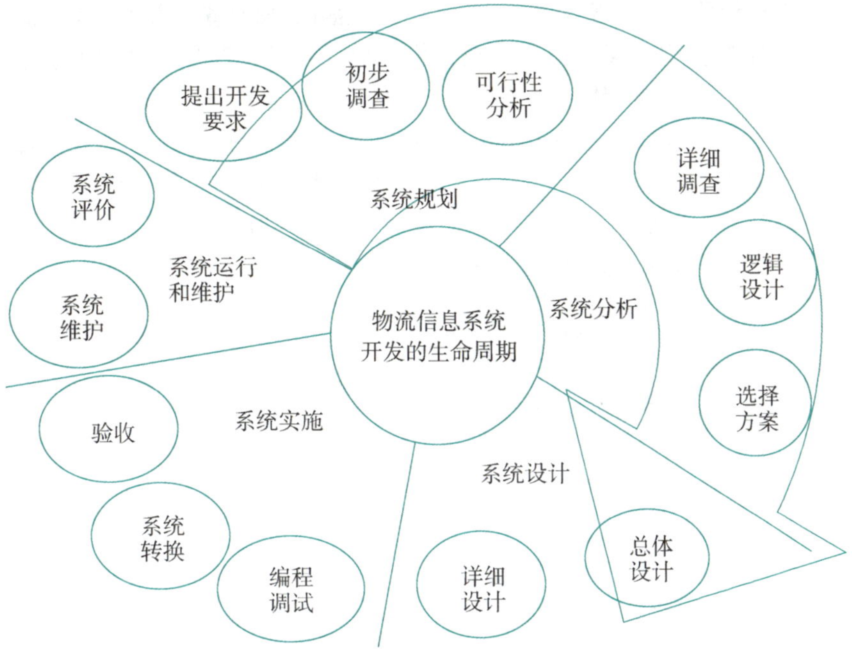

图4-2 瀑布模型的生命周期及各阶段的开发步骤

基于瀑布模型的生命周期适用于大型的、需求明确的软件，其所使用的系统分析工具和设计工具主要是手工，而手工绘制各种各样的分析设计图表使系统开发周期过长，缺乏快速反应能力。另外，开发周期过长，尤其是前期务虚阶段太长，用户看到实际系统要等很长时间。实际系统出来后往往和用户的期望差距较大，用户很难确切地表达其需求，也难真正参与开发。若用户提出修改，则需要再次等待较长的修改周期，最后用户也失去了信心。这种瀑布模型要求系统开发人员在早期调查中就要准确掌握用户需求、管理状况以及正确预见可能发生的变化，这不符合人们循序渐进地认识事物的客观规律。因此在实际开发过程中，开发人员较少按步骤死板地进行开发，这就产生了新的生命周期模型，快速原型模型是其中一种。

2）快速原型模型

快速原型模型（prototyping）的基本工作原理是，用快速的方法建立一个系统的运行结果模型（原型），这个原型只是系统的框架，仅反映了系统的主要功能和结构，内部没有实现。用户看到这个原型，会明白建立的系统是怎么一回事，用户可以了解未来系统的概貌。用户通过在计算机上实际运行和试用原型系统而向开发者提供真实的、具体的反馈意见。这时用户会提出进一步的想法，判断哪些功能符合他们的需要，哪些功能应该加强，哪些功能是多余的，哪些功能需要补充进来。开发人员根据这些意见快速修改原型系统，这样循环不断地进行，最终确定了用户的需求是什么。然后进行内部的设计，建立起完全符合用户需要的系统。快速原型法通常是先开发运行一个子系统或分子系统，再扩充其功能或者开发另一个相关的子系统或分子系统，进行归并集成，这样自底向上地逐步得到一个较完整的信息系统。快速原型模型类似于建造大型建筑物，在实际建造前，先制造一个模型，经过反复地修改，满意后进入实际施工建设阶段。原型就是一个可以实际运行、反复修改并不断完善的系统。

使用快速原型模型，关键是使用快速模型生成软件，利用软件技术快速建立模型。这门技术是计算机辅助软件工程（computer-aided software engineering）或者计算机辅助系统工程（computer-aided system engineering），简称为CASE。现在已出现支持开发某些环节的CASE工具，适用于系统开发整个生命周期的CASE工具尚未成为实用的商品。目前第四代开发工具都具有部分的CASE功能。软件的开发还没有完全自动化，部分还是手工劳动。快速原型模型的开发步骤如图4-3所示。

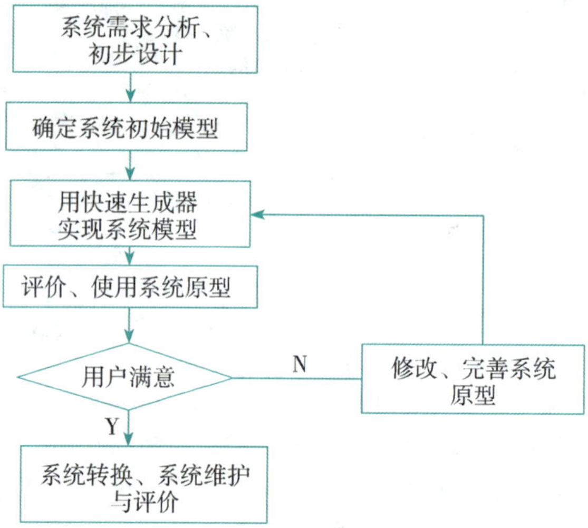

图4-3 快速原型模型的开发步骤

快速原型模型的优点：开发周期短；可提升用户的满意度；加强了开发过程中用户的参与程度；可降低系统开发中的风险；可降低系统开发的成本；易学易用，缩短了对用户的培训时间；可产生正确的系统需求描述。

快速原型模型最大的特点是遵循了人们认识事物的规律，认识事物不可能一次完全了解，认识的过程都是循序渐进的。对问题的描述会受环境的启发而逐步完善。将仿真模型引入系统分析的初始阶段，用户和开发人员的沟通十分直观和便捷，不再是空对空，解决了结构化方法中最难解决的问题。快速原型模型适合于需求逐步明确、处理过程明确、交互功能多、简单的小型系统。

4.2.2 物流信息系统的开发方法

由于要开发的软件特点和可选的开发工具不同，软件开发方法也有多种，传统的是面向过程方法，其他包括面向对象方法、可视化开发方法等。面向过程方法传统上称为结构化方法，有的资料也称为面向功能的方法。

1）面向过程方法

面向过程方法使用面向过程的语言（如C语言等），是较早出现的软件开发方法，面向过程语言只包括三种基本的程序结构：顺序、分支、循环。

在没有出现面向对象技术的时期，结构化方法是被广泛使用的方法。采用结构化的方法把生命周期具体划分为结构化系统需求分析、结构化系统设计、结构化编程、结构化测试、结构化维护阶段，并规定了每个阶段的活动内容、工作任务、方法、工具、准则和工作成果。在需求分析阶段解决系统“做什么”的问题，在系统设计阶段，解决“怎么做”的问题。在系统实施阶段，则坚持自底向上地逐步实施，即组织人员从最底层的模块做起，然后按照系统设计的结构，将模块一个个拼接到一起进行调试，自底向上、逐步地构建整个系统。

结构化方法用模块化思想采用“自顶向下逐层分解，自底向上逐步实现”的原则对系统进行分析和设计。在系统分析阶段，先分析出系统的总体目标和功能，然后逐级分解，逐步细化。在系统规划阶段，将整个系统分成若干个开发子系统。在系统建设实现阶段，分期、分批进行系统开发，先实现某些子系统，再逐步实现总的目标和功能，这就是“自顶向下逐层分解，自底向上逐步实现”。

系统测试可以从总体功能开始，先检查有关总体的问题，然后逐级向下测试；也可以从底层开始测试，先检查个体模块的问题，然后逐级向上测试总体功能。

结构化方法的特点是工作成果文档化、文档规范化和标准化。在物流信息系统开发的每一个工作阶段，建立工作成果文档，用明确的文字和标准化的图形完整、准确地进行描述。除了程序，还必须有文档，应当把文档与程序同等看待，文档必须规范化和标准化。

结构化系统开发方法适用于大型、复杂的系统，如宇航工程、军事工程软件。结构化系统开发方法的目的是保证系统的可靠性，每一步都有严格的步骤，每一步都有明确的结果。

该方法的开发周期长，不能充分了解用户的需求和可能发生的变化。在开始几个阶段与用户沟通多，以后阶段的沟通少，往往拿出系统后，与用户的期望相差较远。若再次修改，就又开始新的生命周期，环境适应性差。

2）面向对象方法

面向对象方法运用对象、类、消息传递、继承、封装、聚合、多态等概念来构造软件系统的软件开发方法。

面向对象方法的基本思路是：尽可能模拟人类思维习惯的方式，使描述问题的问题空间（也称问题域）与实现解法的解空间（也称求解域）在结构上尽可能一致。面向对象方法是一种从根本上提高软件系统的稳定性、可修改性和可重用性的软件工程的新途径。

面向对象方法的特点是将现实世界的事物（问题域）直接映射到对象，分析设计时由对象抽象（object）出类（class），程序运行时由类还原到对象。

面向对象方法是软件的分析方法、设计方法、思维方法和程序设计方法。面向对象方法中的系统模型是逐步建立的，在分析阶段建立问题域对象模型；到了设计阶段，在问题域对象模型的基础上，扩充系统的人机界面对象模型、数据处理对象模型和系统接口对象模型。这四个对象模型采用统一的描述规则，从四个不同方面反映系统的逻辑结构，它们形成完整的系统对象模型。因此，面向对象方法描述的系统模型的一致性和完整性最好。

面向对象方法的开发过程分为三个阶段，即面向对象分析（OOA）、面向对象设计（OOD）和面向对象实现（OOI）阶段。

面向对象分析阶段分析、归纳系统规划阶段的用户需求信息，得到问题空间。按面向对象的思想，在问题空间中从概念上抽象地识别出对象及其行为、结构、属性、方法等。特别要注意考虑将来系统的扩展问题，也就是说，对基类的抽象要比较慎重。

面向对象设计阶段所得到的只是问题空间的概念模型，在本阶段则是把概念模型转换成物理模型，即以范式的形式将它确定下来。这个阶段利用工具把面向对象设计的一些结果转换成原型系统。

面向对象实现就是采用面向对象的软件开发工具开发出系统的软件。面向对象的软件开发工具有Visual C#、Visual C++、Delphi、Java等。

采用面向对象方法开发软件系统的流程可以选用多种生命周期模型，采用瀑布模型的生命周期共分四个阶段，如图4-4所示，每个阶段的任务如下：

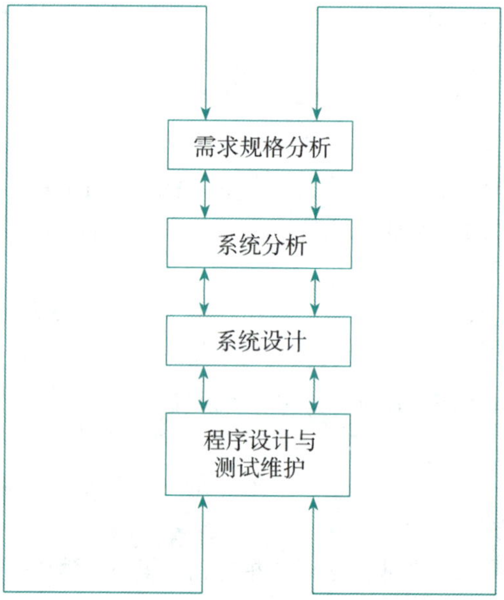

图4-4 采用面向对象方法的系统开发流程

（1）需求规格分析。其主要目的是了解用户的真正需求，针对相关问题领域深入探讨、研究并定义，以确定系统的目的与系统范围，建立一套完整且符合用户需求的系统。

（2）系统分析。从系统分析的结构、行为与功能三个角度加以研究、分析与探讨，以建立系统完整的对象结构模型、对象动态模型与对象功能处理模型三个模型。

（3）系统设计。它指的是建立系统整体功能结构图，并选择适当的开发环境和能确切表示系统的数据结构，使系统的复杂度能被有效地管理掌握。

（4）程序设计与测试维护。程序设计包含程序代码的编写、各项测试与编写使用手册三个部分；测试维护包含系统的全面整合测试、系统安装及持续对系统做定期维护等工作。

3）可视化开发方法

可视化开发方法是以“所见即所得”的编程思想为原则，力图实现编程工作的可视化，随时可以看到结果，程序与结果的调整同步的一种软件开发方法。其主要目的是让设计人员利用开发工具所提供的各种控件，搭积木式地构造应用程序的各种界面。

具体来说，可视化开发方法就是在可视开发工具的图形用户界面上，通过操作界面元素，诸如菜单、按钮、对话框、编辑框、单选框、复选框、列表框和滚动条等，由可视开发工具自动生成应用软件全部代码或部分代码。

这类应用软件的工作方式是事件驱动，对每一事件，由系统产生相应的消息，再传递给相应的消息响应函数。这些消息响应函数是由可视开发工具在生成软件时自动装入的。

可视化开发方法适用于可视化开发环境，大量的软件开发工具提供了可视化的集成开发环境，如Windows操作系统下的C#、VB等。在可视化的集成开发环境的支持下，开发人员可以快速开发出应用型信息系统。

可视化开发方法是基于面向对象的思想，引入了控件的概念和事件驱动；可视化开发方法的开发过程一般遵循以下步骤：先进行界面的绘制工作，再基于事件编写程序代码，以响应鼠标、键盘的各种动作。

可视化开发方法的基本概念有窗体、控件、属性、事件、方法等。

窗体是指进行程序设计时的窗口，主要是通过在窗体中放置各种部件（如命令按钮、复选框、单选框、滚动条等）来布置应用程序的运行界面。

控件是组成程序运行界面的各种部件，如命令按钮、复选框、单选框、滚动条等。

属性就是控件的性质，它说明控件在程序运行的过程中是如何显示的、控件的大小是多少、显示在何处、是否可见、是否有效。

事件就是对一个控件的操作，如用鼠标点击一个命令按钮，点击鼠标就称为一个事件。

方法就是某个事件发生后要执行的具体操作，类似以前的程序。例如，当我们用鼠标单击“退出”命令按钮时，程序就会通过执行一条命令而结束运行，命令的执行过程就叫方法。

可视开发工具可以自动生成应用软件大部分代码。在高级定制开发时，需要开发人员对方法设计程序设计特定功能。

本书的开发实例采用可视化开发方法设计。

4.3 物流信息系统开发的项目管理

物流信息系统的开发是一种投资高、涉及因素多、时间长、风险较大且过程较复杂的工程项目。采用工程项目管理的方法，进行周密计划和严格控制，可以保证开发工作有最大的成功可能性。

4.3.1 项目管理概述

1）项目管理的含义

项目管理是一种科学的管理方式。在领导方式上，它强调个人责任，实行项目经理负责制；在管理机构上，它采用临时性动态组织形式——项目小组；在管理目标上，它坚持效益最优原则下的目标管理；在管理手段上，它有比较完整的技术方法。

项目管理已深入到各行各业，以不同的类型、不同的规模出现。有些项目是大型的，如城市建设项目、技术改造项目等；有些项目则是指某项具体任务，如筹办一次IT知识竞赛、举办一个IT培训班等。

（1）项目。项目是指具有明确规定的开始和结束日期、特定的工作范围、预期要达到特定目标的一次性、多任务的工作。通俗地讲，项目就是在一定的资源约束下完成既定目标的一次性任务。这一定义包含三层意思：一定资源约束、一定目标、一次性任务。如果把时间从资源中单列出来，并将它称为“进度”，而将其他资源都看作可以通过采购获得并表现为费用或成本，那么我们就可以如此定义项目：在一定进度和成本的约束下，为实现既定的目标并达到一定的质量所进行的一次性工作任务。项目管理三要素之间的关系如图4-5所示。

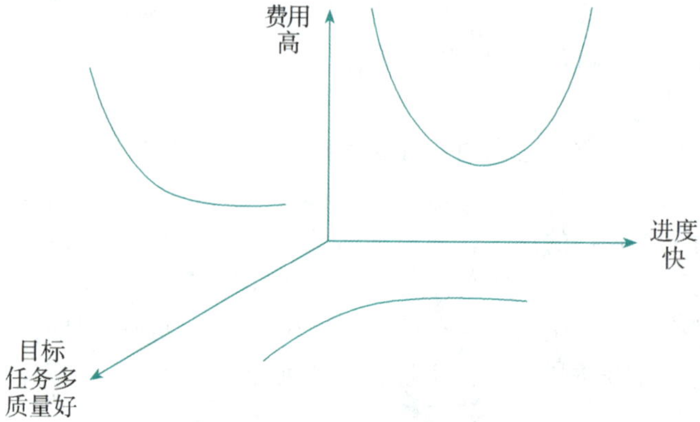

图4-5 项目管理三要素之间的关系

（2）项目管理。项目管理是为完成一个预定的目标，对任务和资源进行规划、组织和管理的程序。项目受资源（如时间、成本、人力等）方面的限制，故需要对项目开发组织进行管理，制订项目的开发计划；控制系统的开发进度，做好项目的经费支出和经费控制；协调开发人员和各级用户之间的关系，做好文档的管理工作，使项目的开发工作能够在规定的时间内，在经费预算的范围内保质保量完成。简单地说，项目管理主要是对项目进行计划、调度和控制。

项目管理工作都会涉及一些相同的活动，其中包括将项目分割成便于管理的多个任务、子任务，在小组中交流信息以及追踪任务的工作进展。所有的项目管理都包括三个主要的阶段：①制订计划；②追踪和管理项目；③结束项目。

这三个阶段进行得越成功，顺利完成项目的可能性就越大。

2）项目管理方法

项目管理有许多方法，传统的项目管理常会用到甘特图和计划评审技术。

（1）甘特图。甘特图（Gantt chart）也称为横道图，它是将工程中的每道任务的名称、起始终止时间及进度安排等画出来。甘特图显示作业计划进度和实际进度。其纵坐标为任务列表，横坐标为时间尺度。甘特图的特点是可以直观地表达出工程项目的整体计划。但甘特图处理任务间的衔接与进度计划的优化不佳，工程的动态管理能力较差。软件开发项目甘特图（部分）如图4-6所示。

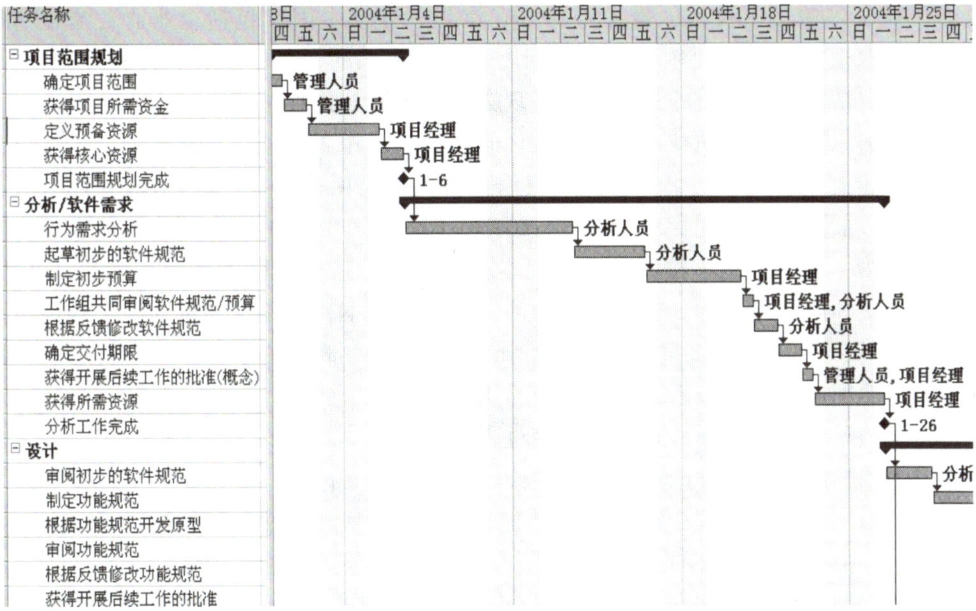

图4-6　软件开发项目甘特图（部分）

（2）计划评审技术。计划评审技术（program evaluation and review technique，PERT）是用网络图表示工程计划进度，与甘特图相比，它能较好地反映各道任务之间的衔接关系和影响工程计划进度的关键任务。它便于机动调整进度，实现动态计划管理。

用网络图反映出工程计划的各项活动及它们之间的联系和约束。其步骤为：①列出工程所包含的任务及任务的先后关系。②计算每项任务所需的时间。③将所有任务按时间的制约关系从左向右排列，并按先后关系连接。④用节点表示每项任务，标示任务名、任务ID号、期限、起始日期和结束日期等信息。⑤找出关联路径，并用粗线标明。⑥若两节点之间只有一个工作项目，则此路线为关键路线。⑦若两节点之间有多个工作项目，则所需时间最长的路线为关键路线。⑧各节点的关键路径相连，就得到工程的关键路径。

3）项目管理应用软件——Project

Project 是 Microsoft 公司开发的非常实用的项目管理软件包，人们使用它为项目管理做计划、排定日期和编制项目信息图。全套的 Project 包括 Project Professional、Project Server 和 Project Web Access 三部分。使用该软件可以使企业组织能够合理安排业务活动、项目和资源，以获得更理想的业务效果。该软件具有灵活的报告和分析功能，便于掌握工作进度方面的信息，从而可针对整体业务目标以项目组合为单位来优化资源、确定工作的优先顺序和合理安排项目。

4.3.2 物流信息系统开发的项目管理内容

对于以往物流信息系统的开发，有两个“80/20”的估计：一是 80% 的项目都失败了，只有 20% 是成功的；二是在那些失败的项目中，80% 的原因是非技术因素导致的，只有 20% 是由技术因素导致的。在这里，非技术因素包括企业业务流程与组织结构的改造问题、企业领导的观念问题、企业员工的素质问题、项目管理问题等。在绝大多数情况下，项目的失败最终表现为费用超支和进度拖延。

物流信息系统开发的核心工作是软件开发。它采用工程项目管理的方法，可以保证开发工作有最大的成功可能性。物流信息系统开发项目具有一般工程项目的特点，可以采用一般工程项目的管理方法进行管理，但它也有自己的特点。物流信息系统项目管理是为了使项目能够按照预定的成本、进度、质量顺利完成，而对成本、人员、进度、质量和风险等进行分析和控制的活动。它的根本目的是让项目的整个软件生命周期（即从分析、设计、编码到测试、维护全过程）都能在管理者的控制之下，按期、按质地完成物流信息系统软件，交付用户使用。

物流信息系统开发项目管理的主要过程包括：

（1）项目论证。项目论证包括立项论证和技术方案论证。立项论证主要是对开发物流信息系统项目从技术、经济、社会三个方面论证其必要性、可能性；技术方案论证是对物流信息系统项目的组成、结构、功能与方案等进行论证评估。

（2）编制物流信息系统项目的开发计划。它主要包括物流信息系统开发项目计划、任务的分解，各项任务进度以及人员、资金、资源配置计划。

（3）项目实施及控制。对开发过程的进度与质量进行实时控制管理，其中的关键任务是管理的重点。如果项目实际开发情况与预期计划发生偏离，就要找出实际情况与预期情况偏离的程度和原因，及时进行调整。

（4）开发项目评估。对物流信息系统项目开发的全过程进行比较分析，评估效率、监控程度和项目效益。

物流信息系统项目管理的一般内容主要包括如下几个方面：

（1）人员的组织与管理。把注意力集中在项目组人员的构成优化上。

（2）物流信息系统软件度量。软件度量用量化的方法测评软件开发中的费用、生产率、进度和产品质量等要素是否符合期望值，包括过程度量和产品度量两个方面。

（3）物流信息系统软件项目计划。软件项目计划主要包括工作量、成本和开发时间的估计，并根据估计值确定和调整项目组的工作进度。

（4）风险管理。风险管理预测未来可能出现的各种危害到软件产品质量的潜在因素并据此采取措施进行预防。

（5）物流信息系统软件质量保证。质量保证是保证产品和服务达到充分满足消费者要求的质量而进行的有计划、有组织的活动。

（6）物流信息系统软件过程能力评估。软件过程能力评估是对软件开发能力的高低进行衡量。

（7）物流信息系统软件配置管理。软件配置管理针对开发过程中人员、工具的配置和使用提出管理策略。

基本训练

□ 知识题

1.单项选择题

（1）企业根据自己的情况采用合适的物流信息系统开发方式，物流信息系统软件开发方式包括（　　）、部分定制、委托开发、合作开发、完全独立开发几种方式。

A.结构化开发　　B.设计　　C.购买成熟软件　　D.复制

（2）人们在物流信息系统的长期开发实践中常用以下几种方法：一是结构化系统开发的方法；二是（　　）；三是面向对象的系统开发方法。

A.原料法　　B.原型法　　C.可视化开发方法　　D.合作开发

（3）系统规划是生命周期的（　　）阶段。

A.第一个　　B.第三个　　C.最后一个　　D.第五个

2.判断题

（1）物流信息系统的开发原则是形象效益第一。（　　）

（2）物流企业如果希望借助于成熟的先进的物流信息系统提升自己的管理水平，那么开发物流信息系统时应该采用完全独立开发的方式。（　　）

（3）物流信息系统的开发不需要采用工程项目管理的方法进行项目的管理。（　　）

3.问答题

（1）简述物流信息系统的开发原则。

（2）说明物流信息系统开发的生命周期包括哪几个阶段。

4.课堂讨论题

开发物流企业的物流信息系统应采用什么方式？

知识应用

□ 案例分析

海尔物流信息系统的开发

为了建立起高效、迅速的现代物流系统，海尔采用了SAP公司的ERP系统和BBP（原材料网上采购）系统，对企业进行流程改造。经过近两年的实施，海尔的现代物流管理系统不仅明显地提高了物流效率，而且将海尔的电子商务平台扩展到了包含客户和供应商在内的整个供应链管理，极大地推动了海尔电子商务的发展。

1.需求分析

现代企业运作的驱动力只有一个：订单。没有订单，现代企业就不可能运作。围绕订单而进行的采购、设计、制造和销售等一系列工作，最重要的流程就是物流。离开物流的支持，企业的采购与制造、销售等行为就会带有一定的盲目性和不可预知性。

海尔实施物流信息化管理的目的主要体现在以下两个方面：

（1）现代物流区别于传统物流的主要特征是速度，而海尔物流信息化建设需要以订单信息流为中心，使供应链上的信息同步传递，能够实现以速度取胜。

（2）海尔物流需要以信息技术为基础，能够向客户提供竞争对手所不能给予的增值服务，使海尔顺利从企业物流向物流企业转变。

2.解决方案

海尔采用了SAP公司提供的ERP和BBP系统，组建自己的物流管理系统。

（1）ERP系统。海尔物流的ERP系统共包括四大模块：MM（物料管理）、PP（制造与计划）、SD（销售与订单管理）和FI/CO（财务管理与成本管理）。

ERP实施后，打破了原有的“信息孤岛”，使信息同步集成，提高了信息的实时性与准确性，加快了对供应链的响应速度。如原来的订单从客户下达传递到供应商需要10天以上的时间，而且准确率低；实施ERP后订单不但1天内完成“客户—商流—工厂计划—仓库—采购—供应商”的过程，而且准确率极高。

另外，对于每笔收货，扫描系统能够自动检验采购订单，防止暗箱操作，而财务在收货的同时自动生成入库凭证，把财务人员从繁重的记账工作中解放出来，使其发挥出真正的财务管理与财务监督职能，而且效率与准确性大大提高。

（2）BBP系统。BBP（原材料网上采购）系统建立了与供应商之间基于Internet的业务和信息协同平台。该平台的主要功能如下：

①通过平台的业务协同功能，既可以通过Internet进行招投标，又可以通过Internet将所有与供应商相关的物流管理业务信息，如采购计划、采购订单、库存信息、供应商供货清单、配额以及采购价格和计划交货时间等发布给供应商，使供应商可以足不出户就全面了解与自己相关的物流管理信息（根据采购计划备货，根据采购订单送货等）。

②对于非业务信息的协同，SAP使用构架于BBP采购平台上的信息中心为海尔与供应商之间进行沟通交互和反馈提供集成环境。信息中心利用浏览器和Internet作为中介整合了海尔过去通过纸张、传真、电话和电子邮件等手段才能完成的信息交互方式，实现了非业务数据的集中存储和网上发布。

3.“一流三网”

实施和完善后的海尔物流管理系统，可以用“一流三网”来概括。这充分体现了现代物流的特征：“一流”是指以订单信息流为中心；“三网”分别是全球供应链资源网络、全球用户资源网络和计算机信息网络。

4.经验总结

（1）海尔选择了SAP/R3成熟的ERP系统，而不是请软件公司根据海尔物流的现状进行开发，主要的出发点是借助成熟的先进流程提升自己的管理水平。

(2) 实施“一把手”工程与全员参与，有效推进信息系统的执行。

(3) 培训工作同步进行，保证信息系统的实施效果。

海尔物流信息系统是基于SAP系统开发而成的，所开发的ERP和BBP（基于协同电子商务解决方案）具有典型的企业标准化的特征，开发的系统覆盖了集团原材料的集中采购、库存和立体仓库的管理，19个事业部的生产计划、原料配送、成品下线的原料消耗倒冲以及物流本部零部件采购公司的财务等业务，建立了海尔集团的内部标准供应链。

目前海尔已实现了即时采购、即时配送和即时分拨物流的同步流程。100%的采购订单由网上下达，提高了劳动效率，以信息代替库存商品。

海尔的物流系统不仅实现了“零库存”、“零距离”和“零营运资本”，而且整合了内部资源，协同了供货商，提高了企业效益和生产力，方便了使用者。

问题：海尔开发物流信息系统的方式是怎样的？为什么采用这种开发方式？

思政小课堂

关键词：中欧班列、数字化

随着“新基建”迎来高速发展期，包括5G、大数据、工业互联网等新兴技术的应用正在与各行各业深度融合，数字化转型与升级也驶入快车道。

目前，中国国家铁路集团有限公司（以下简称国铁集团）党组召开会议，指出要加快推进新一代信息技术特别是5G、大数据技术在铁路的应用，提高铁路信息化、智能化水平，促进传统产业提质升级。然而，目前铁路无线通信仍然处于GSM-R阶段，已经不能满足未来“智能铁路”战略发展的需要。

由于中欧班列的价值不断被发现，中欧班列数字化服务的要求也应从物流信息的联通延伸到贸易信息的联通。数字化服务是中欧班列不断升级提效的必然趋势，也是促进中欧班列沿线国家贸易发展的重要途径。

2019年9月，中欧班列运输协调委员会第4次会议在北京召开，国铁集团携手全国中欧班列运营企业，共同签署《推进中欧班列高质量发展公约》，旨在进一步降低物流成本，推进各地铁路、海关及运营企业间的信息化建设，打造“数字化”中欧班列，优化高质量发展评价体系，不断强化中欧班列品牌建设，进一步提升品牌美誉度和影响力。

“中欧班列数字化服务的重要任务首要是实现运输单证的电子化，其次是实现在铁路合作组织与国际铁路货物运输政府组织之间的单证统一。”目前，欧洲使用《国际铁路货物运输公约》(CIM)，而俄罗斯、中国和其他亚洲国家使用《国际铁路货物联运协定》(SMGS)。两种不同的法律制度，给市场经营主体带来不安全感。在2006年之前，欧洲与亚洲之间的所有铁路托运货物都必须在边境从CIM换成SMGS（或反之）。换单较耗时且产生额外费用，有时还会造成铁路运输中断。因此，在国际铁路运输中，建立清晰和完善的法律体系及信用机制，完善国际铁路运输单证物权属性，是提高贸易便利化，促进中俄、中欧之间贸易增长的有效途径。

资料来源 陈海萍，周杰．中欧班列“数字化”箭在弦上[N]．中国水运报，2020-08-28 (7)．

第5章 物流信息系统规划与分析

学习目标

知识目标：了解物流信息系统总体规划的工作任务、目的和意义；了解总体规划的方法、企业战略；认识系统分析的任务、方法和工具；了解组织分析、业务流程分析、数据流程分析、功能分析和划分子系统分析、新系统逻辑模型等概念；熟悉数据流程图的基本组成要素；了解企业系统规划法（BSP）、关键成功因素法（CSF）和战略目标集转移法（SST）的总体规划方法。

技能目标：能根据总体规划方法对企业进行物流信息系统规划；能对物流信息系统进行系统分析，提出新系统的逻辑模型。

5.1 系统总体规划概述

建设物流信息系统的技术复杂且涉及面广泛，开发物流信息系统风险高，总体规划的目的就是使物流信息系统的各个组成部分之间能够相互协调，制订出详细的工作计划和方案，并预想出可能出现的重要问题及其对策，降低开发风险。进行总体规划可以使人力、物力、时间等资源合理安排，保证将来的系统开发工作的顺利进行并满足企业管理的整体功能要求。

系统总体规划是物流信息系统建设的第一个阶段的工作。系统规划阶段工作的好坏将直接关系到整个系统建设的成败。

5.1.1 系统总体规划阶段的总目标和步骤

1）系统总体规划阶段的总目标

系统规划是物流信息系统建设生命周期的第一个阶段。它的总目标，就是从整个企业的发展战略出发，制订出企业的物流信息系统的长期发展建设方案，规划系统的目标范围、功能结构、开发进度、投资规模、主要信息技术、参加人员和组织保证；制订规划和实施方案，并进行项目开发的可行性论证。总体规划的重点是确定系统目标、总体结构和子系统的划分。

2）系统总体规划的步骤

制订系统总体规划的阶段划分为三个步骤：根据企业的发展战略，制定物流信息系统的发展规划；进行信息需求分析，制订物流信息系统的总体方案，制订项目开发计划；制订系统建设的资源分配计划。具体步骤及工作任务包括：

（1）制定物流信息系统战略规划。深入分析领会企业的目标、发展战略，分析企业重要的业务流程；根据企业的目标和发展战略确定物流信息系统的发展建设战略，对当前的物流信息系统的功能、应用现状和应用环境进行评价；制定建设物流信息系统的政策、目标和战略，提出新的物流信息系统建设报告。这一阶段的关键是要使物流信息系统的战略与整个企业的战略和目标协调一致。

（2）进行信息需求分析。对用户的需求进行初步调查，调查业务过程、现实环境，包括技术、经济、资源和基础条件等方面的内容，分析系统开发的可行性，制订出实用、先进的总体规划方案。

用户的需求包括功能要求、性能要求、可靠性要求、安全保密性要求以及开发费用和开发周期、可使用资源等方面的限制。

分析确定企业在事务处理和在决策支持方面的信息需求，为整个企业提出物流信息系统的总体结构方案，制订发展计划；根据发展战略和系统总体结构，制订物流信息系统的总体方案，确定系统、各子系统的开发次序和时间安排，制订项目开发计划。

（3）制订系统建设的资源分配计划。制订为实现开发计划所需要的软硬件资源、数据通信设备、人员、技术、服务、资金等计划，提出整个系统建设的概算规划。

规划是对较长时期的活动进行总体、全面的计划。现代企业的结构和活动内容都很复杂，实现企业的信息管理计算机化需要经过长期的努力，因而必须对一个组织的信息系统建设进行规划。根据企业的目标和发展战略、内部条件和外部环境，科学地制定物流信息系统的发展战略、总体方案，合理安排系统建设步骤。

上述三个主要步骤也是系统规划工作的三项目标，系统规划的三个主要工作阶段可用图 5–1 表示。

图5–1 物流信息系统规划的三个主要工作步骤

5.1.2 物流信息系统战略规划的内容

系统总体规划是关于企业建设全面的物流信息系统的长期计划。该规划的时间跨度短则几个月或一年，长则三五年或更长。物流信息系统战略规划的具体内容如下：

（1）明确物流信息系统的目标、总体结构和约束条件。物流信息系统战略规划应根据企业的战略目标、内外部约束条件，来确定所建设的物流信息系统的总目标、发展战略和系统的总体结构等问题；信息系统的战略规划还规定了信息的主要类型以及主要的子系统，采用的主要信息技术，为系统开发提供开发框架。

（2）明晰企业现有的物流信息系统情况，对企业现有的物流信息系统进行评估，包括对各个计算机应用项目的评估。

（3）掌握企业的业务流程现状、存在的问题、流程在新信息技术下的重组需要及组织的资源状况，包括计算机软硬件情况、人员的配备情况以及开发费用的投入情况。

（4）预测影响规划的信息技术发展方向。物流信息系统战略规划需要当前和未来信息技术的发展支持。信息技术是开发物流信息系统的核心技术，计算机及各项信息技术在战略规划中应有体现，应准确把握信息技术发展的趋势。信息技术包括计算机软硬件技术、网络通信技术及数据库处理技术等。新技术将给物流信息系统的开发带来很大影响，决定物流信息系统的开发水平和深度。

（5）制订近期计划。对近期的物流信息系统建设制订较详细的计划，主要包括项目的开发、转换工作时间表，硬件设备的采购时间表，人力资源的需求计划，人员培训时间以及资金需求等。

5.1.3 制定物流信息系统总体规划的方法

制定物流信息系统总体规划的常用方法有战略目标集转换法、关键成功因素法、企业系统规划法，还有组织计划引出法、投资回收法、目的手段分析法、收费法、零点预算法等。目前还没有一种规范方法能够制定科学合理的战略规划，这更多地取决于管理者对企业发展趋势的正确估计和对环境的理解。各种规划方法往往只能起到辅助作用。规划的方法很多，但无论在何种规划方法中，保持企业的信息系统战略与业务战略的一致性，即业务战略与 IT 战略的集成问题，是非常重要的。下面介绍前三种方法。

1）战略目标集转换法

战略目标集转换法（strategy set transformation，SST）是在制定物流信息系统的战略规划时，从组织的战略目标导出物流信息系统战略目标的方法。物流信息系统战略由使命、目标、策略、设计原则和其他战略等组成。

第一步，阐明组织的战略规划。如果企业还没有这类战略规划，就要构造其战略。

第二步，将组织战略集合转化成物流信息系统战略。当识别组织战略后，送交组织的最高领导者审阅和修改。将已被组织的最高领导者确认的组织战略集合转化成物流信息系统战略。根据组织战略集合中的每个元素识别出对应的物流信息系统目标、约束条件、相应策略等要素，然后提出整个物流信息系统的结构，选出一个方案送交组织的最高领导者。

下面是某企业应用战略目标集转换法导出物流信息系统战略的例子，如图5-2所示。

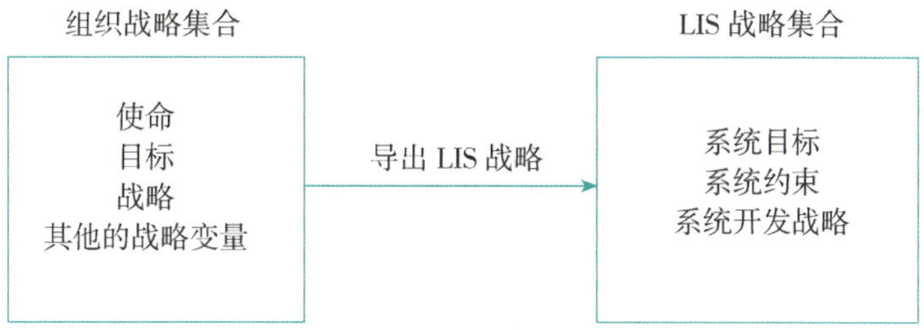

图5-2　战略目标集转换法

2）关键成功因素法

企业管理经营的成功依赖许多因素，起关键性作用的因素被我们称为关键成功因素（critical success factors，CSF），简称关键因素。一个企业要获得成功，就需要识别出其关键因素，围绕关键因素进行各方面的管理工作，保证关键因素的资源投入。抓住了关键成功因素，企业的经营成功便有了最大的保证和可能。关键成功因素与企业战略规划密切相关，围绕关键因素进行物流信息系统建设，可以使物流信息系统发挥最大的作用。围绕关键因素进行系统规划，就抓住了物流信息系统的根本。

关键成功因素法就是找出企业的关键成功因素，围绕关键因素分析并确定企业的信息需求是什么，并进行物流信息系统的规划。关键成功因素法包含以下步骤：①确定企业的战略目标并与高层管理者进行交流，了解企业的发展战略。②识别所有的成功因素、了解企业的发展战略后，再识别达成该战略的所有成功因素。可以采用逐层分解的方法找出影响战略目标的各种因素。③从所有成功因素中找出达到战略目标需要的关键因素，即明确关键成功因素。④识别每个关键成功因素的性能指标和标准。⑤根据这些关键成功因素来确定信息化建设的优先级别。该步骤可用图5-3表示。

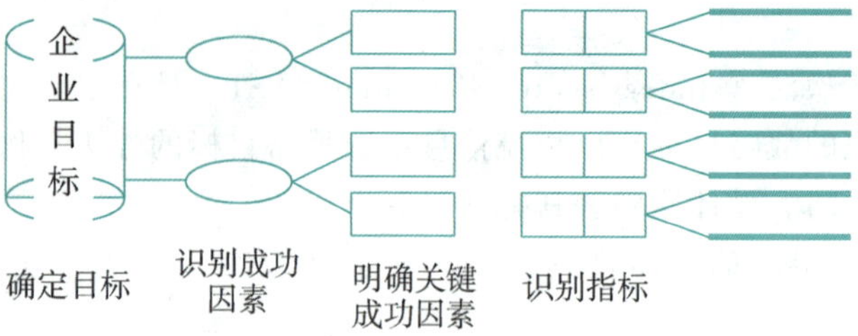

图5-3 关键成功因素法的步骤

用树枝因果图识别关键成功因素。例如，某一物流企业的目标是提高服务竞争力。用树枝图画出影响它的各种因素，以及影响这些因素的子因素，如图5-4所示。

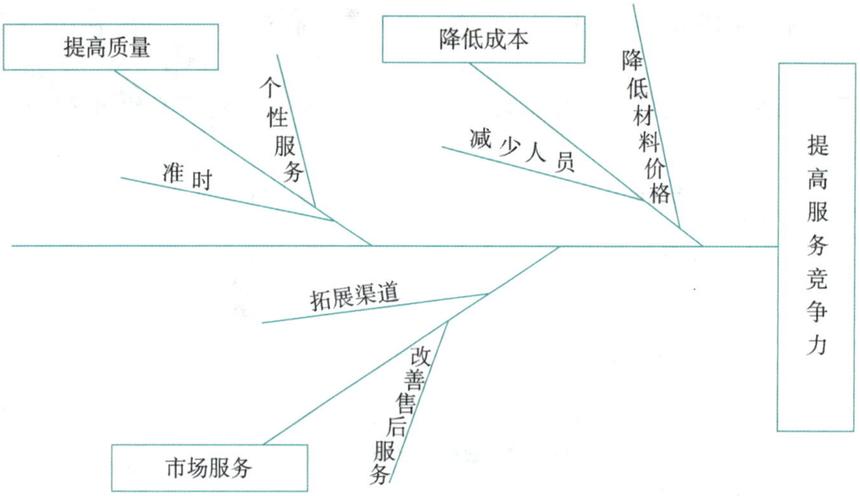

图5-4 树枝因果图识别关键成功因素

哪些因素是企业的关键成功因素，不同企业的答案是不同的。关键成功因素法在企业系统规划上的效果较好，能取得令人满意的结果，企业容易理解该方法，领导层也愿意使用该方法管理企业。关键成功因素法与企业战略规划密切相关，企业战略规划描述企业目标，关键成功因素法说明达到目标的关键因素。企业要获得成功，就需要对关键成功因素进行认真分析。

3）企业系统规划法

企业系统规划法（business system planning，BSP）是通过对企业的全面调查，分析其信息需求，制订物流信息系统总体方案的一种方法。BSP方法基于用信息技术支持企业管理的思想，把企业目标转化为物流信息系统战略目标，实现企业战略到物流信息系统战略的转化。

BSP方法保证物流信息系统独立于企业的组织机构，使物流信息系统具有环境适应性，如果未来企业的组织机构或管理体制发生变化，物流信息系统的结构体系会容易适应该变化。

BSP方法的作用：一是确定物流信息系统的总体结构，明确整个系统的子系统组成方式以及开发这些子系统的先后顺序；二是对数据进行统一规划、管理和控制，明确各子系统之间的数据交换关系，保证信息的一致性。BSP所支持的目标是企业总目标和企业各层次的目标，实现这种支持需要许多子系统。

BSP的大致工作阶段展开后的详细步骤如图5-5所示。

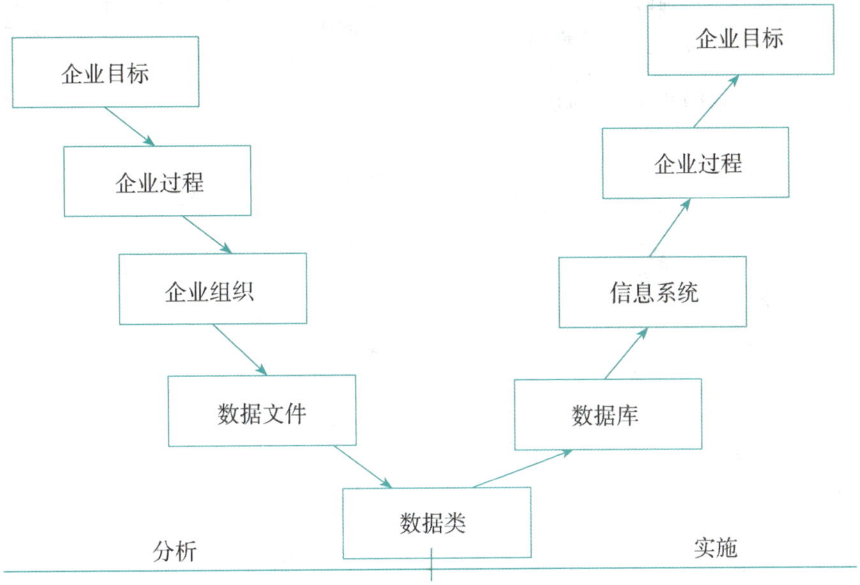

图5-5 BSP的详细步骤

（1）定义企业目标。确定企业的总目标和各级管理部门的子目标，各个部门的目标要服从总体目标。由企业管理目标界定物流信息系统的目标，物流信息系统为企业的管理工作提供需要的信息，支持管理目标的实现。

（2）定义企业业务流程。企业业务流程是逻辑上相关的一组决策和活动的集合，如产品市场预测、原材料库存控制等均属于业务流程。识别定义企业业务流程是BSP方法的核心。整个企业的管理活动由许多企业业务流程所组成。识别企业业务流程可对企业如何完成其目标有深刻的了解，并且有助于定义系统的功能和信息的流程。识别业务流程无须顾及与组织机构的联系。识别企业业务流程要和有经验的管理人员商议，因为只有他们对企业的活动了解得最深刻。定义企业业务流程，有助于了解企业的功能、任务、信息需求与关联等，从而进一步形成系统信息模型。

企业业务流程很多，大体上分为三类：计划与控制流程、产品与服务流程、支持资源流程（如资金材料设备）等。这样定义流程的目的是使物流信息系统最大限度地独立于组织机构的变化。对具体的企业按照这三类流程再进行细化，每一个流程包括小的活动，活动是流程的组成环节。BSP法定义企业业务流程的过程如图5-6所示。

（3）定义数据类。定义数据类是在识别企业过程的基础上，分析每一个过程利用什么数据，产生什么数据；或者说分析每一过程的输入和输出数据是什么，然后将所有的数据分成若干类。BSP方法将过程和数据类作为定义企业信息系统总体结构的基础，它利用过程/数据矩阵（也称U/C矩阵）来表达两者之间的关系。

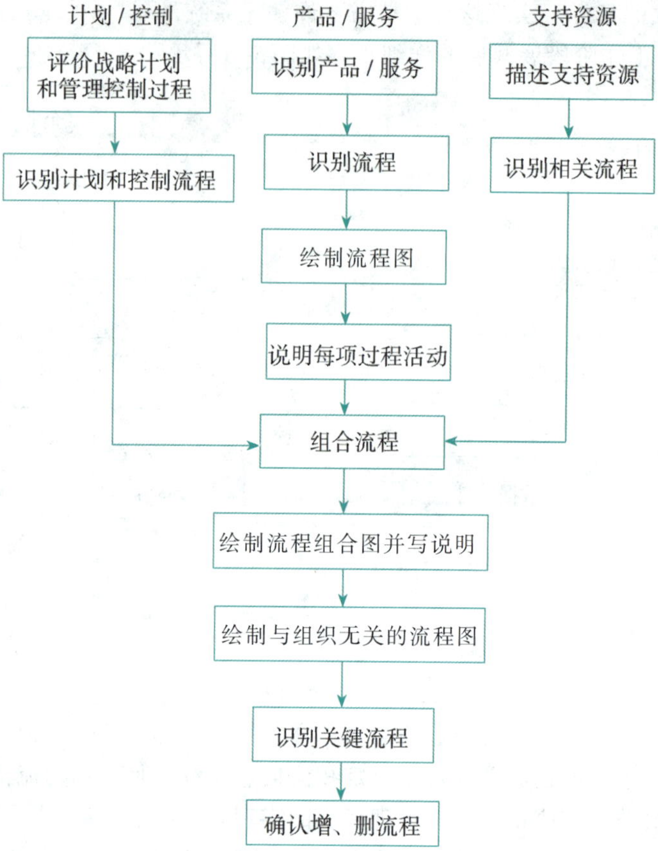

图5-6 BSP法定义企业业务流程过程

（4）定义信息系统的整体结构。定义信息系统的整体结构，划分子系统，确定物流信息系统各部分数据之间的关系，这是信息系统的长期目标。从总体结构出发，可以识别出每一模块，再按信息系统的计划来安排开发日程。BSP方法是根据信息的产生和使用来划分子系统的，它尽量把信息产生的企业过程和使用信息的企业过程划分在一个子系统中，从而减少子系统之间的信息交换。定义信息系统的整体结构用多层的子系统结构图表示。

在进行系统规划时，开发人员应根据企业的实际情况和掌握的技术，以解决问题为目标灵活选择方法。

5.2　物流信息系统规划的步骤

5.2.1　确定用户需求

1）项目的提出

开发物流信息系统要提出项目，进行立项。开发项目一般由物流企业自己提出，也可能由物流企业的客户提出。例如，货主对物流公司提出要求，希望随时随地看到自己货物的状况，在网络上可以跟踪自己的货物；而车主要求可在网络上跟踪自己的货车；发货方也要求可以在网络上跟踪自己发出的货物。这就要求第三方物流企业建立包含以上功能的物流信息系统。

不论是以什么方式提出的开发项目，必须进行书面立项，写出用户的开发需要。项目书的内容包括：①当前系统存在的问题与现状概述；②新系统应该实现的目标；③可提供的开发资源；④开发进度要求。

项目书最重要的一项是当前系统存在的问题，如果当前系统没有任何问题，也就没有开发物流信息系统的必要了。什么是问题，问题是当前系统的现状与企业的期望之间的距离。确定了目标，才能发现问题，目标越高，问题越多。这个目标可以是先进企业的现状、本企业与国内外先进企业的对比，也可以是上级主管部门的要求。

企业应该成立开发组织，企业购买软件也要成立项目小组。开始的项目小组人员包括企业的领导尤其是一把手、主要部门的领导和系统分析人员，以后随时增加软件开发人员。项目小组的第一项工作是进行项目可行性分析。

2）用户类型

项目可行性分析的前提是明确项目的用户。只有明确了用户范围，才可能进行可行性分析。项目的用户是谁也许是很明显的，但必须经过这个过程才能真正确定用户和用户需求。用户是直接使用或间接使用物流信息系统的人员和组织。物流信息系统的用户包括两类，企业内部用户和企业外部用户，如图5-7所示。

系统分析人员要对企业物流信息系统的全部用户进行收集和分类，列出名单并进行需求的分析。

3）明确用户需求

系统分析人员针对不同的用户，分析其对物流信息系统的需求。企业内部用户是最大的用户群，包括物流业务链上的所有部门。直接操作系统的用户对系统的某一功能要求非常细致。直接使用系统信息的用户不一定直接操作计算机，但直接使用其信息数据，如门卫要核对出库单和出门证明。间接使用信息的用户要求各类统计信息必须及时、概括和全面。

企业外部用户的需求五花八门，各不相同。“客户是上帝”不能仅仅是句口号，企业要提供对客户个性化的服务，必须下功夫分析用户的需求。上级部门一般要求报表多，格式统一；下属企业或公司可能需要安装物流信息系统的某一子系统；主要客户要求网络下订单、及时发布对账单和网络查询操作。

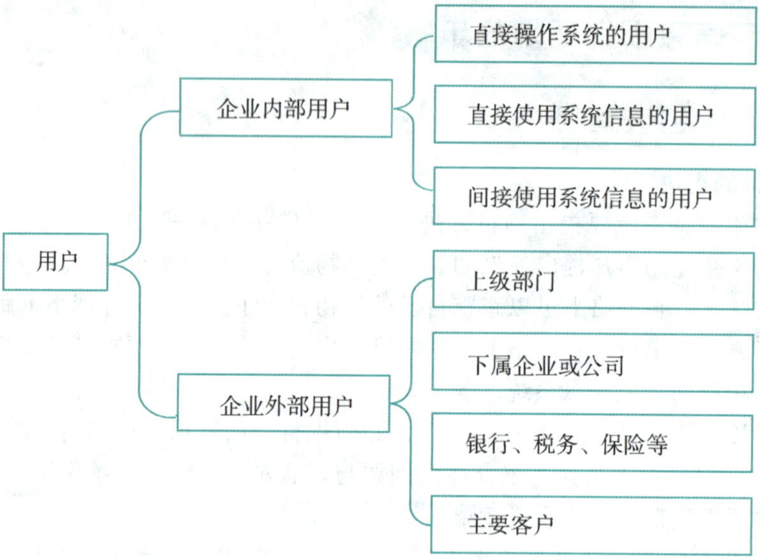

图5-7 物流信息系统的用户

系统分析人员明确用户需求应确定以下内容：①系统的用户是谁？②现有系统的问题是什么？严重程度如何？③系统的现状如何？④各类用户的需要是什么？明确要达到的目标。⑤识别用户需求的正确性和合理性。与用户充分讨论协商，取得一致意见并修改用户需求书中不太合理的部分，重新编写项目书，然后开始项目可行性分析。

5.2.2 初步调查

1）系统调查的类型

物流信息系统的分析人员在开始的时候对企业和业务不熟，需要调研才能深入了解。在物流信息系统开发的过程中，需要多次进行调查：为了进行可行性分析，需要对项目进行初步的调查；进行系统分析时，需要进行详细调查；进行系统设计时，需要详细调查，也可能要进行补充调查。系统调查的种类有初步调查和详细调查，而且各类调查可能要进行多次。两种调查的目的、内容和方法不同，详细程度也不同。系统调查的类型如图5-8所示。

图5-8 系统调查的类型

2）初步调查的目的

初步调查是为项目的可行性研究进行的调查工作。在系统规划阶段，初步调查是进行整个系统开发工作前的基础工作，通过初步调查，了解企业对管理系统的需求；根据企业的资金、人员与设备等资源条件，提出一个初步的企业物流信息系统的系统总目标，以及各子系统的目标。

系统目标必须明确开发的物流信息系统的功能是什么，即系统是“做什么的”，哪些信息处理工作由计算机来做，哪些仍由人工来完成；系统划分为哪些子系统，各子系统的目标是什么，初步确定各子系统的基本功能。根据初步调查资料，完成以上目标。

例如，某企业物流信息系统的系统目标为：①建立一个具有市场、销售、经营、资金、成本和物资运输功能的面向全企业的物流信息系统。②该系统为不同层次的管理人员提供各种报表。③该系统使用同一套数据库，具有数据的一致性。④具有优化管理功能，包括计划、市场预测和财务预测等。⑤留有与其他系统的接口，以便扩大系统的功能。

3）初步调查的内容

初步调查是调查一个企业对信息的总需求，其目的是合理地确定系统目标及可行性研究。为了达到这些要求与目的，要求调查收集与企业有关的资料，整理和分析企业的数据处理要求、应用要求、管理功能要求；分析现行管理体制，找出影响其管理水平提高的薄弱环节和“瓶颈”问题；分析建立物流信息系统所能投入的资源及其适用能力；分析外部环境变化对企业生产经营的影响程度等。初步调查的主要内容包括：

（1）整个企业的概况：企业经营目标、企业的规模、职工人数、产品结构、企业结构以及目前的经营管理水平等。

（2）现行信息系统的概况：已有的计算机应用项目，功能如何等。

（3）企业与外部的关系：企业的环境因素，与外部单位之间物资、资金或信息的来往关系。

（4）本企业的领导者、管理部门对物流信息系统的态度：支持的程度（包括人力、资料与数据），对新、老信息系统的看法以及对信息的需求。

（5）开发物流信息系统的资源：人力、资金以及开发周期等情况。

4）调研方法

调查是获得开发信息的重要方法，系统分析员必须掌握调查方法和工具，还要有与人沟通的技巧和经验。在初步调查和详细调查中常用的方法有：

（1）查阅资料法。阅读企业的业务资料和大量书面资料，如简介、业务规范等，这是系统的方法，可以弥补系统分析人员的专业知识的不足。

（2）开调查座谈会。了解跨部门的业务处理和全企业业务流程，邀请相关部门人员召开调查会是系统调查最常用、最有效的方式之一。由开发小组成员主持，开发人员与参加会议人员交谈，了解与会人员的意见与建议。

（3）调查表法。印制各类调查表，如部门功能调查表、业务流程调查表、企业概况调查表，让用户填写。这一方法要求设计出目的明确的调查表，调查项目应较清楚。调查表能大量收集一般性的信息。

（4）实地调查。到工作现场调查，跟踪业务处理。开发人员有选择地参加某些业务工作，了解数据的发生、传递、加工与存储各个信息处理的环节；深入地了解现有系统的功能、效率以及存在的问题。

（5）取样调查法。走访企业的领导人员，让领导人员提出对企业的物流信息系统的要求与建议，也谈谈他个人工作中对物流信息系统的需求情况。

（6）重点调查。开发人员到重要的业务处理部门调查。

5.2.3 项目可行性分析

对于企业来说，超过一定金额的项目必须进行可行性分析，项目可行性分析通过后才能正式开始。物流信息系统的开发是一项耗资多、周期长、风险大的工程项目，进行可行性研究，对于避免风险和一些不必要的损失都是十分重要的。有人说，项目可行性分析通过了，肯定要开展项目，项目可行性分析是浪费时间金钱，不用进行项目可行性分析了，直接进行项目开发。这种观点不对，进行可行性分析是不会让决策者后悔的明智方法。

项目可行性分析指根据系统的环境、资源条件，论证项目的必要性和可能性。可行性研究实质上是在初步调查的基础上进行的，收集足够的资料，才能进行判断。

1）可行性分析的内容

项目可行性分析从项目的技术、经济、社会环境这三个方面，评价论证项目开发的必要性、可能性。

（1）技术上的可行性。技术上的可行性分析，主要是分析企业现有的技术和可以得到的技术是否满足建设物流信息系统的要求。这里所说的技术是指信息技术，包括软件技术、硬件技术、项目开发技术和管理能力。

企业现有的技术是否足以建设物流信息系统，如果条件不够，可否从国内和国外得到需要的技术。目前来讲，开发物流信息系统需要的硬件技术基本可以满足要求，从市场上可以购买到需要的硬件设备，如网络设备、计算机服务器、计算机终端、所需要的网络条件及条码等自动化输入设备。Internet的普及为建设大型物流信息系统的技术支持起到了决定性作用。

技术上的限制，主要是资金不足带来的相对技术上的限制。开发大型的物流信息系统的软件技术目前已基本成熟，有许多开发成功的例子，尤其是辅助的开发工具比较多。主要的技术限制条件是项目开发技术和管理能力，是否有掌握计算机硬件和软件的人才。考察技术可行性，应重点考察企业的开发人才。

（2）经济上的可行性。经济上的可行性分析主要包括计算项目的投资回收期，进行成本/效益分析。物流信息系统项目的经济收益难以评价，经济方面的可行性分析着重分析项目的投资和间接效益——社会效益。

物流信息系统开发在经济上的可行性，是分析企业可投入的人力、物力、财力等经济资源，能否满足物流信息系统开发与运行管理的需要。例如，需要的硬件、软件、培训费用、技术咨询费用、考察费用等是多少；开发成本、运行成本是多少；从哪些方面可以提高企业的经济效益，能产生多少效益；直接的收益是多少，间接的收益如何；眼前的收益、长远的收益如何。

物流信息系统开发项目在进行经济上的可行性论证时还应考虑将来系统的升级费用、系统的支持软件的升级费用、硬件的升级费用、服务费用（如大型数据库的年度费用）等。

（3）社会环境方面的可行性。我们将不便于归类到技术和经济的因素都归入到社会环境，社会环境方面的可行性分析主要从企业的内部管理、企业文化和企业外部的环境等方面论证物流信息系统开发的可行性，包括从社会环境角度论证物流信息系统开发的必要性，在企业的管理上有哪些问题必须用物流信息系统才能解决，企业在哪些方面不能与其他企业竞争等；还要论证领导是否支持开发工作，员工是否能够很快适应新系统；行业的特殊政策是否会成为系统开发与运行的阻力等。

2）可行性报告

项目可行性分析要形成一套完整的文档报告。该报告是系统分析过程中的重要文件，是系统分析的重要依据。可行性报告是可行性研究的结果，主要包括新系统的目标、需求和约束条件，现行系统分析的描述及主要存在的问题，系统开发的投资和效益的分析，各种系统可选方案及比较，可行性研究的有关结论等。

可行性报告包括的主要内容有：①目标名称；②系统现状分析；③初步方案；④方案的可行性论证；⑤方案当前存在的问题及其解决的建议、结论；⑥项目开发初步计划的进度；⑦建议；⑧汇报文件；⑨附加材料。

5.2.4 物流信息系统规划方案案例

物流中心作为物资流通的集散地，最主要的功能是融商流、物流、信息流为一体，成为制造商、分销商或第三方物流商的商品仓储保管、流通加工与配送中心。作为一个现代化的物流中心，最主要的业务功能是实现及时、智能化的物流服务，集储存保管、集散转运、流通加工、商品配送、信息传递、代购代销、连带服务等多种功能于一体。物流中心的信息流程必须与物流服务工作提供的要求相匹配。在完成业务流程分析后，可依各项作业的功能特性及用户对物流中心管理的需求程度，规划物流中心信息系统的功能需求，并建立其功能架构。

1）用户对物流中心信息系统的要求

用户对物流中心信息系统的要求在于实现物流业务的信息化、及时化、智能化、网络化等目标。

为实现物流的信息化，首先用标准化的条码技术完成商品数据录入和数据采集，再借助自动识别、数据库、电子数据交换等现代技术手段建立仓储、保管等各类与物流业务管理有关的基本数据库；应用射频识别技术来进行物料跟踪、运载工具和货架识别；采用便携式数据终端随时通过射频识别技术把客户产品清单、发票、发运标签、该地所存产品代码和数量等数据传送到计算机管理系统；应用GPS/GIS技术，进行汽车自主定位、跟踪调度、车辆导航，从而大大提高物流网络及其运营的透明度，提供更高质量的物流服务。

网络化则要求物流中心通过电子订货系统（EOS）和电子数据交换技术与供应商或制造商及下游顾客之间保持实时联系。通过信息的共享，实现对物流服务商的组织网络化，并在此基础上建立基于供应链管理的物流配送系统的虚拟增值网，从而简化物流交易流程，缩短物流环节，实现网络伙伴的一体化互动协作。

物流智能化对物流中心信息系统提出了具体要求，在物流作业过程中需要进行大量的运筹和决策，如库存水平的确定、运输（搬运）路径的选择、自动导向车的运行轨迹和作业控制、自动分拣机的运行、物流配送中心经营管理的决策支持等问题。物流智能化要求物流中心必须建立专门的物流分析系统进行运筹分析。物流分析系统应包括以下模型：

车辆路线模型：用于解决一个起始点、多个终点的货物运输中如何降低物流作业费用并保证服务质量的问题，包括决定使用多少辆车、每辆车的路线等。

网络物流模型：用于解决物流业务中最有效分配货物路径的问题。

分配集合模型：可以根据各要素的相似点把同一层上的所有或部分要素分为几个组，用于解决物流服务范围和销售市场范围的确定等问题。

设施定位模型：用于确定物流中心应在何地设置一个或多个公共设施或辅助设施等问题。

全球定位系统模型：用于对物流业务在海陆空全方位进行实时三维导航与定位，解决对物流业务的合理整合与集成的问题以及对物流业务的跟踪问题。

2）物流中心信息系统规划

为了实现对物流业务的及时化、信息化、智能化、网络化操作，物流中心的信息系统建立以下六个信息管理子系统，从而实现对于物流中心业务的统筹运作与科学管理。

（1）销售管理系统。其主要的职能是对物流业务订单进行处理，将相应数据分别输入客户管理、业务分析与预测、销售价格管理、应收款及退货处理等信息子系统，建立相互之间的数据接口，实现有关联动查询功能的支持。

（2）采购管理系统。如果采取物流模式，其主要职能是接受订单的出仓或进货指令，对物流的订货、仓储、配送等进行管理。如果是采取授权模式或配销模式对物流中心进行管理，其主要职能是处理面对供货商的作业，包括供货商管理、采购决策、分配计划、存货控制、采购价格管理、应付账款管理等信息管理系统，同时与客户管理系统建立功能连接。

（3）仓库管理系统。该系统包括储存管理、进出货管理、机械设备管理、分拣处理、流通加工、出货配送管理、货物追踪管理、运输调度计划、分配计划等内容信息的处理系统，同时与客户管理系统建立连接。

（4）财务会计系统。财务会计部门对销售管理系统和采购管理系统所传送来的应付、应收账款进行会计处理，同时对物流中心的整个业务与资金进行平衡、测算和分析，编制各业务经营财务报表，并与银行金融系统联网进行EFT转账。

（5）物流分析系统。通过应用GIS技术与运筹决策模型，完善物流分析技术。通过建立各类物流运筹分析模型来实现对物流业务的互动分析，提供物流一体化运作的合理解决方案，以实现与网络伙伴的协同资源规划。

（6）决策支持系统。除了获取内部各系统业务信息外，其关键在于取得外部信息，并结合内部信息编制各种分析报告和建议报告，提供分析图表与仿真结果报表，作为配送中心的高层管理人员决策的依据。

物流中心信息系统的结构如图5-9所示。

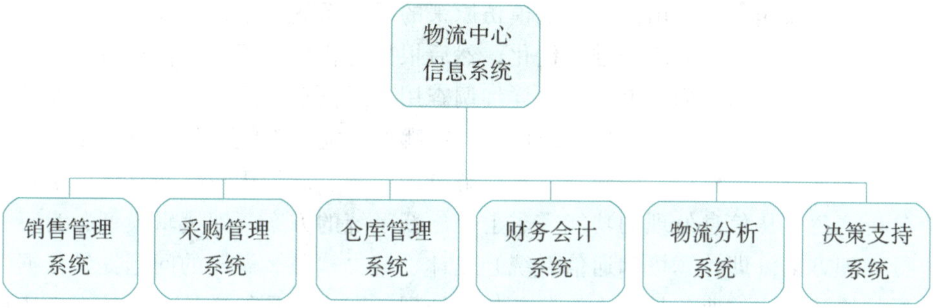

图5-9　物流中心信息系统的结构

物流中心的信息系统是一个对各类管理系统的有机集成，在子系统之间建立连接，从而实现各类信息的交换与传递。

物流中心作为一个有效地保证商品流通而建立的综合管理、控制调配的地区性机构，对于实现商品周转率的提高与减少资金占用量发挥着极其重要的作用，而建立有效率的信息系统则是实现这个目标的关键手段。

5.3 物流信息系统分析

5.3.1 系统分析的目标和内容

开发物流信息系统的最终目的是设计出计算机软件和硬件系统来满足物流管理中的需要；在计算机中处理主要的业务并为用户提供辅助决策信息，部分代替或完全代替原先的手工操作。完全用信息系统模仿原来的手工系统并不是最优化的系统，必须根据计算机的特点对业务流程进行优化，然后根据优化的流程设计信息系统。

系统分析阶段的目标，就是通过详细调查用户对信息处理的需求，提出新的计算机化系统的逻辑方案，即分析出系统应该具有哪些功能。系统分析在整个系统开发过程中，是要解决“做什么”的问题，把要解决的问题、满足用户哪些具体的信息需求调查分析清楚。从信息处理的功能需求上提出新系统的方案，即逻辑模型，为下一阶段进行物理方案（即计算机和通信系统）设计、解决“怎么做”的问题提供依据。系统分析是搞清现有的业务是什么？业务如何处理，即流程是怎样的？用什么方法搞清楚业务流程？用什么工具表达业务流程？业务处理的核心是什么数据？用户的各项数据有什么特点？如何描述数据？

系统分析工作是管理系统开发中最重要的工作。软件开发人员最容易犯的错误是拿到项目就迫不及待地进行编码，先计划用什么开发工具，用什么数据库，设计什么界面，用C/S、B/S方式，两层、三层结构等，往往忽略用户真正的需求。开发工作进行到一半时才发现与用户的要求越来越远，这时不得不回头重新进行需求分析。

系统分析工作的主要内容是通过详细调查了解现状、提出方案，具体如下：①分析用户信息处理需求；②分析组织的现状、环境条件、功能；③业务流程分析；④数据分析；⑤系统改进方案与新系统逻辑方案分析。

系统分析的目的是根据用户的需求和资源，确定新系统的逻辑模型，明确系统应该做些什么。系统分析阶段常常被称为系统的逻辑设计阶段。

5.3.2 组织结构与功能分析

1）组织结构调查分析

软件开发人员需要对企业目标、企业的相关制度、企业的规模、企业的环境进行了解，重点了解企业业务处理流程和业务流程处理的基础——组织结构。应先从了解企业的组织机构开始，然后才能展开其他的调研活动。

企业当前的业务处理是基于现有的组织机构，以后的调查也是到各个部门去调查，因此应对企业的组织概况有所了解。组织机构是指企业现有的部门及部门之间的关系。

到企业的人力资源部和企业办公室了解企业的组织结构和功能，并描述组织内部的部门划分以及它们的相互关系。企业机构的设置用企业组织机构图来描述即用组织结构图描述组织内部的部门划分以及它们的相互关系。企业组织机构图反映企业内部部门之间的隶属关系，它是倒置的树状结构图，如图5-10所示。

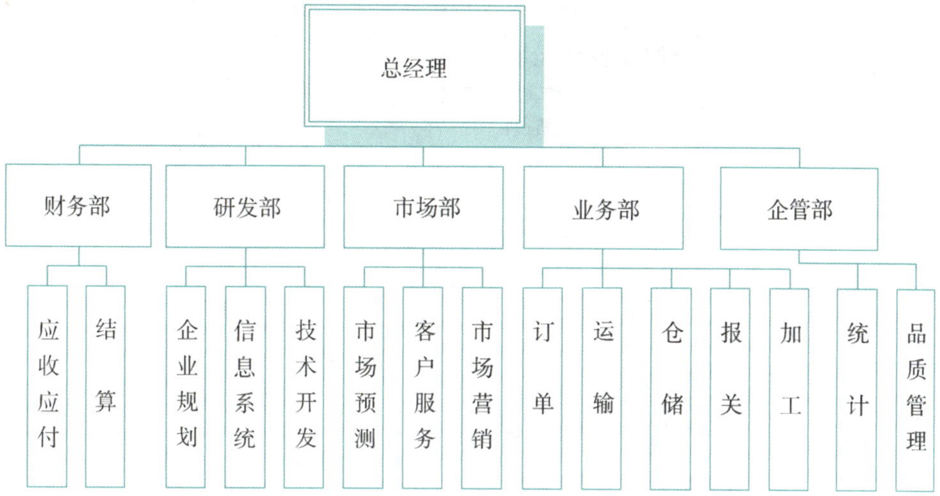

图5-10　物流企业的组织机构

现有的企业组织机构中除了有行政隶属关系，还有物流、资金流和信息流的流动处理关系。行政隶属关系比较明显，也比较好做；确定组织机构后，在分析信息流和其他流的关系的基础上，制作描述物流、资金流和信息流的组织机构图。设计物流信息系统关键的是信息，而信息流隐藏在资金流和物流中，也有单纯的信息流，经过分析后，在组织机构的行政隶属关系基础上制作反映信息流的机构图，如图5-11所示。

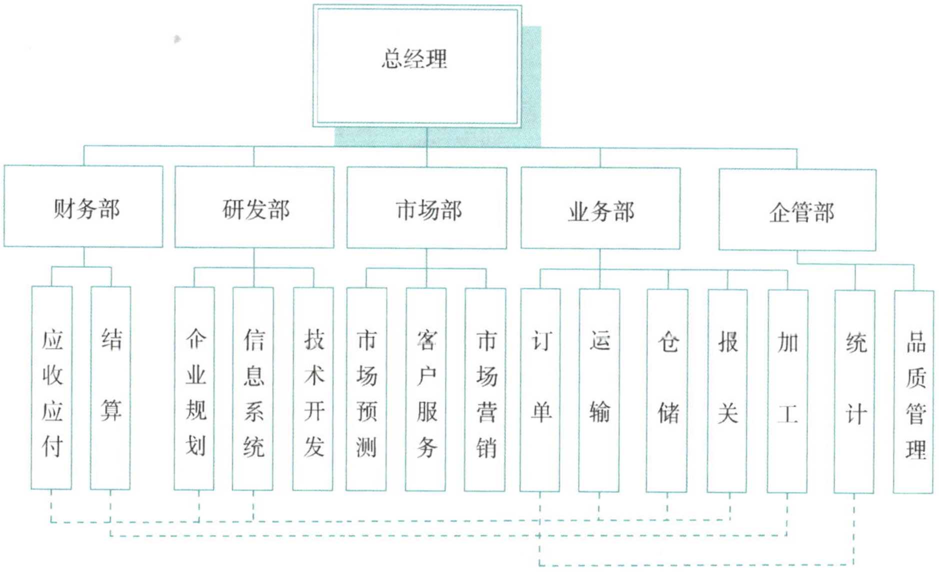

图5-11　反映信息流的组织机构图

2）业务功能调查分析

企业的业务基于现有的组织，虽然可以从组织机构的名称中了解其业务，但这远远不够。设计物流信息系统的功能，应详细了解企业的功能，在优化的基础上，重新设计企业的组织机构；在组织机构图的基础上，制作组织机构业务功能层次图。该图也是比较粗略的图，目的是描述企业的主要业务构成，描述从系统目标到各项功能的层次关系。

例如，将图5-11中仓储业务功能展开如图5-12所示。

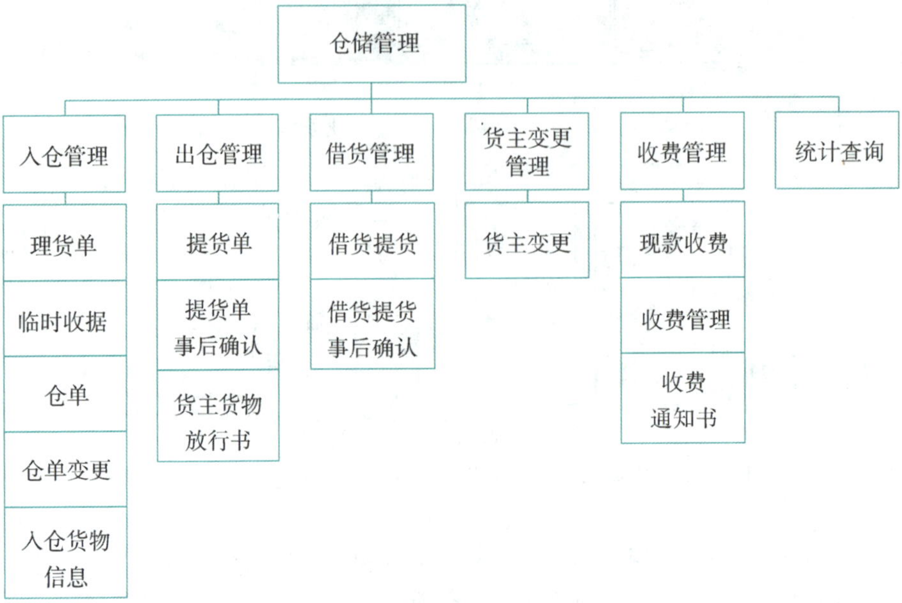

图5-12　仓储业务功能

仓储管理的主要功能是入仓管理、出仓管理、借货管理、货主变更管理、收费管理。它还有完成仓库日常出入库登记、计算统计发生的费用、盘点库存货物、打印各种查询报表等功能。

3）业务关系调查分析

组织机构图反映了组织内部的部门结构和它们之间的关系。通常用组织机构业务关系图来描述组织部门在业务上的联系。因为组织机构图是多层结构，如果企业的组织机构复杂，在组织机构业务关系图中，用多幅图表示，从上层开始，逐步细化；否则，直接用最低层次的部门，描述它们之间的业务关系。

部门间的业务关系有以下几种：①该项业务是对应部门的主要业务（即主持工作的部门）；②该部门是参加协调该项业务的辅助部门；③该部门是该项业务的相关部门（或称有关部门）；④表示该部门与对应业务无关。组织机构业务关系图如图5-13所示。

4）业务流程调查和分析

在组织机构的功能图中，我们对企业的业务功能有所了解，但对业务的处理过程还不清楚，开发物流信息系统需要十分清楚各项业务的处理过程。业务处理的人员对业务处理流程清楚，但系统分析人员需要把业务流程十分清楚地表示出来，便于下一步的系统开发。业务流程调查主要针对业务信息在原系统流动的过程，内容包括各环节的处理业务、信息来源、处理方法、计算方法、信息流的去向、提供信息的时间和信息表现的形态，收集原始单据资料等。

业务流程图是一种描述系统内单位、人员处理业务间的关系、作业顺序和信息流向的图，利用它可以帮助分析业务流程中信息的不合理流向。业务流程图表明了各部门的业务处理过程和它们之间的业务分工与联系，以及各部门的物流、信息流、资金流的关系。

功能	序号	组织联系的程度业务	计划科	质量科	结算	应收付	统计	规划	技术	客服部	运输部	人事科	仓储部	加工部	订单部	仓库
功能与业务	1	订单			√					×	×				*	×
	2	运输	*	√							*					×
	3	仓储	√							×	×					*
	4	报关								*			√	√		
	5	加工	√	×	×	×				*	×			*	√	√
	6	设备更新		*			√	√	√	×						
	7	人力资源										*				

图中：“*”表示该项业务是对应部门的主要业务（即主持工作部门）；
“×”表示该部门是参加协调该项业务的辅助部门；
“√”表示该部门是该项业务的相关部门（或称有关部门）；
空格表示该部门与对应业务无关。

图5-13 组织机构业务关系图

采用业务流程图和必要的文字说明来描述业务的处理过程，对企业的每一项业务都要进行描述，一幅流程图描述一项业务。业务流程图描述业务处理的主要活动。

业务流程图的绘制采用自顶向下的方式逐层分解，对其中的处理步骤可以根据需要画出业务流程子图，可用更详细的流程图或文字说明业务步骤和处理方法。由于现场的业务处理人员对具体的业务处理过程已经很清楚了，可以在绘制业务流程图采用自底向上的方法，先绘制细图，把下层细图作为上层图的一步作业来画更粗的业务流程图。仓库管理的入库流程如图5-14所示。

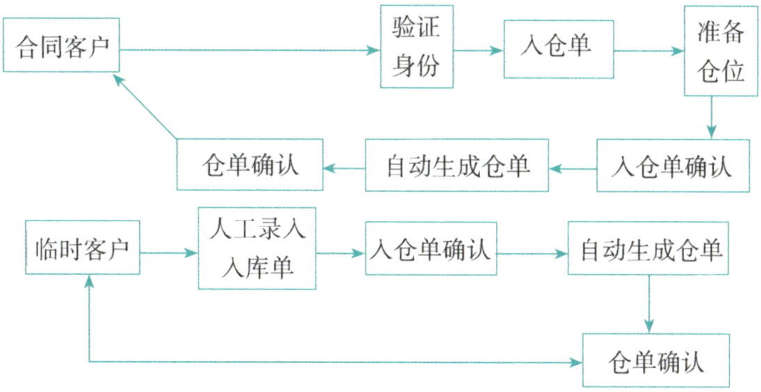

图5-14 仓库管理的入库流程

5.4 数据流程图、数据字典与处理过程的逻辑说明

5.4.1 数据流程图

业务流程图非常直观地描述了业务的处理过程，它与具体的组织机构、人员分工、设备、场所、当前的作业处理规范、物流、材料、资金等密切相关。信息系统处理的对象是数据，数据处理的实质是数据的变换，数据的处理环节包括输入、加工、输出、存储、传输等。业务的处理从抽象角度来看是对数据的处理变换，描述数据的变换过程当然就从本质上描述了业务的处理过程。应对业务流程图中的数据处理进一步抽象，找出其处理的数据、数据的特点、数据的处理过程等内容，在抽象的级别上分析业务的处理过程，优化设计出新的信息处理过程。这个过程就是数据分析处理过程。

我们用数据流程图反映系统的数据处理流程，用数据字典对DFD中的数据流、加工、文件和外部项进行严格的定义，以数据为对象，脱离具体的数据表现形式，研究数据流程和数据属性。

业务流程调查的目的就是要尽量发现系统存在的问题，发现现有的数据处理过程中的不合理部分，并找出解决的方法。正确的数据流程是设计新系统的保证。

1）数据流程图组成要素

数据流程图的基本组成要素只有四个——外部项、数据加工、数据存储及数据流，用这四个符号可以表达非常复杂的处理过程。简单介绍如下：

(1) 外部项。外部项是当前系统处理的数据的来源和去处，系统从外部项得到数据，系统处理完的数据又流向外部项，它表示数据的来源和去向，也有的翻译为外部实体。外部项顾名思义是当前数据处理系统的外部环境因素，系统不能改变外部项本身的结构和固有属性。

外部项可以是某类人员、某个组织、某一信息系统或某种事物。

①一类人：如管理员，他从系统中获得报表；如客户，他向系统提供商品订单。

②一个组织：如企业的财务部，它向仓库提供发票。

③其他系统：这个系统与当前系统有数据接口，如银行与企业自动对账时，银行的计算机系统是企业计算机系统的外部项。

在系统分析做数据流程图时，一般要识别出当前系统的外部项是什么，我们更关心的是外部项的输入和输出数据流；在绘制流程图时，有时为了方便不绘制外部项，只绘制外部项的数据流。数据流程图是分层次的，有些要素在某层中是外部项，在其上层中就是内部元素。系统分析和设计的主要任务之一是定义系统的边界，外部项是系统边界外的环境因素。

(2) 数据加工。数据加工过程即处理过程，简称加工，有时也称数据处理逻辑。处理过程完成对数据的某项处理，如对客户向系统提供商品订单进行核对、订单打印、计算订单应付金额。一个处理过程可能只包括一个简单的数据处理步骤，也可能

包括非常复杂的数据处理步骤。我们用逻辑功能名称来表示数据加工，如核对发票、订单打印、订单统计等。

一项处理过程可有一个或多个输入数据流，也可以有一个或多个输出数据流，一般地，至少有一个输入数据流和一个输出数据流。在符号里写上处理过程的名称和编号。

(3) 数据存储。数据存储指逻辑意义上的数据存储环节，不考虑存储物理介质和技术手段，是数据暂时存储或永久存储的地方。如订货单，不管是打印的还是手写的，数据存储“订货单”说明保存订货数据的单据结构。

(4) 数据流。数据流表示数据的流动情况，是流动的数据。用带有名字的有向线段表示数据流，在线段上对数据流进行简单的描述，数据流由一组确定的数据组成，名字表示流经的数据，箭头表示流向。箭头所指处表示数据流的输送处，箭尾联结处表示数据流的来源。在线上对数据流进行简单的描述或不描述，可双向或单向。数据流程图作图符号如图5-15所示。

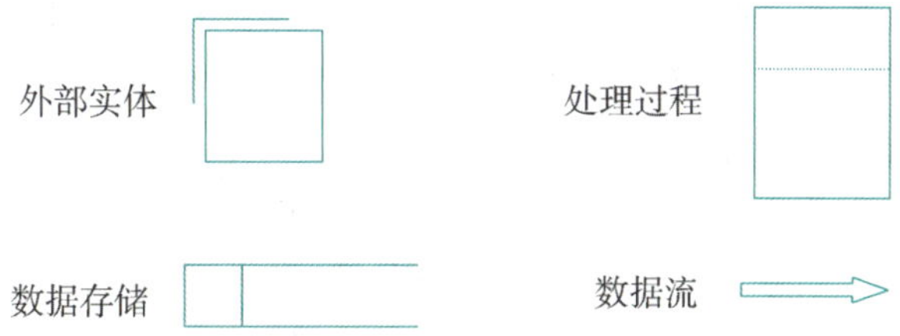

图5-15　数据流程图作图符号

2）绘制数据流程图

数据流程图的特点是具有抽象性，不考虑具体的物理因素，如组织结构、存储介质、具体的处理方法和技术手段等内容，抽象地反映信息的流动、加工、存储和使用的过程；抽象地表示各项任务之间的顺序和关系，从信息处理的角度将一个复杂的实际系统抽象成一个逻辑模型。它把系统对各种业务的处理过程联系起来，形成一个总体，具有很强的概括性。数据流程图的作用如下：①抽象地表示了业务处理的过程。②自顶向下分析信息处理流程的工具，其抽象性便于设计信息化的业务处理过程。③根据逻辑存储，进行数据分析数据建模，向数据库设计过渡。④一个处理过程对应一个功能单元，表达功能单元的处理方法后，向设计程序过渡。

绘制数据流程图的过程是对业务流程进行分析的过程。数据流程图是计算机开发人员和用户进行交流的语言和桥梁，业务人员经过简单的说明能较快地理解数据流程图的含义。业务人员按业务流程图整理出业务处理流程，将调查过程中所掌握的数据处理过程绘制成一套完整的数据流程图，一边整理绘图，一边核对相应的数据、报表与模型等。

数据流程图的绘制采用结构化系统分析方法，即“自顶向下，逐层分解，逐步求精”的分析方法。该方法与我们对事物的认识规律是一致的，是先看到森林，后看到树木，从笼统到详细。逐层分解是对处理过程的分解，将其分解为更详细的数据流程图。

绘制数据流程图的主要步骤如下：

①确定外部项，把整个业务作为一个系统，确定系统的外部项，即系统的数据来源和去向。

②把系统作为一个数据处理过程，确定整个系统的来自外部项的输入数据流和流向外部项的输出数据流。数据来源习惯性地置于图的左侧，数据去向置于图的右侧，绘制第一层的数据流程图，它只包含一个数据处理过程。

③根据自顶向下，逐层分解的原则，对上层图中全部或部分的加工进行分解。如果上层的数据流程图还不详细，对上层的数据流程图的数据处理过程再进一步调查分析，进行细化，即将它分解成几个加工环节。每个处理环节是一个数据处理过程，再确定每个数据处理的输出与输入数据流以及与这些数据处理有关的数据存储，用数据流将它们联结起来。将外部项、数据处理、数据存储和数据流命名、编号。

④ 重复步骤③，直到逐层分解结束。分解结束的标志是对于最底层的数据处理不用再做进一步的分解加工，其逻辑功能已经简单、明确和具体。

⑤ 和用户进行交流，在用户完全理解数据图内容的基础上征求用户的意见。系统分析人员根据讨论的结果对数据流程图的草图进行修订。

例：仓储管理数据流程图制作。

先绘制第一层数据流程图，外部项只有一个“客户”，处理过程只有“业务处理”一个，然后把处理过程“业务处理”分解，“业务处理”详细分解为三个，即“业务分类”、“入库处理”和“出库处理”。第一层和第二层数据流程图分别如图5-16、图5-17所示。

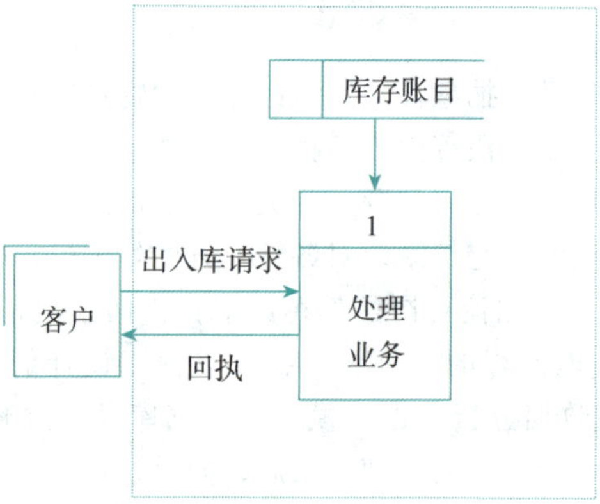

图5-16 第一层数据流程图

5.4.2 数据字典

数据流程图直观、容易理解，能概括整个系统中信息的流动、加工变换与存储过程，描述了业务系统“做什么”及其过程，对业务处理流程表达得非常清楚。业务还有许多具体细节没有在图上表示清楚，如数据的属性、如何处理数据的方法还要进一步描述，可用数据字典这个工具加以说明。数据流程图上所有要素的文字描述集合就是数据字典。数据字典以特定格式记录数据流程图中各个基本要素（数据流、存储、处理和外部项）的内容和特征，进行完整的定义和说明，是对数据流程图的重要补充。

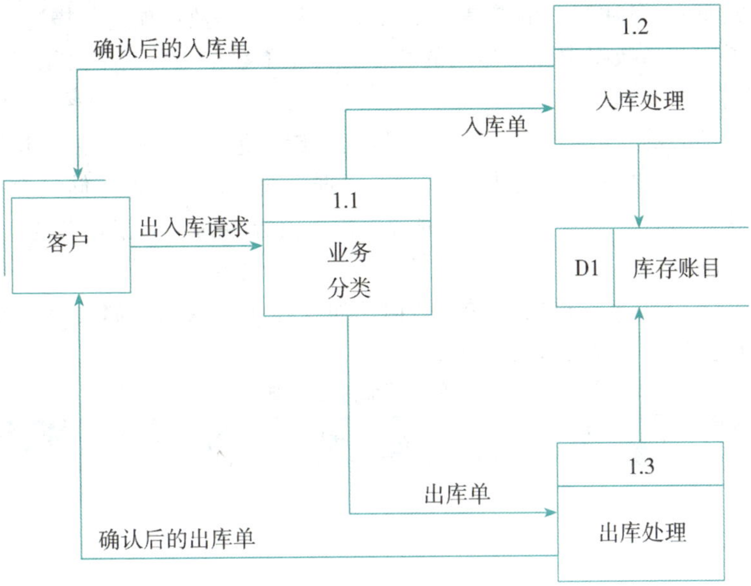

图5-17　第二层数据流程图

数据字典对数据流程图的各要素进行说明，给这些成分赋以详细的内容。在数据流程图中包括数据流、数据存储、数据处理和外部项实体四类要素，数据字典对所有这些组成部分进行说明。在数据字典中，对数据元素要描述其结构，关于数据流与加工发生频率、出现的时间、高峰期、处理加工的优先次序、加工周期及安全保密等方面的信息。

数据流程图有许多层，建立数据字典也是按照结构化的方法，对外部项的说明在第一层数据流程图即可，其他的对最底层的数据流程图的说明，先容易，后简单；先外部，后内部。先对外部项进行描述说明，确定系统的输入数据属性和输出数据属性，然后展开。

1）外部项

对外部项的描述内容说明包括外部项编号、外部项名称、外部项输入数据流、外部项输出数据流、备注等。目前大部分直接采用辅助工具，在计算机中进行说明。对仓储系统外部项“客户”的说明见表5-1。

表5-1　　仓储系统外部项“客户”说明

编　号	w1
名称	客户
输入数据流	入库单、出库单、转库单
输出数据流	结算单据
备　注	大量的大客户采用月底结算；上午9：00—11：00是业务高峰期

2）数据流

数据流说明包括编号、名称、内部名、组成、使用频率、使用方式（输入、输出、本地、共享)、备注等，重点是对数据流的组成——数据项进行描述。

数据流说明包括数据项和数据项的特征。入库单数据流数据字典见表5-2。

3）数据存储

数据流是动态的。数据的逻辑保存是数据存储，包括永久保存数据和暂时保存数据，数据库设计也主要是分析数据存储。在数据字典中，对数据存储只管描述，不作优化设计，优化设计在系统设计阶段进行。描述内容包括：数据存储的编号、名称、简述、组成、备注、关键字、相关联的处理、流入数据流、流出数据流。重点是数据存储的组成，要说明业务数据的逻辑结构，如库存账目数据存储的是出库单、入库单、库存账目。数据存储定义见表5-3。

表5-2 **入库单数据流数据字典**

编　号	sjl-1
名　称	入库单
内部名	入仓单
组　成	入库单数据结构
来　源	客户外部项
频　率	200张/小时
高峰量	每天上午9：00-11：00，1 000张/小时
去　向	入库处理
关键字	入库单号
备　注	一笔业务对应一个单据号，一张单据包含的商品数量不定，几张单据可以用一个单据号

表5-3 **数据存储定义**

编　号	F8
名　称	库存账目
简　述	存放当年的出库入库记录数据
组　成	出库单、入库单、库存账目
备　注	出库单、入库单、库存账目结构见数据结构描述
关键字	出库单、入库单、库存账目分别是出库单号、入库单号、库存账目号
相关联的处理	入库处理，出库处理
流入数据流	出库单、入库单
流出数据流	库存账

4）数据处理

在数据字典中，对数据处理过程的功能进行说明；在数据流程图中，标出处理过程的名称，虽然从名称中可以了解其功能，但还不详细。对处理过程进行描述，其内容包括：处理过程名称及编号、功能简述、输入数据流、处理、输出数据流、备注。对处理过程内部处理逻辑的说明，单独在另一部分处理过程的逻辑描述中进行。处理过程定义见表5-4。

表5-4　　处理过程定义

编　号	P02-01
名　称	入库处理
功能简述	客户办理入库手续时进行处理，核对各项数据
输入数据流	入库单
处　理	验货、输入入库单、打印、统计
输出数据流	核对正确的入库单
备　注	

5.4.3　处理过程的逻辑说明

在数据字典中对数据流程图的每个处理过程都做了说明，在数据字典中说明了其特征和功能，但是这种描述是概括性的，是字典词条，只是说明了功能的组成，不详细，对于复杂的处理过程应该用专用工具进行更为细致的描述，对数据流程图做必要的补充。数据流程图、数据字典和处理逻辑说明三者构成了系统的逻辑模型。

处理过程的逻辑描述工具主要有结构化语言、决策树和判断表。

决策树是用图来表示处理逻辑的一种工具，可以直观、清晰地表达数据处理的逻辑过程。它用“树”来表达不同条件下的不同处理，特别适合于判断逻辑组合关系复杂的情况。

决策树左边的节点为树根，称为决策节点。与决策节点相连的称为条件，从左向右依次排列各条件，根据每个条件的取值不同，树可以产生很多分支，最右方的端点（即树梢）表示决策，即所采用的策略。中间各节点为分段决策节点。用决策树表示一个处理过程，如图5-18所示。

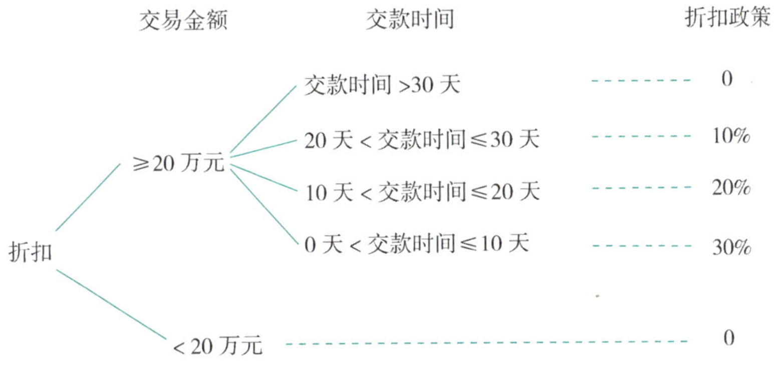

图5-18　决策树

5.5 新系统逻辑模型与系统分析报告

5.5.1 新系统逻辑模型

系统分析的任务是给出在充分认识原信息系统的基础上，通过详细调查、系统优化分析，最后完成新系统的逻辑方案设计。前面对原信息系统进行了详细调查，用数据流程图和数据字典描述了系统的业务处理过程和数据属性。为了在原系统基础上提出新系统逻辑模型，应对原有系统进行分析，找出原系统业务流程和数据流程的不足，提出优化和改进的方法，给出新系统所要采用的信息处理方案，使新系统目标适应组织的管理需求和战略目标。

对原系统的分析是对前面详细调查的结果进行分析，包括业务流程分析、数据流程分析、功能分析和划分子系统分析、数据属性分析、数据存储分析、数据查询要求分析、数据的输入输出分析等。数据属性分析、数据存储分析、数据查询要求分析、数据的输入输出分析等可以在系统设计阶段进行。

数据流程的分析和优化是系统分析的重点。分析原有的数据流程的处理过程，哪些过程可以删除或合并，哪些过程可以进行改进或优化，哪些过程存在冗余信息处理。可对计算机信息处理的要求进行优化，绘制新的数据流程图，确定新的数据流程图中人与机器的分工，即哪些工作可由计算机自动完成，哪些必须由人工完成。

分析原有系统的不足后，根据新的信息技术、新的开发技术和用户对新系统的需求，结合业务流程再造的管理创新思想，提出新的方案——逻辑方案。新系统逻辑方案包括新系统合理的业务处理流程、合理的数据流程和数据存储组织、合理的系统功能层次。

提出新方案的过程是创造的过程，不是推理过程。逻辑方案是系统分析阶段的最终成果，也是今后进行系统设计和实施的依据。新系统的逻辑方案内容主要包括：

1）新系统的业务流程

企业经过业务流程优化重组后，提出新的业务流程、新系统业务流程中的人机业务分工及接口，绘制新系统的业务流程图。

2）新系统的数据流程

新系统的数据流程包括优化后的新的数据流程图、新的数据流程中的人机业务处理分工及接口。

3）新系统的逻辑结构

新系统的逻辑结构指新系统中的子系统划分模式，绘制新系统的功能层次结构图。

4）新系统的数据处理方式

数据处理的方式是指采用成批处理方式或联机实时处理、单机处理或网络处理、集中处理或分布处理、两层结构或三层结构或多层结构、B/S结构或C/S结构和其他关键数据技术。

5）新系统中的管理模型

确定在某一具体管理业务中采用的管理模型和处理方法。

5.5.2 系统分析报告

系统分析的结果是给出系统分析报告。系统分析报告总结了系统分析阶段的成果，在系统分析报告中说明了用户需求、系统目标、系统逻辑模型的规范化文档，将其作为系统开发下一阶段的初始文档和依据。系统分析报告内容和格式如下：

1）项目系统分析概述

项目系统分析主要包括名称、开发目标、主要功能、开发背景、摘要说明、新系统的名称、新系统与现行系统之间的主要差别等内容。

2）现行系统的调研报告（见现行系统的分析评价）

（1）现行系统现状调查说明：包括组织机构图、系统目标、功能一览表、业务流程图、业务流量以及存在的薄弱环节等。

（2）系统需求说明：用户需求及现有业务存在的主要问题等。

3）新系统的概念模型

（1）新系统目标（要求具体）。

（2）新系统逻辑模型、新系统的业务流程、数据流程图、数据字典。

（3）新系统的结构、功能层次图及功能概述。

（4）新系统采用的管理方法、模型、管理制度和运行体制的建立。

4）系统设计的初步进度计划

（1）系统设计的基本任务。

（2）系统设计的人员组织。

（3）系统设计的费用估算。

5）系统分析总结

采用的做法、过程、成果评价和经验。

基本训练

□ 知识题

1.单项选择题

（1）物流信息系统总体规划步骤是（　　）、信息需求分析、资源分配。

A.初步调查　　B.系统分析

C.制定物流信息系统战略规划　　D.系统设计

（2）项目可行性分析从项目的技术、（　　）、社会环境这三个方面进行。

A.规模　　B.支出　　C.收益　　D.经济

（3）数据流程图的基本组成要素有四个：外部项、数据加工、数据存储及（　　）。

A.数据类型　　B.数据流　　C.数据库　　D.数据名称

2.判断题

（1）某一企业物流信息系统的项目可行性分析结果为可行，企业负责人认为，反

正项目要进行，因此对项目进行可行性分析是多此一举。（ ）

（2）物流信息系统的用户就是直接操作电脑的人员。（ ）

（3）物流信息系统的功能应该与企业的组织结构完全一一对应。（ ）

3.问答题

（1）物流信息系统规划的内容是什么？

（2）总体规划原则是什么？

（3）试述关键成功因素法的步骤。

（4）系统分析的目标和内容是什么？

（5）绘制仓储管理业务流程图。

（6）绘制仓储管理数据流程图。

4.课堂讨论题

物流企业的物流信息系统的用户是谁？对信息的需求有什么特点？

知识应用

□ 案例分析

如何理解信息系统的作用

丈夫在外给家里打电话："老婆，晚上我想带几个同事回家吃饭可以吗？"（订货意向）

妻子："来几个人，几点来，想吃什么菜？"

丈夫："6个人，我们晚上7点左右回来，准备些酒、烤鸭、西红柿炒蛋、凉菜、蛋花汤……你看可以吗？"（商务沟通）

妻子："没问题，我会准备好的。"（订单确认）

妻子记录下需要做的菜（MPS计划），具体要准备的原料：鸭、酒、西红柿、鸡蛋、调料……（BOM物料清单），发现需要：1只鸭，5瓶酒，4个番茄……（BOM展开），炒蛋需要6个鸡蛋，蛋花汤需要4个鸡蛋（共享物料）。打开冰箱（库房）一看，只剩下2个鸡蛋（缺料）。

来到自由市场，妻子："请问鸡蛋怎么卖？"（采购询价）

小贩："1个1元，半打5元，1打9.5元。"

妻子："我只需要8个，但这次买1打。"（经济批量采购）

妻子："这有一个坏的，换一个。"（验收、退料、换料）

回到家中，准备洗菜、切菜、炒菜……（工艺路线），厨房中有燃气灶、微波炉、电饭煲……（工作中心）。妻子发现拔鸭毛最费时间（瓶颈工序，关键工艺路线），用微波炉自己做烤鸭可能来不及（产能不足），于是决定在楼下的餐厅里买现成的（产品委外）。电话铃又响："妈妈，晚上几个同学想来家里吃饭，你帮忙准备一下。"（紧急订单）"好的，儿子，你们想吃什么，爸爸晚上也有客人，你愿意和他们一起吃吗？"

"菜你看着办吧，但一定要有西红柿炒鸡蛋。我们不和大人一起吃，6点半左右回来。"（呵呵，不能并单处理）

“好的，肯定让你们满意。”（订单确认）

鸡蛋又不够了，打电话叫小贩送来。（紧急采购）

6：30，一切准备就绪，可烤鸭还没送来，急忙打电话询问：“我是李太太，怎么订的烤鸭还没送来。”（采购委外单跟催）

“不好意思，送货的人已经走了，可能是堵车吧，马上就会到的。”

门铃响了，“李太太，这是您要的烤鸭。请在单上签字。”（验收、入库、转应付账款）

6：45，女儿打来电话：“妈妈，我想现在带几个朋友回家吃饭可以吗？”（呵呵，又是紧急订购意向，要求现货）

“不行啊，女儿，今天妈妈已经需要准备两桌饭了，时间实在是来不及，真的非常抱歉，下次早点说，一定给你们准备好。”（哈哈，这就是信息系统的使用局限，要有稳定的外部环境，要有一个起码的提前期）

送走了所有客人，疲惫的妻子坐在沙发上对丈夫说：“亲爱的，现在咱们家请客的频率非常高，应该要买些厨房用品了（设备采购），最好能再雇个小保姆（连人力资源系统也有缺口了）。”

丈夫：“家里你做主，需要什么你就去办吧。”（通过审核）

妻子：“还有，最近家里花销太大，用你的私房钱来补贴一下，好吗？”（哈哈哈哈，最后就是应收货款的催要）

问题：通过以上形象的说明，总结出如下制造企业的业务流程（如图5-19所示），你认为这个流程是否表达了以上的全部业务过程？如果没有表达全部业务过程，缺少的是哪些？

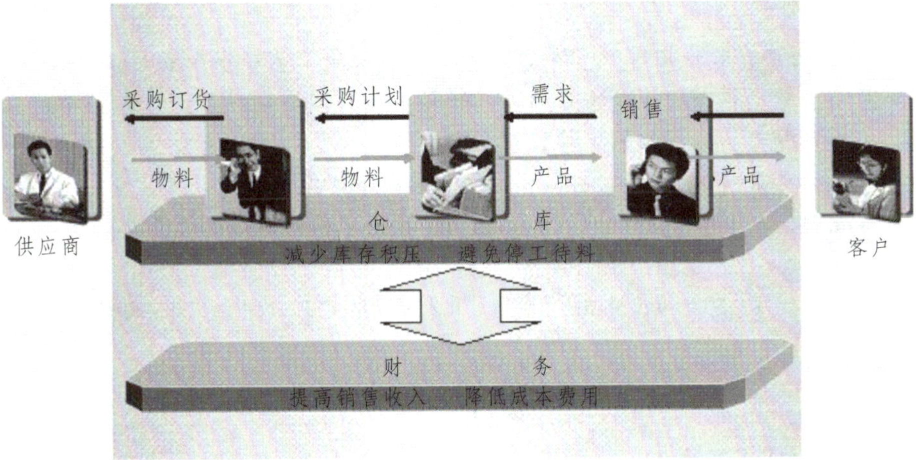

图5-19　制造企业业务流程图

思政小课堂

关键词：5G、智慧物流

5G作为“新基建”中的领衔领域，不仅是物流业创新发展、转型升级的使能者，还推动着物联网、大数据、人工智能以及物流相关技术的进步和在物流行业的应用创新。如在设计环节，推进基于模型的制造设计协同；在生产环节，推进探索网络统一，设备敏捷沟通，协同调度；在运维环节，实现装备运行状态实时检测及多方专家远程支持，推进运维数字化系统。总的来看，5G技术将赋能智慧物流的发展，加快推进物流技术装备智慧化，在智慧物流中的智能装备、智能仓储、自动化运输、物流追踪等环节中将产生深远影响。

具体来看，随着5G与物流技术的深度融合，将通过连接升级、数据升级、模式升级、智能升级全面助推智慧物流的发展。

5G将加速底层通信技术的变革：5G网络切片根据时延、带宽等不同应用场景需求可以进行网络资源组合，以此来保证网络服务品质的特性，5G的无线组网解决方案在智慧物流的应用场景可以完美替代拖链电缆、漏波电缆、红外通信、工业Wi-Fi等传统的通信方式，真正实现企业园区5G一张网，将加快物流领域关键网络基础设施的变革。

5G将加速物流装备智能化变革：5G将加速人工智能技术、边缘计算技术与物流装备的融合进程，物流装备通过状态感知、信息交互、实时分析，可以具备物料识别、自助纠错、末端导引的能力，进一步提高物流装备的智能化水平，加快物流装备融合创新研发进程。

5G将加速物流系统调度控制技术变革：在智慧物流领域，可以结合5G边云协同特性，利用MEC边缘计算，实现基于5G的移动搬运设备的云化调度控制应用，将设备定位、导航、图像识别及环境感知等复杂计算上移到5G边缘服务器，实现云化物流设备大规模密集部署、大范围无缝切换，构建高效、经济、灵活的柔性生产搬运体系。

5G将加速物流装备运维模式革新：利用智能装备的数字模型和5G网络，打通远端设备与本地数字模型的安全传输通道，将远端设备的运行状态、参数、传感器数据及现场监控视频等实时传输到本地监控中心、实现设备的远程监测、信息采集、故障报警和预测性维护等功能。本地专家可以根据数字模型呈现的运行参数、现场5G高清视频等信息进行远程维护，也可以通过AR眼镜与客户进行远程互动，协助处理系统故障。

资料来源　任芳. 5G全方位推动物流业智慧化发展［J］. 物流技术与应用，2019（7）.

第6章 物流信息系统设计

学习目标

知识目标：认识物流信息系统设计的过程、结构化系统设计的方法；认识结构化设计开发的主要任务；了解物流信息系统的整体结构设计、系统运行平台设计、代码体系设计、输入设计、输出设计、对话设计、数据库设计、算法设计；掌握用功能模块结构图表达系统总体结构的方法；掌握用流程图表示数据处理流程的方法；掌握用E-R图表示实体间关系的方法；掌握编码设计的方法。

技能目标：能够依据系统分析的结构，对某一物流信息系统进行总体设计和详细设计，设计出数据库、算法、输入/输出界面。

6.1 系统设计的任务

在完成物流信息系统的分析后，得到了新系统的逻辑模型，解决了“做什么”的问题，然后进入系统设计阶段。系统设计阶段根据系统分析阶段的逻辑模型，考虑各种约束因素，基于现有的技术，进行各种具体设计，提出一个新系统的实施计划方案，解决“怎样做”的问题。

信息系统模型分为逻辑模型和物理模型。逻辑模型主要确定系统“做什么”，逻辑模型在系统分析阶段提出；物理模型则主要解决“怎样做”的问题。

系统设计的任务是在系统分析提出的逻辑模型的基础上进行物理模型的设计。系统设计阶段的主要任务具体包括：①系统的总体设计，包括信息系统流程图设计、功能结构图设计和功能模块图设计等。②系统的平台设计。③软件模块处理流程设计。④数据库或数据文件设计。⑤代码设计。⑥输入设计。⑦输出设计。⑧对话设计。⑨撰写系统设计报告。

系统设计阶段划分为总体（概要）设计和详细（具体）设计两个阶段。在总体设计中，将过程模型转化为模块结构图，涉及数据结构模型，并设计系统平台，得到的是不依赖于任何具体的物理平台的具有良好可移植性的系统方案。

在详细设计阶段，确定系统平台的软硬件设备的详细结构和选型，数据结构用具体数据库系统实现，代码系统设计得到物理模型。

6.2　系统总体设计

6.2.1　系统功能设计

1）功能模块结构图

系统功能设计采用自顶向下、逐层分解的方法，把整个物流信息系统的功能划分为若干子系统，而子系统划分为若干功能模块，模块又划分为子模块，层层划分，逐层分解，逐步细化，直到每一个模块均相对独立、业务处理功能单一为止。从概念上讲，上层功能包括下层功能，愈上层的功能愈笼统，愈下层的功能愈具体。功能分解的过程就是一个由抽象到具体、由复杂到简单的过程。

通常用多层的倒置的树形结构图表示系统功能的结构，如图6-1所示即为物流信息系统的划分，该图被称为物流信息系统的功能模块结构图。图中每一个框为一个功能模块，注意此处的功能模块与软件意义的模块不完全相同。

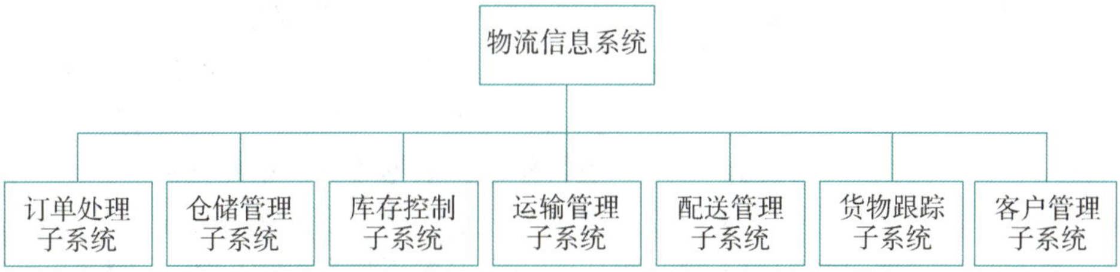

图6-1　物流信息系统的功能模块结构图

2）功能模块结构图的设计方法

绘制模块结构图的过程，实际上就是对系统功能模块进行分解设计的过程。结构化系统设计的思想是采用自顶向下、逐层分解的方法，把整个物流信息系统先作为一个整体，然后划分为若干子系统，子系统划分为若干功能模块，模块又划分为子模块。模块的划分，一是采用经验方法，二是结合数据流程图。

（1）模块划分的经验方法。可以先用经验方法进行划分，绘制物流信息系统的功能模块结构图，然后结合数据流程图进行细化。在较高的层次，经验方法比较有效，甚至不懂数据流程图的用户也可以绘出部分结构图。模块划分的经验方法主要是按功能划分子系统。该方法最自然，企业的业务处理人员容易理解，如按仓库职能部门的管理功能划分为仓储计划、入库、库存管理、出库、盘货、清算等子系统。

（2）数据流程图到模块结构图。系统的总体功能结构设计依据系统分析阶段的逻辑设计方案，依据数据流程图设计总体功能结构图。系统的总体功能结构分析有三种方法：事务分析方法、变换分析方法和复合分析方法。

①事务分析方法。事务分析方法就是对数据流程图的事务分析。数据处理中有各种各样的事务，事务就是作业或事件，能引起一组处理动作，针对不同的事务用不同的处理方法。在数据流程图上，不同的事务有不同的处理路径。为了把不同的事务设计为不同的模块，常用事务分析方法对高层数据流程图进行转换。

当事务型系统工作时，主模块将按事务的类型选择调用某一事务处理模块，事务处理模块又调用若干个操作模块，而每个操作模块又调用若干个其他的操作模块。

事务分析方法的步骤：

首先，分析DFD，确定它的事务中心。如果数据沿着输入通路到达一个处理T，这个处理根据输入数据的类型在若干动作序列中选出一个来执行，那么，处理T称为事务中心。事务中心功能包括：接收原始的事务记录；分析每一事务并确定它的类型；根据事务类型选择一条逻辑处理路径。

其次，设计高层模块。事务型DFD转换成的模块结构图，其高层的模块结构具有图6-2所示的基本形式。

最后，设计中、下层模块。自顶向下、逐层细化，对高层模块进行必要分解，形成完整的模块结构图。查询业务事务分析方法如图6-2所示。

②变换分析方法。变换分析方法常用来将低层数据流程图转换为结构图。低层数据流程图执行对数据的加工变换任务，低层数据流程图的数据处理功能是将输入、转换、输出三部分，转化为结构图的输入、转换、输出三个模块。具体步骤如下：

首先，找出变换中心、逻辑输入和逻辑输出。数据流程图中数据流的汇合点是系统的变换中心。其次，将整个数据流程图反映的系统用一个模块来表示，称为顶层主模块。将顶层主模块再划分为三个子模块：一个向主模块提供数据的输入模块、一个输出主模块数据的输出模块以及一个将逻辑输入变换成逻辑输出的主处理模块。顶层模块控制和协调下层模块，起到选择菜单的作用。最后，设计下层模块，仍然按自顶向下逐步细化的原则设计每个模块的下属模块。

陆路运输系统数据流程——车辆需求自动计算如图6-3所示。

③复合分析方法。复合分析方法把事务分析方法和变换分析方法结合使用，进行系统的总体功能结构图设计。

在前面系统的总体功能结构图设计的基础上，还要从计算机化的特点入手增加一些相应模块，如系统的安全、维护及系统管理等模块。

模块结构图不仅明确了一个系统的层次分解关系，还明确了模块的调用关系及模块之间数据流与控制流信息的传递关系，解决了传统方法所不能解决的问题。结构图是结构化系统设计的一种重要图表工具。

3）软件模块划分的原则

按照业务功能划分，把整个物流信息系统划分为子系统，直到每一个模块是相对独立的、业务处理功能单一为止。从软件设计角度来说，最底层的业务功能模块还可以再细分，按软件功能划分下一层次，层层分解，直到每一个模块是相对独立的、软件处理功能单一为止。非最底层的业务功能模块也可以按软件技术设计的需要重新划分成软件模块，最后综合成整个物流信息系统的软件模块称为结构图。因此，模块是组成系统的基本单位，是可以再分解的单元，模块之间存在调用关系。在物流信息系统中，可以把一项业务处理功能和软件处理功能看作是一个模块。

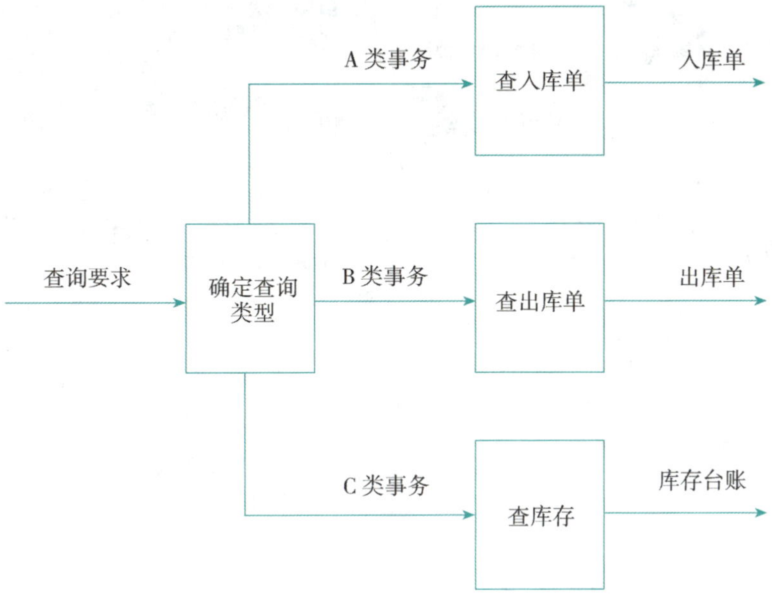

转换后的结构图

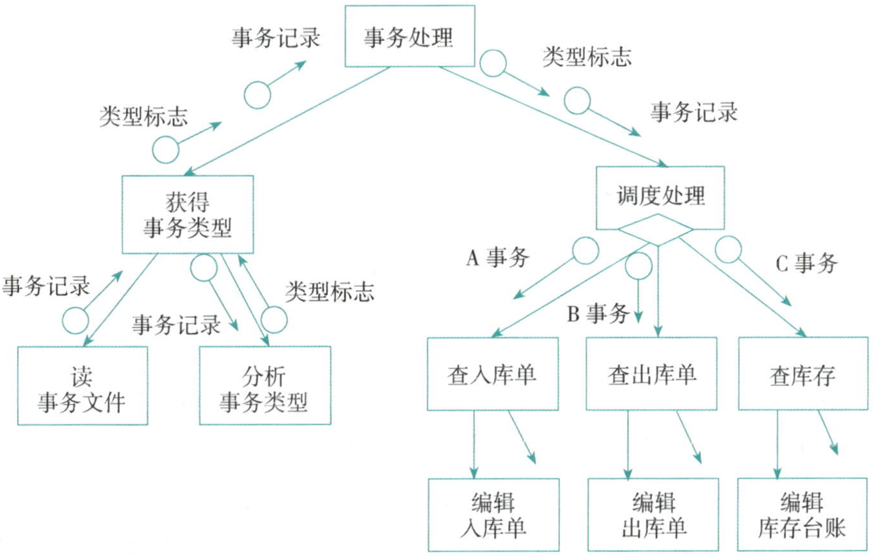

图6-2　事务分析方法

模块具有输入和输出、作用（功能）、内部数据、处理过程四个特性。输入和输出分别是模块需要输入和输出数据；作用（功能）是指模块所具有的性能。输入、输出和功能构成了外部特性。总体设计的任务就是决定系统中模块间的相互关系和各个模块的外部特性，即其输入、输出和功能。模块的功能由其内部的处理过程实现，内部数据是供该模块本身引用的数据。内部数据和处理过程是模块的内部特性。处理过程用程序代码设计，详细设计模块的内部特性，即其内部的算法过程与使用的数据。

模块划分的原则是要求划分出的模块具有相对独立性，模块之间的依赖性尽量小，便于分阶段完成。一个系统分解成模块的基本要求如下：

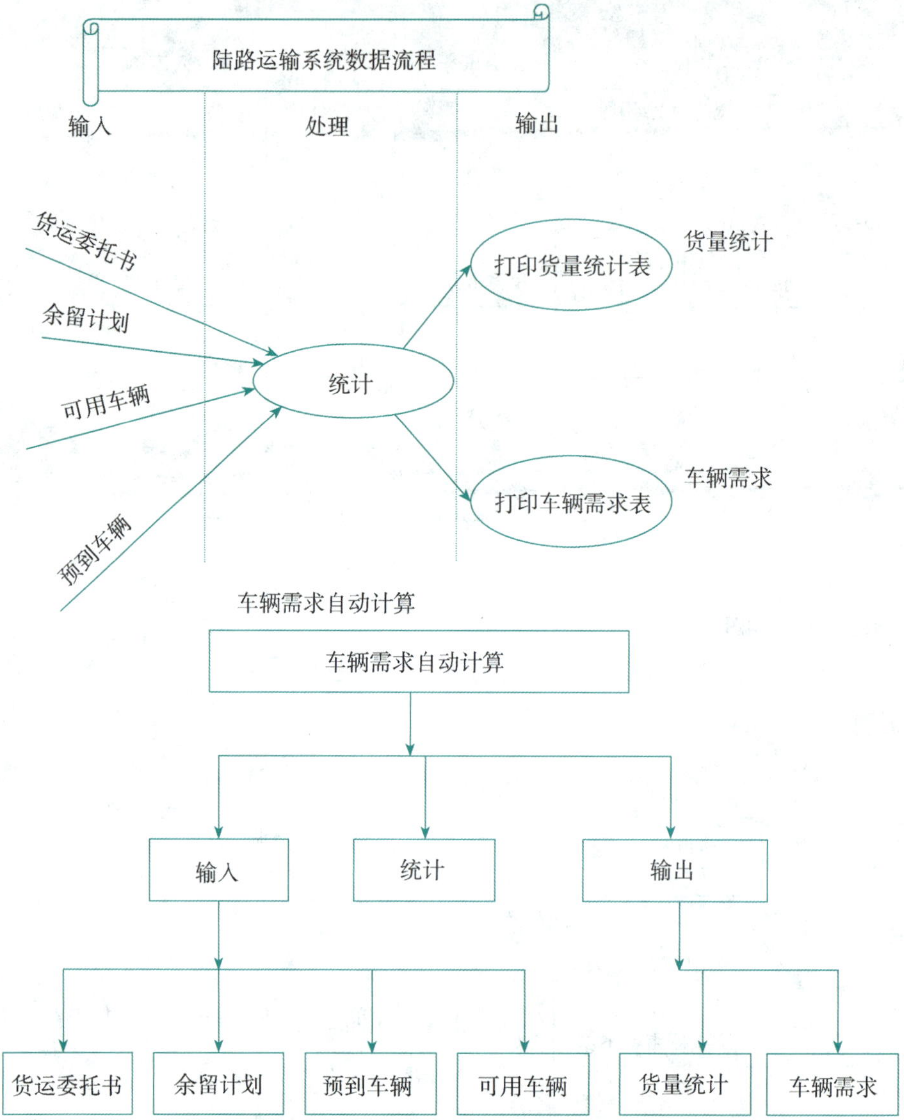

图6-3 陆路运输车流数据流程——车辆需求自动计算图

（1）模块内聚度高：模块的功能单一，每一个模块只完成一项简单的任务，内容简明易懂，具有较高的内聚度。

（2）逐层分解划分模块：先把系统看成一个总的模块，再把它按功能分解成若干个第一层模块；对每个第一层的模块，又可以进一步分解成更简单一些的第二层模块，依此类推。

（3）模块间低耦合度：模块之间的关系度尽可能低，模块之间的联系尽可能简单，使模块具有相对较强的独立性。

6.2.2 物流信息系统流程图设计

物流信息系统的功能结构图描述了系统的功能结构，系统分析阶段的业务流程图表示了原有业务的处理过程；对于新的系统，需要描述其给予新平台的业务流程，因此我们用信息系统流程图来描述其信息流程。

用信息系统流程图表达各功能之间的数据传送关系，物流信息系统中许多业务或功能都是通过数据存储实现的。例如，某一功能模块向某一数据存储中存入数据，而另一个功能模块则从该数据存储中取出数据，系统流程图可以反映各个处理功能与数据存储之间的关系。

绘制信息系统流程图时通常以新系统的数据流程图和功能模块结构图为基础，先对照数据流程图中的处理功能绘制数据关系图。数据关系图反映了数据之间的关系，即输入数据、中间数据和输出数据之间的关系，最后又得到输出信息。然后，把各个处理功能与数据关系结合起来，形成整个系统的信息系统流程图。

信息系统流程图表示的是计算机化的处理流程，不反映手工处理内容。绘制信息系统流程图应先确定系统的边界、人机接口和数据处理方式。

信息系统流程图表示计算机系统对数据处理的基本方式，一共有下列十三种基本方式：传递、核对、变换、分类（排序）、合并、存储、更新、检索、抽出、分配、生成、计算、表现。

6.3 物流信息系统的平台设计与处理流程设计

6.3.1 平台设计

平台设计也称为物理配置设计。物流信息系统的平台设计也是系统总体配置方案设计，包括计算机处理方式、软硬件选择、网络系统的设计、数据库管理系统的选择。物流信息系统的平台设计方案将会影响系统的整体功能和硬件的成本。

开发人员要根据用户的需要和信息技术的最新发展，遵循系统设计的原则，进行物流信息系统的平台设计，为整个系统的建设打下一个坚实的基础。物流信息系统平台设计的主要依据为：①用户对物流信息系统的性能要求；②可支配的开发资源；③其他的环境条件。

1）系统处理方式的平台设计

系统处理方式可以根据系统功能、业务处理的特点、性价比等因素，选择批处理、联机实时处理、联机成批处理、分布式处理、客户机/服务器等方式。客户机/服务器（client/server，C/S）系统模式为物流信息系统中系统结构的首选。客户机/服务器的体系结构在逻辑上将应用工作划分为两部分：前端客户机和后台服务器，两者之间相互通信。普通微机充当前端客户机，后台服务器采用专用的服务器。

这种由客户发出服务请求，服务器提供服务的方式称为客户机/服务器系统模式。客户机/服务器系统模式运行工作的过程是这样的：客户机执行预先设计安装好的应用程序，数据处理时向服务器发出数据服务请求，由服务器来完成对数据库的存储、查询和管理。服务器向客户端返回处理结果，客户端以美观的图形用户界面给出服务器处理的结果。值得注意的是，网络中传输的仅仅是客户机所需要的结果，而不像文件服务器方式，把整个文件或数据表返回给客户端。

客户机/服务器系统模式是两个逻辑实体（客户机和服务器）及其应用程序逻辑组件之间的协同。提出请求的逻辑组件称为客户机，而把对应答请求提供服务的逻辑组件称为服务器。这两类逻辑组件可以部署在不同的计算机系统中，也可部署在同一计算机系统中；两台建立关系联网的计算机也可以互为客户机与服务器。通常，客户机/服务器结构是一个分布式环境，两个逻辑实体分布于服务器和客户端。

从逻辑上看，计算机系统应用功能可分为三种类型：数据服务、信息表示和应用逻辑。数据服务采用数据库技术；信息表示是显示和简单处理数据的技术；应用逻辑指处理业务的规则。按照它们在客户机与服务器上的不同分配，计算机应用系统可以分为三类：单层结构、两层结构、三层结构。

客户机/服务器分为以下几类：

（1）浏览器/服务器模式。浏览器/服务器（browser/server，B/S）模式也称为瘦客户机，它是指客户机安装浏览器，只负责信息表达功能，应用逻辑与数据管理完全放在后端服务器完成。B/S模式可以是两层结构或三层结构，两层结构如图6-4所示。

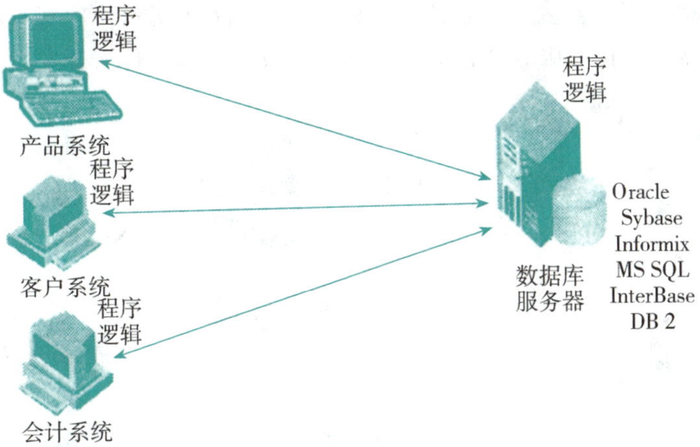

图6-4 两层客户机/服务器结构

B/S模式适合于简单数据处理和数据查询，是维护成本较低的模式。在物流信息系统设计时，简单数据处理和数据查询可以用B/S模式；但基于局域网的复杂数据的处理用B/S模式在安全性、速度、性能方面都不适合。

（2）早期客户机模式。客户机负责信息表达与应用逻辑，服务器只完成数据管理，这就是经典的早期客户机模式。这种模式是两层结构，平常意义所说的C/S模式一般指早期客户机处理逻辑。该模式速度快，开发工具简单，能处理复杂的应用逻辑。

（3）三层客户机模式。三层客户机模式是指数据服务、应用逻辑和信息表示分布于不同的计算机中，后端服务器有数据服务、应用逻辑服务器。对更复杂的应用，单独设计一层应用逻辑层。三层客户机模式适合大型系统的开发，技术复杂，开发工具要支持三层结构。

（4）混合模式。在实际开发物流信息系统时，多采用混合模式。简单数据处理和数据查询用B/S模式，设计维护简单，用户可以只用浏览器完成业务的处理和数据的查询，客户端不用安装软件；处理复杂的应用逻辑用C/S模式，发挥其速度快、功能复杂的优点，如图6-5所示。

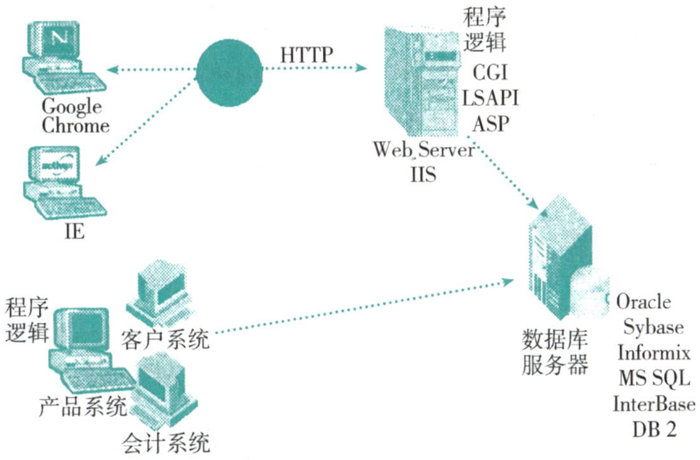

图6-5 混合模式

使用应用程序服务器多层混合式结构的系统如图6-6所示，后端有应用程序服务器、Web服务器、数据库服务器，前端用浏览器或客户端软件。开发大型系统经常运用该方式。

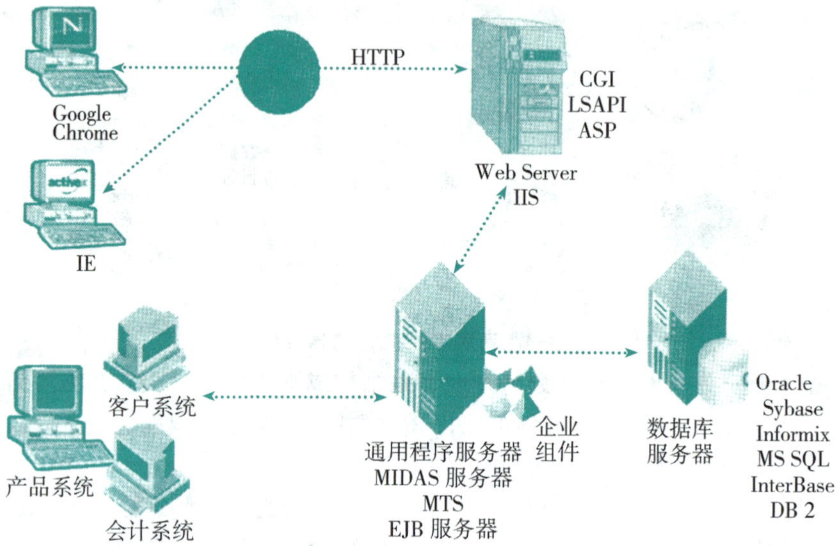

图6-6 使用应用程序服务器多层混合式结构的系统

开发人员根据系统的需要合理选择系统的处理方式平台，同时还要考虑相关软件开发的复杂性。处理方式平台越复杂，软件开发的复杂程度越高，开发时间也就越长。

2）系统的网络设计

常见的物流信息系统都是分布式的，选择系统的处理方式平台后，如何设计合适的计算机网络？在第2章，我们介绍了计算机网络，对网络的分类和技术有所了解。在本节，依据需要选择设计网络的重要参数。系统的网络设计是先根据具体环境选择网络拓扑结构；然后选择网卡和传输介质；再考虑是否还需选用其他相关联网设备，如集线器、中继器、接头等，然后制作连线，安装；最后装入网络操作系统软件、应用软件。具体过程如下：

（1）网络拓扑结构设计。在组网时，如何选择网络的拓扑结构很重要。网络的拓扑结构指的是网络上的通信线路以及各个计算机之间的相互连接的几何排列或物理布局的形式。一般来说，如果没有特别的说明，网络的拓扑结构指的是局域网的拓扑结构。

网络拓扑结构一般有总线式拓扑结构、星形拓扑结构、环形拓扑结构及混合型拓扑结构等。总线式拓扑结构是用一根电缆连接所有文件服务器和工作站，网络结构最简单，使用的电缆长度最短，但是出了问题较难检测。星形拓扑结构将所有计算机连接到一个中心点，此中心点可以是文件服务器，也可以是网络的集线器。大型的网络结构一般是混合型的。

如何确定合适的网络拓扑结构？简单地归纳起来就是：当计算机数量较多或

对可靠性要求高时，优先考虑采用星形或树形连接；当计算机数量较少、距离较远或对可靠性要求不高、共享任务不繁重时，才考虑用一根电缆进行总线式连接。

（2）网络硬件选择。选择了网络拓扑结构后，再选择网卡和传输介质，网络拓扑结构决定了网卡和传输介质类型的选择范围。最好优先考虑采用双绞线连接各种设备，因为其安装较为方便、价钱也便宜，长距离主干线路采用光纤。然后选用其他相关联网设备，如网络服务器、网络交换机、分系统交换机、子系统集线器、路由器和调制解调器等类型。

网络硬件的选择原则包括：技术上成熟先进；处理速度快；数据存储容量大；良好的兼容性与可扩充性、可维护性；操作方便；售后服务与技术服务好；性价比高。

（3）网络软件。网络软件关键的是网络操作系统，网络操作系统运行在网络服务器上，可以选择的网络操作系统有Unix、Windows Server、Linux等。Unix历史最久，是唯一能够适用于所有应用平台的网络操作系统，功能可靠、强大，但太复杂，配置困难，需要加强培训工作，价格也不菲，售后服务代价高。Linux同样复杂，配置困难，也要加强培训工作，但费用极低。Windows Server使用比较方便，一般用户上手快，参考资料也较为丰富。

其他网络软件包括Web服务器、E-mail服务器、FTP服务器、网络管理、流量计费、防火墙、防病毒等软件。

（4）广域网接入方式。企业局域网接入Internet的方式有宽带接入、光纤、ADSL、DDN、PSTN等，广域网接入方式的选择需考虑业务量多少、费率、速度、带宽等因素。

3）数据库系统选择

物流信息系统后端是以数据库系统为核心的，数据库管理系统对物流信息系统的应用具有关键影响。目前，选择数据库系统就是选择哪种品牌的数据库管理系统软件。市场上数据库管理系统较多，流行的桌面数据库产品有Access、Visual FoxPro、Paradox等，客户机/服务器数据库产品有Oracle Server、Sybase SQL Server、Informix-Online Dynamic Server、Microsoft SQL Server、InterBase、MySQL等。

大型物流信息系统选择客户机/服务器数据库方案时，大型数据库的价格是考虑的主要因素，因各种数据库的性能差别不是很大，但前提是设计的物流信息系统应跨平台，可以在多种数据库上运行。小型物流信息系统可采用桌面数据库产品，降低成本价格。大型数据库有多种版本，既有桌面版，也有服务器版。小型物流信息系统也可先采用大型数据库桌面版，以后升级到服务器版。

选择数据库管理系统方案要注意其与操作系统的兼容性，有的可以跨系统，有的只能在Windows系统下运行。选择数据库管理系统方案还要考虑是否需要联机事务处理（OLTP）以及数据仓库。

4）系统软件开发平台的选择

如果条件允许，应尽量购买商业软件，这些软件技术成熟、设计规范、管理思想先进，可以快速投入使用。直接应用这些商品化软件既可以节省投资，又能够规范管理过程，加快系统应用的进度。例如，物流信息系统一般包括财务子系统，财务子系统可以购买金蝶或用友财务软件。应用软件的选择主要考虑软件的功能和是否能提供长期、稳定的技术支持。

如果选择开发，也要购买一些半成品——中间件或组件，在应用系统中嵌入中间件，也可大大提高开发速度，尤其对关键技术，如对地图的处理，需要购买地图组件，如SuperMap Objects、ArcGIS Engine、MapX或MapObjects。

开发平台选择的首要原则是选择的开发工具应熟练掌握，开发时才顺利、效率高。选择新的开发工具代价较高，风险大，可能会延误进度，因此熟练掌握的开发工具为首选。

开发平台选择的第二个原则是开发工具应有大量的向导、生成器，便于快速开发原型，然后修改原型，加快系统的开发进度。

开发平台选择的第三个原则是应依据系统平台选择开发工具，如果开发三层系统，开发工具应具有开发应用程序服务器的功能。

系统开发需要许多工具，如静态网页开发工具、动态网页开发工具、前台后台应用程序开发工具、数据库工具、图形开发工具、语音应用工具等，每一类都有许多开发工具。

最后是跨平台的考虑，如果是在局域网内，开发工具一般是基于Windows平台；如果是网络应用，应选择跨平台的开发工具，如Java工具。

6.3.2 处理流程设计

在系统分析阶段对数据流程图的处理过程进行了描述，那是从用户的角度描述业务处理过程的。系统设计阶段完成了软件模块结构设计和数据库设计，在明确了软件模块功能设计和数据存储的基础上，应对软件模块内部的处理流程进行设计。

常用图表或格式化语言来进行过程的描述，对模块进行较详细的逻辑设计或算法设计。常用的工具很多，如控制流程图、N-S图、伪代码、问题分析图（problem analysis diagram，PAD）等，下面主要介绍其中两种。

1）控制流程图

控制流程图是最经典的流程设计表达工具之一，模块的功能分为输入、输出、处理逻辑等几个基本部分。流程图通常以框图形式来呈现。框图的优点是清晰易懂，便于初学者掌握；框图的主要缺点在于它并不能引导人员用结构化设计方法进行设计。其作图符号为：①方框表示处理；②菱形框表示判断；③箭头表示控制流。

流程图中只使用结构化程序允许的三种基本结构，即顺序结构、选择结构和循环结构。

下面给出了某模块处理逻辑的流程图（如图6-7所示），用控制流程图表示登录系统输入密码校验。

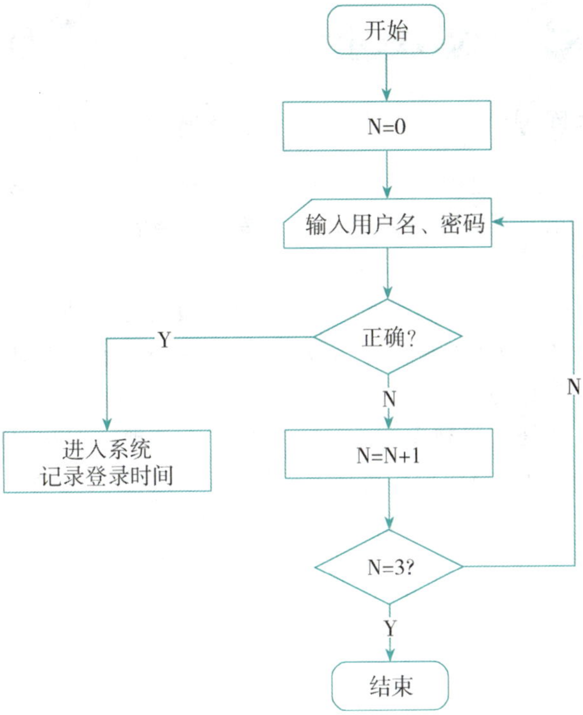

图6-7　登录系统输入密码校验

2）PAD

问题分析图也是一种支持结构化程序设计的图形工具，可以用来取代前面所述的控制流程图。它用横向二维的树形结构图来表示程序的控制流和数据的结构，将这种图翻译成程序代码比较容易。

问题分析图只具有顺序、选择和循环这三种基本成分，正好与结构化程序设计中的基本程序结构相对应。登录系统输入密码校验用PAD表示如图6-8、图6-9所示。

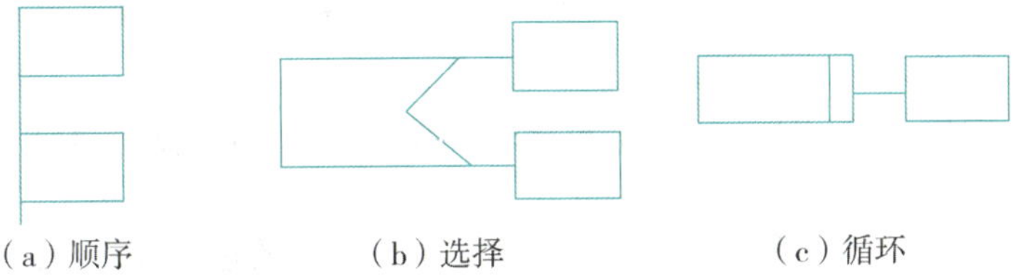

图6-8　PAD符号

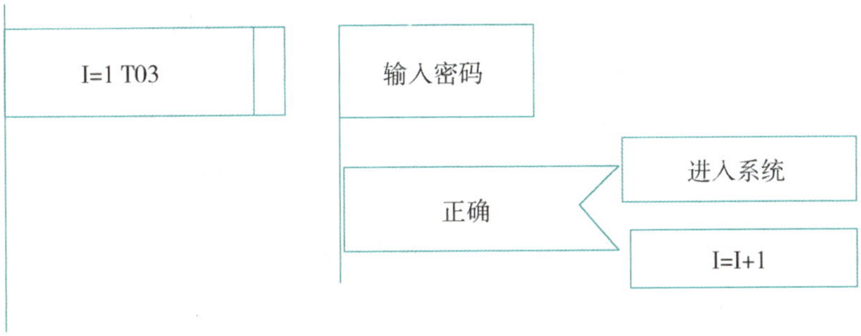

图6-9　PAD表示登录系统输入密码校验

6.4 数据库设计与代码设计

6.4.1 数据库设计

物流信息系统的特点是通过处理大量的数据来获得管理所需要的信息。数据库设计，就是根据物流信息系统中数据的用途、安全保密性等，来设计数据的结构、类别、载体、组织方式、保密等级等问题。

数据库设计是在选定的数据库管理系统的基础上建立数据库。目前广泛使用的是关系数据库系统，它是以关系模型作为数据模型的系统，设计要求相对简单。

1）LIS数据库设计的基本概念

数据库系统设计是一门独立的学科。数据库设计理论把数据库设计分为四个阶段，包括用户需求分析、概念结构设计、逻辑结构设计和物理结构设计。当把数据库设计理论应用到物流信息系统开发时，数据库设计阶段与物流信息系统开发阶段相对应的关系如图6-10所示。

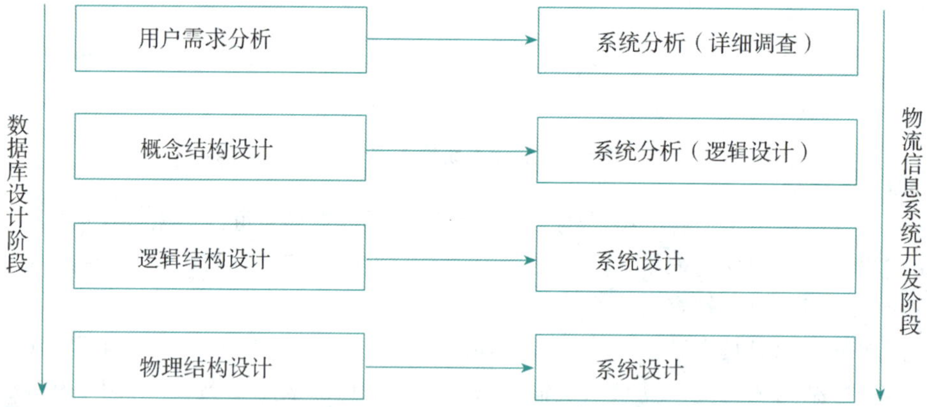

图6-10 物流信息系统开发与数据库设计的对照关系

（1）用户需求分析。数据库设计用户需求分析在物流信息系统的系统分析阶段进行，系统分析阶段的用户需求包含了对数据管理的需求。数据库设计用户需求分析的结果用数据流程图和数据字典等工具表达。

（2）概念结构设计。概念结构设计对应在系统分析的逻辑设计阶段，概念结构设计是根据用户需求设计数据库的概念数据模型。概念模型是从每类用户业务角度看到的数据库，概念模型用E-R模型表示，根据数据流程图和数据字典设计概念模型。

（3）逻辑结构设计。逻辑结构设计是将概念模型转换为数据模型，该数据模型在被选定的数据库管理系统上运行。目前这类数据库管理系统都采用关系模型，因此，逻辑结构设计是将概念模型转换为关系模型。数据库的逻辑结构设计把E-R模型转化为关系模型。

（4）物理结构设计。物理结构设计是为关系模型在具体的关系数据库管理系统（如Access、SQL Server）和设备上实现，选定合适的存储结构和存取方法，以获得数据库的最佳存取效率。物理结构设计的内容还包括应用系统的数据库文件在网络系统的存取路径等。

2）数据建模

数据流程图描述了业务处理的过程，该模型也称为过程模型，建立数据流程图也称为过程建模。设计物流信息系统，还必须建立描述其数据结构的模型，这个模型称为数据模型，建立数据模型的过程也称为数据建模，这个数据模型是概念模型。

（1）建模方法。建立数据模型有两种方法，即面向过程数据建模和面向企业数据建模。面向过程数据建立的模型，其来源是用户的各项业务的数据分析，是为了服务于其业务的处理流程；建立的模型是站在局部的观点，而不是面向整个企业。这样的模型当物流信息系统的功能越来越多时，需要不断修改数据库结构，而数据库设计应保证数据库结构的稳定性。

企业的业务流程是经常改变的，如果数据库是面向业务流程的，只要一小部分的业务流程发生改变，就要修改数据库的结构，也要修改其他的业务处理程序。一般来说，企业的业务流程是经常改变的，业务的处理方法经常变动，而数据结构较少变动。因此，在规划设计数据库系统时，应从整体和长远的角度出发，不去考虑业务处理的流程，而单纯地从数据管理的角度去分析设计数据库。这样设计的数据库系统才是稳定的结构，当业务流程变化时，只需要修改业务处理的程序，而不用修改或极少修改数据结构。

面向过程数据建模和面向企业数据建模的区别是分析的数据不同，前者是基于具体的业务处理进行的数据分析；后者是基于整个企业的数据需求，与具体的业务没有关系，数据的整体性能优于前者。

（2）建立概念模型。概念结构设计的结果为概念模型，一般用实体-关系分析法建立概念模型，以该法建立的模型为实体联系模型，简称为E-R模型。建立概念模型的关键是如何表达用户所看到的数据，E-R模型是其中的一种表示方法，用E-R图来描述某一组织的信息模型。

实体联系模型描述的是用户处理的业务数据对象及对象间的联系。实体联系模型用规范的方式来描述这些对象和关系。相关的概念有：

①实体（entity）。“实体”是用户处理的业务数据的对象。有数据含义的对象在数据模型中都称为实体，如在仓储管理系统中的客户、入库单都是实体。实体可以是人，也可以是物或抽象的概念；实体可以指事物本身，也可以指事物之间的联系，如一件物品、一个部门等。建立E-R模型要先识别对象，而且要在具体的业务环境中确认实体。

②联系（relationship）。业务环境中有许多实体，在业务和业务的处理中，业务的联系表现为实体间的关系，如客户和入库单有联系。实体间的联系也可以看成实体。

③属性（attribute）。实体作为一个整体有许多数据项。描述实体的数据称为实体的属性，属性指实体具有的某种特性。实体在绝对意义上有许多属性，要在具体的业务环境中确认实体的有用属性，如入库单有入库日期、客户名称等属性。

④联系的类型。实体有个体和总体之分。实体作为一个集合是一个总体，客户集

合包含许多元素，每个元素为个体，如客户实体有“张三贸易公司”“李四百货公司”等个体。一般说的实体指的是实体集合。

实体的个体唯一识别属性是实体集合的关键字，如“入库单号”是实体“入库单”的关键字。

设X、Y为两个包含若干个体的总体，其间建立了某种联系，从两个实体包含的个体间的对应数量关系，联系方式可分为三类：

a.一对一联系

如果对于X中的一个实体，Y中至多有一个实体与其发生联系，反之，Y中的每一实体至多对应X中一个实体，则称X与Y是一对一联系，用1∶1表示。

b.一对多联系

如果对于X中的每一实体，Y中有一个以上实体与之发生联系，反之，Y中的每一实体至多只能对应于X中的一个实体，则称X与Y是一对多联系，用1∶n表示。

c.多对多联系

如果X中至少有一实体对应于Y中一个以上实体，反之，Y中也至少有一个实体对应于X中一个以上实体，则称X与Y为多对多联系，用m∶n表示。

实体间联系类型的概念在将E-R模型转换为数据模型时使用。

⑤E-R模型。在系统分析阶段，已对系统进行了详尽的调查分析，用数据流程图和数据字典描述了整个系统的数据流程和数据。设计E-R图的目的就是把数据从数据字典中抽取出来，参照数据流程图，识别实体，确定实体的属性、实体之间的联系及其联系类型。用VISIO表示订单处理的实体联系，图6-11说明了实体、实体属性、实体联系，联系的类型都是一对多联系。

3）模型转换与优化

（1）E-R模型转换为关系模型。逻辑结构设计是将E-R模型转换为关系数据库系统中的关系模型。关系数据库系统中的关系模型是用平坦的二维表格作为存储数据的基本单位，一个二维表是一个关系模型的关系模式。E-R模型转换为关系模型的方法是把实体及实体的联系转化为表，具体的做法如下：

① 将一个实体转换为一个关系模式。实体的属性作为关系的属性，实体的关键字作为关系的关键字。

② 一个1∶1联系可以转换为一个关系模式，也可以把1∶1联系两边的实体合并为一个实体，再将实体转换为关系模式。如果转换为一个关系模式，则与该联系相连的各实体的关键字以及联系本身的属性都转换为联系的属性。

③1∶n实体间的联系转换为一个关系模式，也可以与n端的实体合并。联系的属性作为关系的属性。

④ m∶n联系转换为一个关系模式，与该联系相连的两个实体的关键字及联系本身的属性转化为关系的属性，该关系的关键字是两个实体的关键字的组合。或者，把一个m∶n联系转化为两个1∶n的联系。

E-R模型转换为关系模型看似复杂，实际上非常简单，因为E-R模型中的联系一般也是一个实体。

(2) 关系模型的优化。直接转换过来的关系模型还不是最优的，关系数据模型的优化以关系数据库的规范化理论为指导。规范化理论涉及的具体概念有以下几个：

①关键字：有的关系可以有多个关键字，选择其中一个作为主关键字，其他为候选关键字，如果属性不是本关系的关键字，但它是另一个关系模式的关键字，则称它为一个外部关键字。

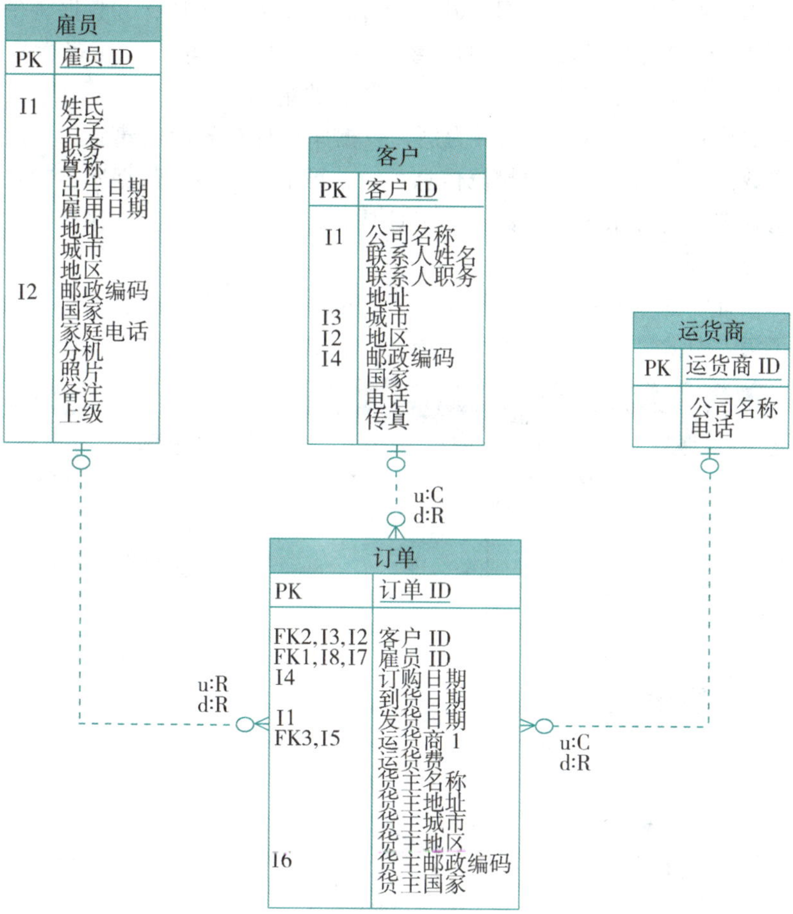

图6-11　实体联系

②第一范式（1NF）：关系模式的所有属性都是不可分的基本数据项，没有复合数据项。

③第二范式（2NF）：关系模式属于1NF，且所有的非关键字属性完全函数依赖于其关键字。

④第三范式（3NF）：关系模式属于2NF，且所有的非关键字属性传递函数都不依赖于其关键字。第三范式所有的属性都互相独立。

关系数据模型的优化不一定从非规范逐步设计到1NF、2NF、3NF。对关系要会分析，判断其是否为3NF，要把不是3NF的修改成3NF。

4）数据库详细设计

（1）详细设计内容。物流信息系统的数据库详细设计主要是采用现有的商品化的关系数据库管理系统，设计出物流信息系统的数据结构。数据库设计时需要分析各项数据之间的关系，按照DBMS提供的功能和描述工具，设计出正确反映数据关系、数据冗余少、存取效率高、能满足多种查询要求的数据模型。

数据库详细设计的工作内容包括：①选择DBMS；②数据库结构定义；③数据表定义；④数据参照完整性；⑤视图；⑥存储过程；⑦安全设计；⑧数据备份。

用户需求分析在物流信息系统的系统分析中就进行完毕，产生了数据字典。在此，主要进行数据的详细分析，便于建立表和表的结构。

（2）数据库设计。以SQL Server为例，数据库设计首先确定建立几个数据库，一般建立一个数据库；对于复杂的物流信息系统，可能建立多个数据库。对每一个数据库，关系型数据库管理系统储存数据的工具是表，只有表才能实际保存数据。数据库设计先解决建立哪些表的问题。

数据库设计需建立哪些表？根据实体关系模型来确定建立的表，简单结构实体的属性满足了第三范式，是一个简单的二维表。雇员：表——简单实体如图6-12所示。

雇员：表

		雇员 ID	名字	职务	电子邮件账号名	分机	工作电话
▶	+	1	沈	经理		3020	5976363
	+	2	尹	业务经理		3020	5976363
	+	3	宋	业务经理		3020	5976363
	+	4	李	业务经理		3020	5976363
	+	8	赵				
	+	9	党				
	+	10	周				
*		自动编号					

图6-12 雇员：表——简单实体

用户见到的数据是按业务处理的具体形式显示的，比如入库单是用户处理的数据对象，一笔业务对应一张入库单，入库单的格式如图6-13所示。

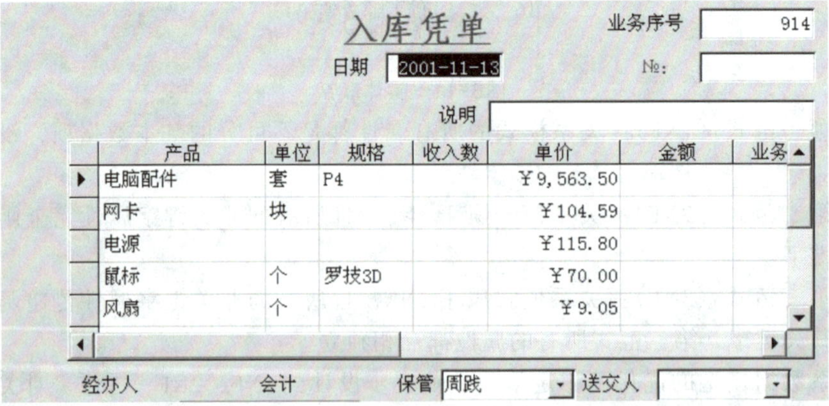

入库凭单　　业务序号 914

日期 2001-11-13　　№:

说明

产品	单位	规格	收入数	单价	金额	业务
电脑配件	套	P4		￥9,563.50		
网卡	块			￥104.59		
电源				￥115.80		
鼠标	个	罗技3D		￥70.00		
风扇	个			￥9.05		

经办人　会计　保管 周践　送交人

图6-13 入库单格式

在数据库中，入库单就是一个实体。要存储该入库单，起码要分解成两个表分别存放数据，两个表才能表达用户的数据。在计算机中的数据和用户看到的数据格式是完全不同的。入库单数据如图6-14所示。在图6-14中，入库单1表存放一张入库单只出现一次的数据，如单号、日期；入库单2表存放一张入库单出现不定次数的数据，两个表用入库单号连接。

关系型数据库要尽量按关系规范化的要求进行数据库设计，为提高效率，规范化程度应根据应用环境和条件来决定。

数据表设计不仅要满足数据存储的要求，还要增加一些如反映有关信息、操作责任、中间数据的字段或临时数据表。

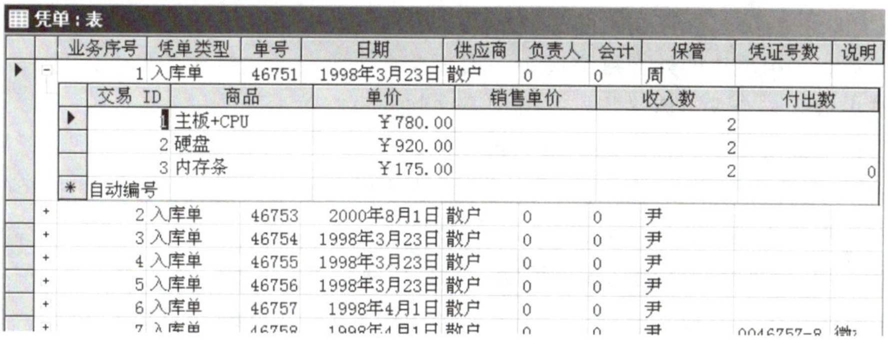
凭单：表

业务序号	凭单类型	单号	日期	供应商	负责人	会计	保管	凭证号数	说明
1	入库单	46751	1998年3月23日	散户	0	0	周		
2	入库单	46753	2000年8月1日	散户	0	0	尹		
3	入库单	46754	1998年3月23日	散户	0	0	尹		
4	入库单	46755	1998年3月23日	散户	0	0	尹		
5	入库单	46756	1998年3月23日	散户	0	0	尹		
6	入库单	46757	1998年4月1日	散户	0	0	尹		

交易 ID	商品	单价	销售单价	收入数	付出数
1	主板+CPU	¥780.00		2	
2	硬盘	¥920.00		2	
3	内存条	¥175.00		2	0
自动编号					

图6-14 入库单数据

（3）数据表结构定义。表是在数据库系统中实际保存数据的唯一对象，定义数据表结构是建立数据库的基础。数据表的逻辑结构包括：表的名称、字段名称、数据类型、数据长度、小数位数、缺省值、有效性规则、有效性文本、关键字、索引等。数据表结构定义如图6-15所示。

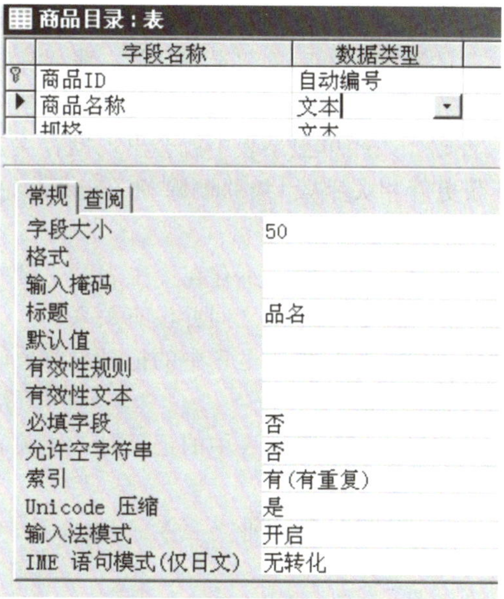
商品目录：表

字段名称	数据类型
商品ID	自动编号
商品名称	文本

常规 查阅

字段大小	50
格式	
输入掩码	
标题	品名
默认值	
有效性规则	
有效性文本	
必填字段	否
允许空字符串	否
索引	有(有重复)
Unicode 压缩	是
输入法模式	开启
IME 语句模式(仅日文)	无转化

图6-15 数据表结构定义

（4）数据参照完整性。数据完整性的重点在于数据参照完整性，从实体之间的关系来分析数据的完整性，实体之间的关系用表间关系来实现；复杂的实体用多个表来表示，表与表之间的关系应保证实体的完整性。表与表之间有以下几种关系：

①参照完整性。参照完整性就是指两个表之间有以下约束关系：

a.如果在相关表中存在匹配的记录，不能从主表中删除这个记录。

b.不能在相关表的外部键字段中输入不存在于主表的主键中的值。但是，可以在外部键中输入一个 Null 值来指定这些记录之间并没有关系。

c.如果相关表中有相关的记录，则不能在主表中更改主键值。

②参照完整性+级联更新相关字段。它是指两个表之间有以下约束关系：

a.如果在相关表中存在匹配的记录，不能从主表中删除这个记录。

b.不能在相关表的外部键字段中输入不存在于主表的主键中的值。但是，可以在外部键中输入一个Null值来指定这些记录之间并没有关系。

这两点同参照完整性中的约束关系一样。

c.允许更新主表中的主键值，当更改主表中的记录主键值时，相关表中所有相关记录的外部键字段值必须同时更新。

③参照完整性+级联删除相关记录。它是指两个表之间有以下约束关系：

a.不能在相关表的外部键字段中输入不存在于主表的主键中的值。但是，可以在外部键中输入一个 Null 值来指定这些记录之间并没有关系。

b.如果相关表中有相关的记录，则不能在主表中更改主键值。

这两点同参照完整性中的约束关系一样。

c.允许删除主表中的记录，当删除主表中的记录时，相关表中所有相关的记录必须同时删除。

例如，在库存管理系统中，对每一张入库单，用两个表存放其数据，入库单表存放一张入库单只出现一次的数据，入库单记录表存放一张入库单可出现不定次数的数据。有时，做错了一张入库单，当删除主表入库单的一条记录时，必须同时删除入库单记录表的相关记录；否则，入库单记录表中就会出现没有主表数据的记录。

④参照完整性+级联更新相关字段+级联删除相关记录。它指的是两个表之间有以下约束关系：

a.不能在相关表的外部键字段中输入不存在于主表的主键中的值。但是，可以在外部键中输入一个Null值来指定这些记录之间并没有关系。

b.允许更新主表中的主键值，当更改主表中的记录主键值时，相关表中所有相关记录的外部键字段值必须同时更新。

c.允许删除主表中的记录，当删除主表中的记录时，相关表中所有相关的记录必须同时删除。

⑤没有参照完整性。它是指从用户业务的完整性来看，表与表之间没有任何关系。

数据库管理系统提供了满足以上各种业务约束关系的完整功能。关键是用户首先从业务角度设计各种表及定义表间应该建立何种关系，然后利用数据库管理系统提供的工具建立表间的关系。

（5）视图。视图就是用户从不同的角度查看表中记录，是数据的逻辑结构，表是数据的物理结构。视图本身不像表一样，它没有保存数据，数据只保留在表中。视图在运行时从一个或多个表中取出数据，运算产生结果，这个结果暂时保存在内存中。

前端对后端数据的操作，大部分是针对视图设计的程序，不直接操作表，增强了数据库的安全性。

（6）事务、触发器、存储过程。大型数据库支持事务处理。事务处理针对多表操作而言，比如有两张表——客户存款表和商家存款表，顾客买了一批货，应当从客户存款表增加一条出款记录，商家存款表增加一条相等金额的存款记录。当客户存款表增加一条出款记录成功后，由于多用户系统中的其他应用也可能访问修改客户存款记录、商家记录，或计算机系统或其他的原因如计算机死机，这样客户存款被划走了，而商家存款没有增加，数据的完整性受到破坏。为了防止出现该类问题，可以使用事务处理方式。

一个事务中包括多步操作，这些操作作为一个整体，要么全部完成，要么一个不执行。如果执行了部分操作，产生中断，则事务处理进行回滚，把完成的操作全部取消。事务回滚保证了多表操作的数据的完整性。

触发器是大型数据库支持的功能，当对表或视图进行增加、修改、删除记录时，数据库管理系统自动执行相应的触发程序，触发程序默认是空白的，由开发人员进行设计。使用触发器目的之一是保证数据的完整性，也用于完成其他的自动操作。

存储过程也是在大型数据库服务器端执行的程序。客户机/服务器结构的物流信息系统的开发程序设计一般有两种：客户端和服务器端。数据库服务器采用SQL语言，经过了编译，速度快。数据的操作尽量安排在服务器端，虽然在客户端可以发送SQL到数据库服务器，但执行前要先编译，速度慢。在服务器端执行的程序放在存储过程中。

5）数据文件组织技术

数据的文件组织技术在特定的领域中发挥着重要的作用。手持终端得到了广泛应用，手持终端由于内存小、功率小、功能简单，采用大型的数据库技术显然不合适，采用精练的文件组织技术来管理数据是合适的方法。

例如，仓储管理的脱机数据采集终端，在仓库验货、定期巡检时先把采集的数据临时存放在本机的数据文件中，然后与数据库服务器联机，把数据加载到服务器中。

6.4.2　代码设计

代码是用来表征客观存在的实体或属性的能被计算机识别和处理的符号。它可以是字符、数字或它们的组合。

1）代码的作用

开发物流信息系统之所以要进行代码设计，是为了信息的标准化，方便计算机对数据进行处理。如姓名，因为存在同名同姓的现象，在一个班级，有两个张三，计算机就不知如何识别张三。因此，对学生的姓名进行编码，编码的结果成为学号。

代码设计的任务就是对编码对象设计出一套供物流信息系统开发和运行所需的代码系统。代码的作用主要有两个：①识别，用来标识客观实体或属性，是识别对象的唯一标识。②分类，即按照一定规则对编码对象进行分类。分类是编码问题的关键。准确的分类是我们的工作标准化、系列化、合理化的基础和保证。一个良好的分类方法要保证科学管理的需要。

2）代码设计的原则

代码设计是物流信息系统的基础性工作，遵循下面的原则，便于我们设计出完美的代码体系。

（1）代码的标准化。代码的标准化指的是代码设计要尽量采用国际、国家或行业的编码标准。这些标准对编码对象和属性的定义、编码方法、编码规则、编码的显示、编码的打印、编码结果、编码校验规则、编码的使用等都有严格的规定。如果有国际标准，出口的商品应采用国际标准；若有国内标准，应采用国内标准；没有国际标准和国内标准，采用行业流行标准。

例如，商品编码有商品条码，国际上商品条码有许多种类。为保证条码质量，我国颁布实施了一系列国家标准，包括《商品条码 储运包装商品编码与条码表示》(GB/T 16830—2008)、《商品条码 条码符号印制质量的检验》(GB/T 18348—2008)、《商品条码 128条码》(GB/T 15425—2014)、《商品条码 应用标识符》(GB/T 16986—2018)、《商品条码 参与方位置编码与条码表示》(GB/T 16828—2021）等。

（2）代码的唯一性。代码的唯一性是指一个编码只能代表一个编码对象，一个编码对象也只能有一个编码。

（3）代码的可扩充性。代码的可扩充性指的是，考虑物流信息系统应用的发展，代码体系要留出足够的编码位置。当增加新的编码对象实体时，可以直接利用原代码加以扩充，而不需要变动代码系统。这就需要计算代码体系的容量。

（4）代码的稳定性。代码的稳定性指编码体系稳定、编码对象和编码的对应关系稳定，一经使用，不要改变。代码应能适应环境的变化，要具有不能改变的持久性；避免修改代码。编码时，在代码使用寿命内，不应当考虑可变动因素。

（5）代码的易于记忆性。有的代码计算机可以自动输入和输出，使用在机器的场合，设计时只需考虑机器的特性；有部分代码要人工处理识别和输入，代码设计应便于记忆、便于编码，看到代码应便于联想到原意。国内习惯采用汉字拼音首字母缩写，也是便于记忆。编码具有逻辑性、直观性；用户熟悉，就便于识别和记忆。

3）代码设计的方法

（1）代码采用的符号。理论上，编码可以采用任何字符。使用代码的目的之一就是便于把数据输入到计算机中，直接使用键盘的符号是合适的方法。

键盘的符号包括英文字符（Aa ~ Zz)、数字（0 ~ 9)、特殊符号（如-/\=.,），建议只采用数字和英文字符；使用英文字母时，应定义大小写；有时为了便于阅读代码，采用了特殊符号作为分隔符；建议不要用汉字作为编码符号。

（2）代码编码方法。

①顺序码。顺序码用连续数字代表编码的对象，如1代表“张三”，2代表“李

四”，3代表“王五”。顺序码的优点是简单短小，易理解、掌握、管理；其缺点是增加新对象时只能在最后追加，删除则造成空码，不能在中间加入代码。其适用于代码对象数量少、稳定的体系结构。

②分组码。分组码是复杂对象的编码。分组码把数据项分成几个组，每组表示一个含义或主题。分组码的优点是便于表示复杂的对象，代码中包含更多的信息。要注意的是不要在代码中包含过多的信息。

例如，EAN/UCC-13商品编码，EAN条码是国际物品编码协会（GSI）制定的一种商品用条码，通用于全世界。EAN条码符号有标准版（EAN-13）和缩短版（EAN-8）两种，我国的通用商品条码与其等效。我们日常购买的商品包装上所印的条码一般就是EAN条码。

EAN条码由前缀码、厂商识别代码、商品项目代码和校验码组成。示例如下：$X_{13}X_{12}X_{11}X_{10}X_9X_8X_7X_6X_5X_4X_3X_2X_1$，其中$X_{13}X_{12}X_{11}$是前缀码，是国际EAN组织标识各会员组织的代码，我国为690~699；$X_{10}X_9X_8X_7$是厂商识别代码，是EAN会员组织在EAN前缀码的基础上分配给厂商的代码；$X_6X_5X_4X_3X_2$是商品项目代码，由厂商自行编码；X_1是校验码，为了校验前面12位的正确性。如听装健力宝饮料的条码为6901010101098，其中690代表中国物品编码中心，6901010代表广东健力宝公司，10109是广东健力宝公司分配给听装饮料的商品项目代码。这样的编码方式就保证了无论在何时何地，6901010101098都唯一对应该种商品。

③助记码。助记码用文字、数字或文字数字结合起来的方式描述编码对象，其特点是可通过联想帮助记忆。助记码一般用于汉字输入时加快速度。

缩写码英文中文都常用，英文缩写码用英文的首字母，中文缩写码用汉语拼音的首字母。在商品型号的编码中，经常用该缩写码。

例如，BJ213代表北京吉普213型汽车。GM表示美国通用汽车公司。

（3）代码校验。为了保证关键代码输入和传输的准确性、减少错误，可用代码设置检验位的方法。校验位的值通过事先规定的数学方法计算出来。当代码输入后，计算机会以同样的数学方法按输入的代码计算出校验值，并将它与输入的校验值进行比较，以证实是否有误。在生成代码和输入代码时都要计算检验位。

4）代码管理与维护

代码是信息系统非常重要的基础，需要对代码进行管理与维护。代码体系建立后，不可以让任何人随意修改；否则系统运行会出现混乱，导致整个物流信息系统运行失败。代码体系、代码对象的修改要经过管理部门的评估和批准，修改前应先评价修改代码对整个物流信息系统的影响。

代码管理维护的原则为：服从全局，对代码的修改不影响原代码体系的使用，从而避免对程序和数据文件的修改。

为了对代码进行管理与维护，企业要在制定物流信息系统运行管理条例时，制定代码管理的规章制度。代码维护应设专人负责，未经授权不能进行修改；对代码的修改应做日志记录，以便分析。

6.5 输入设计、输出设计、人机对话设计与系统设计报告

6.5.1 输入设计

对用户来说，最关键、最费时的是输入信息的操作。输入设计的关键是保证输入数据的正确性。输入设计工作主要包括确定输入的信息内容、确定输入方式、进行输入格式的设计以及输入校验等。

数据输入是物流信息系统工作的起点，输入正确数据是物流信息系统输出正确信息的首要前提。对于设计人员来说，关心的是输入信息内容的完整性。输入信息内容的完整性指描述一笔业务的数据应全面，不要有遗漏和错误。

输入信息内容的数据量的大小影响到输入的方式和格式设计，应当尽可能按用户原有的布局格式输入数据，如输入入库单，屏幕上应显示实际业务中入库单的样式。

1）输入格式的设计

输入格式要尽量与原始单据格式类似，屏幕界面要友好。输入数据的整体布局简单的有纵栏式和表格式，如图6-16所示；复杂的输入格式有复合式，它是纵栏式和表格式的综合。

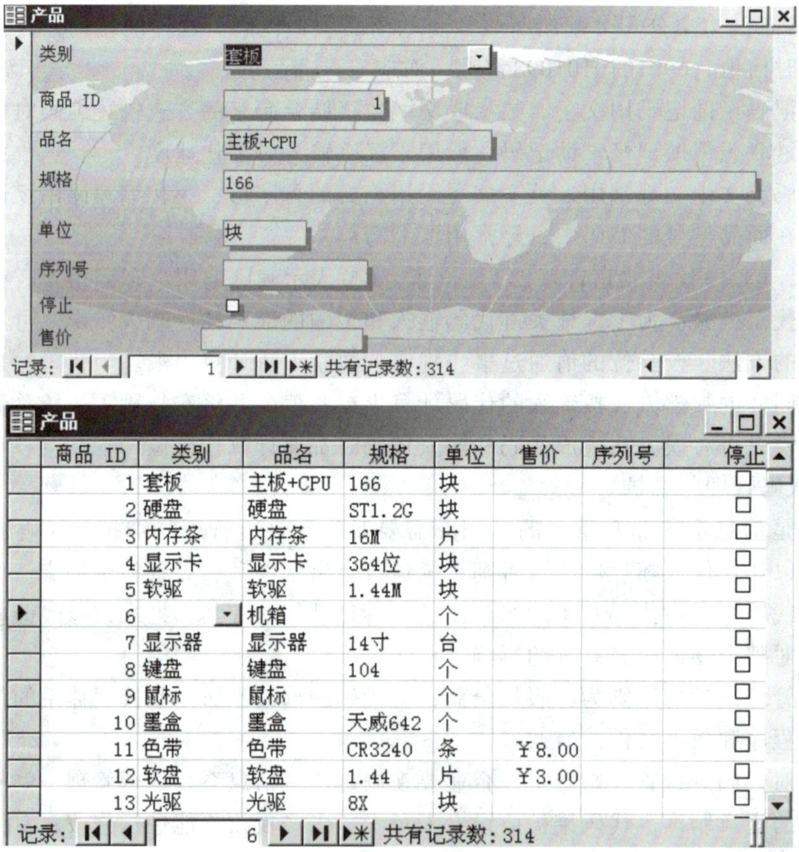

商品 ID	类别	品名	规格	单位	售价	序列号	停止
1	套板	主板+CPU	166	块			□
2	硬盘	硬盘	ST1.2G	块			□
3	内存条	内存条	16M	片			□
4	显示卡	显示卡	364位	块			□
5	软驱	软驱	1.44M	块			□
6		机箱		个			□
7	显示器	显示器	14寸	台			□
8	键盘	键盘	104	个			□
9	鼠标	鼠标		个			□
10	墨盒	墨盒	天威642	个			□
11	色带	色带	CR3240	条	￥8.00		□
12	软盘	软盘	1.44	片	￥3.00		□
13	光驱	光驱	8X	块			□

图6-16　输入格式

纵栏式一次只输入一条记录，一条记录对应一笔业务，界面与用户的手写界面类似；表格式是浏览式输入，在一个页面上输入多条记录，用于快速输入。设计的输入窗体在纵栏式和表格式之间可以切换，用户可以选择，用于不同的场合。

单项数据输入格式有直接录入式、选择式。直接录入方式是直接输入数据项的每一位，如输入姓名、出生日期、金额。选择式输入是从有限的数据项中选择一个或多个。在窗体设计中，直接录入方式采用文本框；选择式输入方式采用组合框、列表框、单选按钮、复选框等。

2）输入方式

从实时性来说，数据输入方式有联机输入和脱机输入。联机输入方式是在产生数据的同时将其输入到计算机系统中。脱机输入是产生数据后，先收集起来不进入物流信息系统，然后再导入到计算机中。选择数据的输入方式要根据数据发生地点、发生时间、处理的紧急程度等要求确定。

适合联网的业务，其数据的输入采用联机输入方式，便于及时发现、处理错误。大部分的物流信息系统采用联机输入方式。联机输入方式要求建立网络系统，对硬件的要求较高，成本较高。

若数据产生地点远离计算机，产生时间是随机的，又不要求立即处理，可采用脱机输入。如仓库管理系统，出入库的入库单、出库单采用联机输入方式；清库点货时采用脱机输入方式，用手持终端采集数据后，集中导入到仓库管理系统。

3）输入方式

输入方式主要指选择输入设备，在前面章节中我们介绍了计算机的外部设备，包括输入设备。输入设备的功能是将数据信息以计算机可以接受的形式输入计算机。计算机的输入设备类型很多，主要有键盘、鼠标，物流信息系统常用的条码阅读器；其他输入设备还有语音输入设备、扫描仪、光电识别设备、手写输入设备、自动接收设备、触摸屏、IC卡读卡机等。不同的业务有各自专用的输入设备，只有在数据的输入环节采用自动输入设备，物流信息系统才能算是高效的信息系统。

4）输入数据校验

对输入的数据要进行检验以保证其正确性。输入的数据检验主要检测由于数据的原始抄写错误、丢失或重复而引起的数据本身的错误或输入时的输入错误等。

对输入数据的检验尽量接近原始数据产生点，使错误能及时得到改正。检验的方法有重复录入校验、打印校验、范围校验、平衡校验、逻辑校验等。

（1）重复录入校验。重复录入校验对同一数据输入两次，最好是不同的两个人输入数据。两次在同一个地方发生错误的概率很低，如一名文字输入人员的错误率是万分之二，两名输入人员在同一个地方发生错误的概率是一亿分之一，小概率事件不可能实现，因此重复录入校验能检测出大部分错误。

显而易见，重复录入校验方法的成本很高，对于特别重要的数据才采用该方法，如银行的数据、财务数据、电子图书、电子期刊等。

开发人员在设计重复录入校验程序时，通常包含两类：一类是实时校验；一类是事后批量校验。

（2）打印校验。打印校验指输入数据后，打印出数据，然后与原始凭证或输入记录单进行比较找出错误。打印校验在实际工作中经常使用，该方法对输入程序设计没有特别的要求，为便于校验，应尽量设计便于操作的打印程序（如采用深浅交错的颜色，便于数据校验）。

打印校验是事后校验，在数据输入后进行校验，靠人工方式进行。

（3）范围校验。如果事先可以知道数据的范围，则可采用范围校验方法。范围校验检查某项输入数值的大小是否在预先指定的范围内，超出该范围，马上提出警告或拒绝接受。

例如，食品的生产日期不可能在当前日期后，也不能过期，如保质期为一个月，检验规则是：生产日期<now（）and生产日期>now（）-30。

（4）平衡校验。平衡校验方法通过检查应该平衡的有关数据来发现输入的数据是否有错。如财务的记账凭证，借方金额合计应等于贷方金额合计，这是一个平衡关系。平衡校验是多数据项校验，发现的错误在多个数据项中，可能存在多个错误。

（5）逻辑校验。逻辑校验也是多数据项校验，利用多个数据项在逻辑上存在的关系，来检验数据的错误。平衡校验是逻辑校验的特例。

例如，输入入库单时，入库商品的计量单位是事先输入的，只能是有限的几种：箱、千克、袋等，不能随意输入。

5）输入设计的指导原则

在输入设计中，提高效率和减少错误是两个最根本的目标。以下是指导输入设计的几个原则：

（1）减少输入量。在输入设计中，输入的数据量越少，出错的可能性也越小，应尽量减少输入数据总量。

（2）提高输入速度。输入数据的速度是信息系统运行效率的瓶颈，采用自动化输入方式是输入设计的首选。

（3）减少输入错误。输入设计中应采用多种输入校验方法和有效性验证技术，减少输入错误。

（4）输入过程应尽量简化。保证输入过程简单易用，不能因为查错、纠错而使输入复杂化，增加用户负担。

6.5.2 输出设计

物流信息系统对用户来说，最重要的是其输出信息。用户所需的信息、报表都要由系统输出产生。输出设计工作主要包括确定输出的信息内容、确定输出方式、进行输出格式的设计等。

1）输出信息内容

物流信息系统为企业的不同层次的用户提供信息和数据。不同层次的用户需要的信息和数据不同，底层用户需要的是详细信息，数据量很大，数据的加工方法简单；高层需要的信息概括，数据量小，数据的加工方法复杂。

用户需要输出哪些信息？不同的用户需要的信息的内容完全不同。对于设计人员来说，更关心的是输出信息类型。输出信息分为两类：规范的外部信息输出和内部信息输出。

输出设计的内容具体包括：

（1）输出信息使用方面的情况，如使用者、目的、份数等；

（2）输出信息的内容，如输出数据的项目、位数、数据形式（如文字、数字、语音、图像）；

（3）输出格式、数据的布局；

（4）输出设备，如打印机、显示器、文件；

（5）输出介质，如纸或电子方式。

2）确定输出方式

输出方式主要指选择输出设备与介质。目前使用较普遍的有显示器、打印机、绘图仪、磁带机、磁盘机、光盘机和多媒体输出设备等。输出设备决定了输出介质，如打印纸、磁带、磁盘等。

建议尽可能采用显示器，其优点是运行成本最低，而且速度快，信息量巨大，可以灵活地进行查询，尤其是用户的任意查询，显示方式灵活。显示器输出的缺点是需要操作人员会使用计算机，尤其是在键盘操作中设计汉字输入时。如果需要用显示器功能而又不可能对用户进行培训，建议用触摸屏。触摸屏是输入输出一体设备，是一种直观的输入输出设备，方便不懂计算机的人员查询信息。对于公共信息查询，经常使用触摸屏。

打印机用于打印正规的报表和票据，如发票、出库单、入库单、交费清单等。打印机有激光打印机、喷墨打印机、针式打印机，亦有彩色和单色之分，物流信息系统一般只使用单色。打印机也分为通用和专用，票据打印机是专用。打印有普通的全部内容打印和套打，票据是事先印好的，打印时需要精确定位，用票据打印机很方便精确定位。定位准确也不容易，需要反复调试。打印输出有单联和多联打印，单联打印用普通的打印纸。多联打印一次打印多份，能够提高打印速度。多联打印必须购买多联打印纸、针式打印机，多联打印纸有两联、三联、四联、五联、七联之分。

随着 Internet 的普及，电子文档输出的需求越来越多，比如上级机关要求的报盘和电子邮件。电子文档输出与前面的屏幕和打印输出显示格式设计基本一样。电子文档的文件格式有许多，常用的有 Word、Excel、HTML、DBF、MDB、PDF 等。电子文档输出设计就是要选择文档的保存文件类型。电子文档输出设计的另外一个功能是直接发送电子邮件，在物流信息系统中要包含电子邮件的发送和管理。

3）输出格式的设计

确定了输出信息和输出方式，输出设计部分较费时的是输出格式的设计。格式的设计内容包括报表名称、日期，输出内容的项目名称，项目数据的类型、长度、精度、格式设计、输出方式等。

（1）屏幕输出格式设计。显示器输出格式的设计的特点是屏幕比较小，要明确像素、分辨率、字体、字形、颜色等要素；要明确单屏显示、多屏显示、翻页等操作。显示器输出格式重要的考虑因素是“所见即所得”，显示器输出内容应为原样打印输出。显示器输出格式采用窗体设计工具和报表设计工具进行快速设计。先采用向导，然后进行手工修改。图6-17是窗体设计实例。

（2）打印输出格式设计。打印输出格式采用报表设计工具进行快速设计。先采用向导，然后进行手工修改。图6-18是Access提供的报表设计向导。

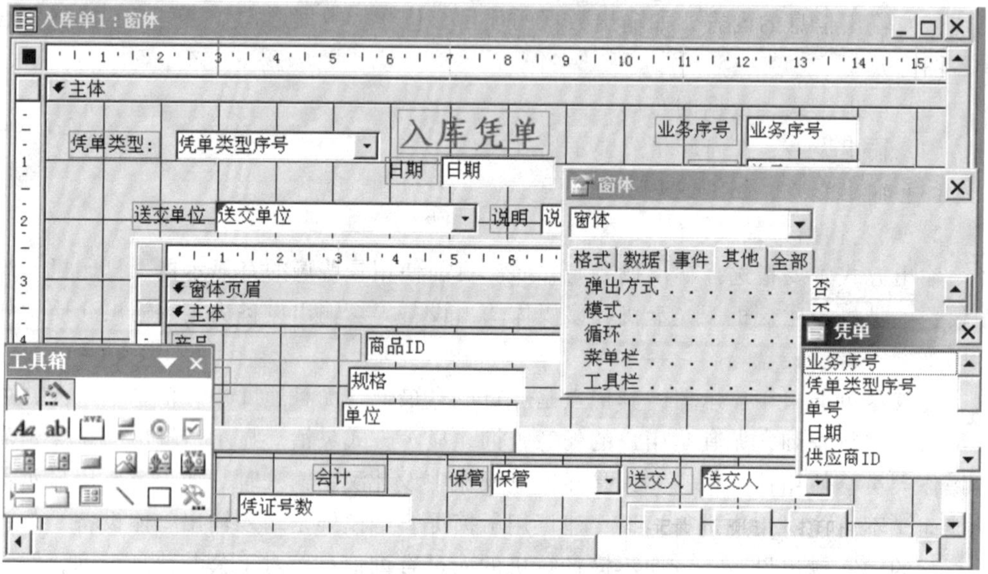

图6-17　窗体设计

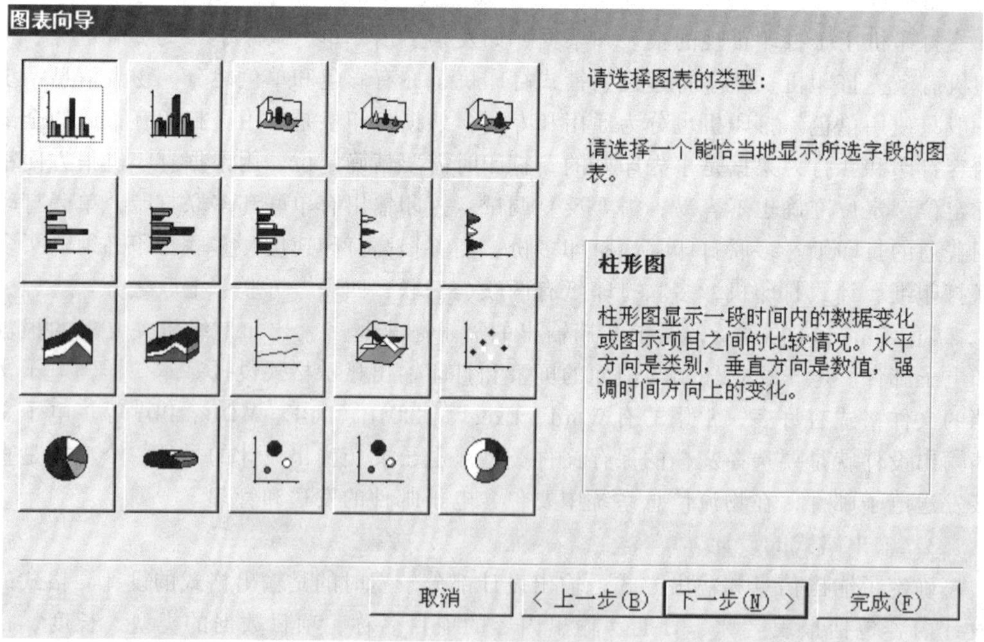

图6-18　图表向导

报表有数据报表、图示报表、标签等类型。数据报表显示数据，有纵栏式、表格式。图示报表用图形来直观地表示报表，类型很多，使报表表示的风格多样化。

中文报表格式比西方的格式要复杂得多，往往用向导生成的报表不能满足用户需要，可采用专用的报表设计工具如水晶报表生成器来设计复杂的报表；有时用Word/Excel来设计报表，从数据库中获得数据。

6.5.3 人机对话设计

人机对话是人与计算机间工作的方式，人与计算机系统之间通过屏幕显示、键盘操作、鼠标定位或其他装置进行询问与回答的交流活动。人操作计算机几乎都是采用该方式，该方式也是一种数据输入的方式。手工输入数据都是采用对话方式。人机对话设计的任务是与用户共同确定对话方式、内容与具体格式，建立友好的人机界面。

1）对话方式类型

人机对话方式按设备组合分类有多种，如键盘+屏幕方式、光笔+屏幕方式、鼠标方式、触摸屏方式、声音对话方式等。鼠标+键盘+屏幕方式是最常用的人机对话方式，屏幕显示输入信息和回显输出信息。鼠标+键盘+屏幕的人机对话方式有菜单式、填表法和问答式三种。

2）对话设计的原则

对话界面要美观、醒目；提示要清楚、简单，不能有二义性；要便于操作和学习，有帮助功能；能及时反馈错误信息等。

6.5.4 系统设计报告

系统设计阶段的成果是写出系统设计报告，其内容包括：

（1）系统总体结构图（功能的划分与总体功能结构图、计算机信息处理流程图）；

（2）系统设备配置方案（软硬件环境配置清单、网络拓扑结构图）；

（3）新系统的代码体系（代码结构、编码规则）；

（4）数据文件或数据库文件的说明；

（5）输入、输出设计和接口设计；

（6）详细设计（层次化模块结构图、模块内部的算法设计）；

（7）安全可靠性设计；

（8）方案说明及实施计划。

基本训练

□ 知识题

1.单项选择题

（1）采用（　　）描述物流信息系统的总体功能结构。

A.E-R图　　　　B.流程图

C.功能模块结构图　　　　D.甘特图

（2）代码编码方法包括顺序码、（　　）、助记码。

A.数字码　　B.原码　　C.条码　　D.分组码

（3）实体间的关系包括一对一联系、（　　）、多对多联系。

A.一对二联系　　B.一对三联系　　C.一对多联系　　D.多对一联系

2.判断题

(1) 表达物流信息系统的整体功能结构采用控制流程图。 (　　)

(2) 为了物流信息系统数据的正确性，所有输入的数据应输入两次。 (　　)

(3) 进行物流信息系统的输出设计时，应该把所有的输出都设计为打印机输出。 (　　)

3.问答题

(1) 系统设计的任务是什么？

(2) 什么是C/S、B/S结构？

(3) 输入设计的内容包括什么？

4.课堂讨论题

(1) 以你所了解的自行车租赁业务为例，自行车租赁信息系统的功能是怎样的？请绘出图形来表达系统的功能。

(2) 把 (1) 扩展，物流业务有车辆租赁，车辆租赁信息系统的功能是怎样的？请绘出图形来表达系统的功能。

知识应用

□ 案例分析

输入设计工具

在Access可采用窗体进行输入设计，窗体 (form) 是最终用户处理自己业务数据的界面，用户通过窗体按自己习惯方式、格式操作业务数据。从数据库角度来说，用户通过窗体可以显示、增加、编辑、删除、查询、打印表的数据记录，控制系统的运行。使用窗体，用户可对数据做更多的操作控制，比如对数据可以做更加复杂的有效性检验。通过窗体，用户与系统进行交互操作。

窗体是Access中最复杂的一种对象，窗体的类型、窗体的属性、窗体的设计要素——控件也非常多，只有这样，才能尽可能满足用户个性化的要求，高级的窗体设计要用VBA进行编程，用窗体VBA编程的方法对窗体进行精细化设计。一个数据库应用系统包含许多窗体，窗体设计是开发工作中最耗时最费力的工作，是整个开发工作的核心。

窗体除了作为以上所述的显示编辑数据的格式化工具外，也可以用作切换面板，切换面板是Access提供的一种菜单工具，用来打开数据库中的其他窗体和报表。窗体也可以用作自定义对话框，用来接受用户的输入。

Access提供六种基本类型的窗体：纵栏式、表格式、数据表式、子窗体、数据透视表式和图表式。

友好是窗体设计的原则，具体来说有以下几点：

(1) 窗体应完成用户业务处理的要求。

(2) 窗体操作方便简单，用户不易疲劳。

(3) 窗体具有较强的容错性。

(4) 窗体具有较详细的操作说明帮助。

（5）窗体简洁明了。

（6）整个系统所有窗体风格一致。

（7）窗体格式尽量与手工业务处理格式接近。

问题：

1.专业软件的窗体设计通常采用什么颜色？为什么要采用这种颜色？

2.开发人员按自己的喜好设计窗体格式，你认为正确吗？

思政小课堂

关键词：九章、量子计算机、量子优越性

中国科学技术大学宣布，该校潘建伟团队与中科院上海微系统所、国家并行计算机工程技术研究中心合作，成功构建76个光子的量子计算原型机“九章”，求解数学算法“高斯玻色取样”只需200秒，而目前世界上最快的超级计算机要用6亿年。这一项研究成果刊发在国际学术期刊《科学》杂志上，审稿人评价这是“一个最先进的实验”“一个重大成就”。

《九章算术》是我国古代著名的数学专著，它的出现标志着中国古代数学形成了完整的体系。而这台以“九章”命名的量子计算机同样具有里程碑意义：这一突破使我国成为全球第二个实现“量子优越性”的国家，牢固确立了我国在国际量子计算研究领域的领先地位。

证明量子优越性，被认为是量子计算从理论到实践“里程碑的转折点”。何为量子优越性？专家表示，“如果量子计算原型机，在某个问题上的计算能力超过了最强的传统计算机，就证明量子计算在未来有多方超越的可能。”通俗来讲，就是用极端复杂的问题来考验量子计算，让它在实际应用中证明自己的实力。潘建伟团队构建量子计算原型机“九章”，在室温条件下运行计算“高斯玻色取样”问题，处理5 000万个样本只需200秒，而超级计算机则需要6亿年；处理100亿个样本，“九章”只需10小时，超级计算机则需要1 200亿年。如此强大的算力，全面超过传统的超级计算机，证明了“量子优越性”的存在。

作为世界科技前沿领域，研制量子计算机是世界各国角逐的焦点。此前，美国物理学家带领的谷歌团队宣布研制出53个量子比特的计算机“悬铃木”，在全球首次实现“量子优越性”。而相比“悬铃木”，“九章”有三大优势：一是速度更快。虽然算的不是同一个数学问题，但与最快的超算等效比较，“九章”比“悬铃木”快100亿倍。二是环境适应性更强。三是弥补了技术漏洞。“打个比方，就是谷歌的机器短跑可以跑赢超算，长跑跑不赢；我们的机器短跑和长跑都能跑赢。”科学家的比喻生动地揭示了“九章”的领先之处。高品质光子源、高精度锁相、规模化干涉……一项项创新与突破，让“九章”后来居上。

“九章”只是在量子计算第一阶段树起了一座里程碑，未来的路还很长。一方面，无论是谷歌的“悬铃木”处理“随机线路取样”，还是“九章”求解“高斯玻色取样”，都只能用来解决某一个特定问题。另一方面，目前可用来搭建量子计算机的材料有限，未来量子计算机的突破，更有可能依赖于新材料在量子计算硬件上的创

新。科学家团队表示，“希望能够通过15年到20年的努力，研制出通用的量子计算机，用以解决一些应用非常广泛的问题，比如密码分析、气象预报、药物设计等等，同时也可以用于进一步探索物理学、化学、生物学领域的一些复杂问题。”

任何重大科技创新从来都不是轻轻松松实现的。我国之所以能够在量子科技领域取得一大批具有国际影响力的重大创新成果、实现从“跟跑”到“并跑”“领跑”转变，离不开未雨绸缪的战略谋划和系统布局，更有赖于科学家和科技工作者奋起直追、埋头苦干。不畏艰难险阻、勇攀科学高峰，在量子科技领域再取得一批高水平原创成果，中国科学家定能创造更多令世人刮目相看的成绩。

资料来源　沈慎．“九章”量子计算机的里程碑意义（新知）［N］．人民日报，2020-12-18（5）．

第 7 章 物流信息系统实施

学习目标

知识目标：认识物流信息系统实施的任务；了解构建物流信息系统过程中的平台、编辑、测试工作、用户培训、系统转换、系统维护等概念；掌握结构化程序设计的方法；掌握单元测试、组装测试、确认测试、系统测试和验收测试的测试步骤；掌握直接转换、并行转换、分段转换的系统转换方式。

技能目标：能综合运用计算机开发工具和结构化程序设计方法设计出物流信息系统软件，能够顺利地进行系统转换，使系统正常运转。

7.1 系统实施阶段的任务

系统实施是新系统付诸实现的阶段，是在完成系统设计的基础上进行的。本阶段的任务是在系统分析、设计等工作的基础上，完成系统硬件环境的建立、软件程序设计、系统调试和系统转换、培训用户等任务，最后把一个可以实际运行的系统交给使用者。

本阶段需要大量的人力、物力，占用时间也较长，必须在用户的支持下做好系统实施的组织管理工作；在系统转换期间，还要进行人员的培训，以便旧系统向新系统顺利过渡。系统硬件环境的建立包括选择、论证、购置、安装各种硬件设备和系统支持软件以及系统调试运行。在进行编程或编码时，按照详细设计阶段产生的程序设计说明书，用选定的程序设计语言编写源程序。在进行测试时，应运用测试技术与方法，通过模块测试、组装测试、确认测试、系统测试和验收测试几个步骤，发现和排除系统可能出现的错误，保证系统质量的可靠性。系统转换，是指以新开发的系统替换旧的系统，包括系统交付前的准备工作、系统转换方法的选择。

该阶段的主要任务或工作内容包括：①建立物流信息系统平台；②编程，物理上的实现系统；③进行系统测试，排除错误并完善功能；④用户培训；⑤进行系统交接；⑥制定系统管理和操作制度，正确运行系统。

在前面进行的系统分析、系统设计阶段，还没有对企业产生实际影响；进入系统实施阶段，开发工作开始产生效益，而且，系统实施将对企业的现状产生重大的影响。系统实施的效果受企业各方面因素的影响，或者说，受企业各方面因素的严重制约。物流信息系统能否开发成功，取决于其能否顺利实施。有的企业虽设计出物流信息系统但一直没有实施，主要是担心实施工作会对企业现有的正常业务带来严重冲击。企业可能无法安全度过实施过程，新系统没有建立起来，老系统撤掉了，企业无法正常处理日常业务；尤其是购买现成的物流信息系统，实施失败导致企业经营水平严重下滑甚至破产。

对于企业的领导者和系统项目的开发人员来说，应对影响实施的企业方面的因素了解清楚，根据这些因素，制订可行的实施方案，保证系统正常实施。

7.2 建立物流信息系统平台与程序设计

7.2.1 建立物流信息系统平台

1）系统硬件平台

（1）建立计算机系统。系统设计阶段介绍了如何配置系统环境，即如何建立物流信息系统平台，接下来，就要实现系统环境配置方案，进行设备的购置、安装、连接与调试，软件安装及系统环境调试，机房的准备和设备的安装调试。设备的购置应放在系统实施阶段，而不要放在系统规划或分析设计阶段，以免因方案的变动而造成资源浪费。

软件编码的时间可能较长，先建立一个小型的开发环境，全部系统设备的购置安装应在全部软件设计完成后进行，可进一步节约资金。由于硬件产品更新换代非常快，近几年计算机产品几乎每18个月速度提高一倍，而价格下降近一半，因此越晚购置设备越节省资金，越能得到更高性能的计算机系统。

采购计算机设备一般要采购品牌机，因为品牌机有品质保障。高可靠性环境要采用商用机，商用机的价格要比一般机器贵，但性能好，可靠性高。

采购计算机一般考虑以下指标：CPU速度、内存容量、硬盘容量、显卡类型、显存大小。

一般情况下，还要配备不间断供电设备（UPS），当交流电中断时，UPS可以自动用电池继续向主机供电，这样能保证系统操作人员有足够的时间进行备份、正常关机，避免造成信息丢失；当来电时，UPS自动切换为市电向主机供电，并向电池充电。UPS的关键参数是不间断供电的时间和功率。服务器必须配置UPS，客户端可以根据需要选择是否配置UPS。

（2）建立网络系统。这一步是用通信线路把各种计算机设备、网络设备连接起来组成网络系统。局域网一般由传输介质、网络通信设备、网络服务器、客户端计算机系统和网络协议软件等组成。局域网采用总线式、星形、环形拓扑结构；传输介质用双绞线、同轴电缆、光纤等。

计算机硬件配置应当与计算机技术发展的趋势相一致，硬件的选择要考虑兼容性、升级和维护方便的要求。

2）系统软件平台

建立了硬件环境，还必须建立适合系统运行的软件环境，包括购置系统软件、系统开发软件和应用支持软件。

系统软件包括操作系统、数据库管理系统、程序设计语言处理系统等。系统开发软件应根据需要，采购Visual C#、Power Builder、Visual C++、Access等软件开发包，有时需要购买商品化软件模块，如地图组件。在购买这些软件前应先了解其功能、适用范围、接口及运行环境等。

在进行软件采购时应选择主流软件产品，为提高系统的可扩展性奠定基础，尤其要选择有完善售后服务的软件。

7.2.2 程序设计

程序设计的任务是为新系统编写程序，即把详细设计的结果转换成用某种计算机编程语言写成的程序。程序设计相当于建造大楼时的土建施工，是产生最终产品的生产步骤；该阶段采用的软件设计技术和工具决定了软件产品的质量。该阶段主要使用软件设计技术来设计源代码。如何选择开发工具，在前面中已有介绍。在本节，主要学习了解软件设计中的一般性的问题，而要设计出优秀的软件，要求开发人员至少精通一种开发语言。开发语言的学习在其他课程中进行。

程序设计的具体内容是对详细设计阶段产生的模块进行内部的编码，程序设计阶段工作内容可以分为两个层次：一个是如何确定对全部模块的编程设计的顺序；另一个是如何设计模块内部。

物流信息系统包括多个子系统，每个子系统都要设计出模块结构图。编程时，一般先集中设计出相对较小的子系统，对开发人员来说是探路；对用户来讲，可以快速见到系统的开发成果，增强其信心。

程序设计的目标：①程序的功能必须满足预期的需要；②程序的内容应便于阅读和理解；③程序的结构简捷、算法合理且执行速度快；④程序的适应性强；⑤程序应具有较好的可维护性，当环境有了变化时，比较方便修改程序。

1）模块结构化设计顺序

对模块编码顺序这个问题，结构化系统实施方法的基本思想是提供两个实现的先后次序。在详细设计阶段产生了系统的模块结构图，这是一个倒置的树状结构。其实现顺序包括两种：自顶向下，逐层分解；自底向上，逐层合并。

（1）自顶向下，逐层分解。这种方式是先设计调试顶层模块及各个接口，然后逐层向下，层层展开，最后设计调试最底层模块，如图 7-1 所示。在实现上层模块时，下层未实现的模块作为“黑箱模块”出现，只保留模块的名称、输入、输出参数，其具体的代码先不予实现，集中精力实现上层模块，快速设计出系统的框架，用户可先看到系统的外形轮廓，从整体上了解系统的功能。

（2）自底向上，逐层合并。这种方式是先实现下层模块，然后逐层向上，层层合并，实现上层模块。从当前层到最底层已完全实现，这样可能出现每个模块都能通过单独调试，但系统的联合调试通不过的现象。其原因是系统的整体结构和接口出现问题，如图 7-2 所示。

在实际开发时，两种思路可同时结合进行，“自底向上，逐层合并”的方式使用得较多。

2）结构化程序设计

程序是由一条一条命令组成的，命令的执行顺序构成了程序的结构。当问题复杂时，程序就以千、万、几十万、上千万行命令组成，设计的程序应具有良好的可维护性；可维护性依赖于程序良好的可读性，对程序的流程应有一套规范的表示方法，使程序有良好的可读性。结构化程序设计方法：一是要求开发软件提供结构化程序设计结构的控制命令；二是编程人员有意识地使用该控制命令。

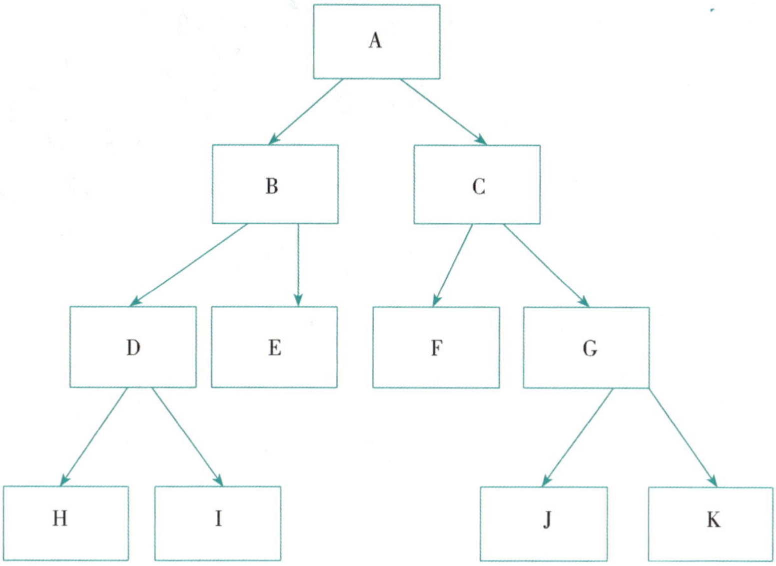

图7-1 自顶向下，逐层分解

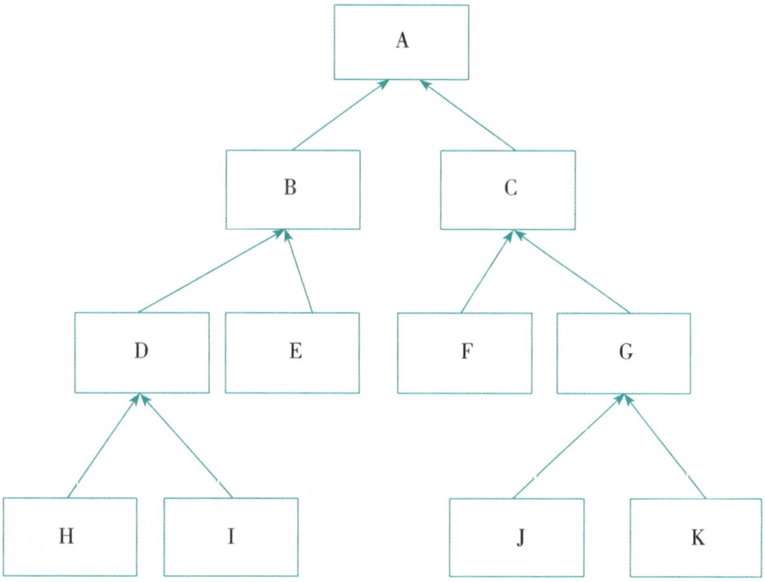

图7-2 自底向上，逐层合并

结构化程序指任何复杂的程序，都可以用三种基本的结构表示，或任何复杂的程序结构都可以用三种基本的结构组合而成。用基本结构设计的程序，其流程清楚，具有较好的可读性，使用现代的软件开发语言，设计程序很自然地设计出结构化程序。

三种基本控制结构分别是顺序结构、选择结构、循环结构，再复杂的程序都可以由这三种结构组合而成。

（1）顺序结构。顺序结构表示多个连续的处理步骤，按程序语句书写的先后顺序执行。如图7-3所示，处理过程从A到B再到C，按顺序进行。

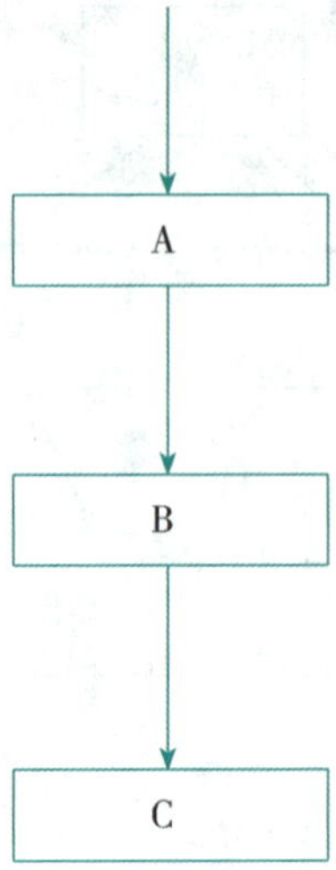

图7-3 顺序结构

（2）选择结构。程序执行顺序由某个逻辑表达式的取值决定，选择两个处理动作中的某一个。如图7-4所示，当逻辑表达式取值为真时执行A，为假时执行B。

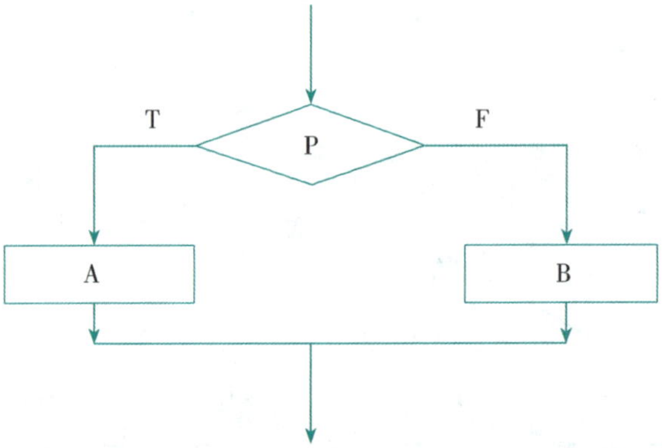

图7-4 选择结构

（3）循环结构。循环结构有两种类型："当"型循环结构和"直到"型循环结构。两种循环结构无本质区别，"当"型循环结构如图7-5所示，只是测试条件后决定是否继续执行处理过程A。"直到"型循环结构如图7-6所示，不管条件P为何值至少要执行一次处理A。

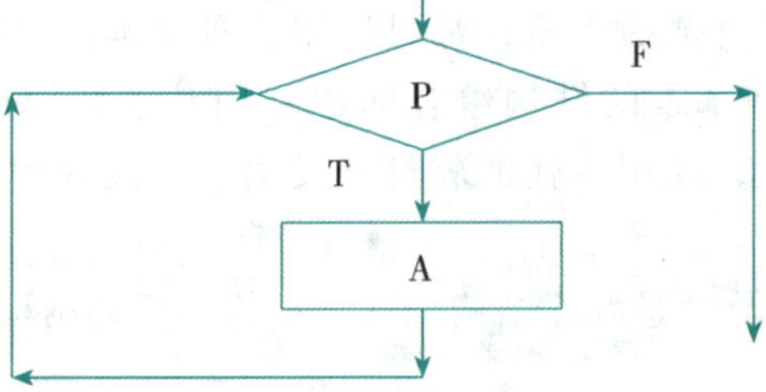

图7-5 "当"型循环结构

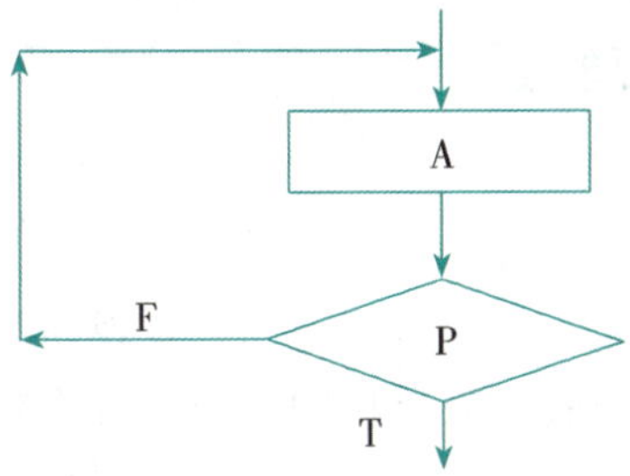

图7-6　“直到”型循环结构

采用结构化方法、面向对象方法和可视化方法设计的程序基本结构也只包括以上三种基本结构，可视化方法自动生成的程序也是如此。

采用手工编写代码，应采用一致的编码风格，如编码标准、说明语句、实体命名、语法着色、代码布局、错误处理等问题，应有细致的规定或约定。

7.3 系统测试与系统转换

7.3.1 系统测试

系统测试是对要使用的整个系统进行检测，发现问题，解决问题。没有经过检验的系统是不可靠的系统，尽管在开发周期的各个阶段均采取了严格的技术审查。系统测试是物流信息系统的开发周期中十分重要的步骤。系统测试阶段所花费的人力成本在软件开发中占很大比例。

系统测试是以找错误为目的，而不是要证明程序无错，要以鸡蛋里挑骨头的态度，寻找程序中的错误。

系统测试的内容包括三个方面：功能测试、接口测试、性能测试。功能测试是测试系统是否达到设计的功能，如是否具有输入入库单功能。接口测试是测试本系统与其他系统之间的接口，测试的重点是要检查数据的交换、传递和控制管理过程等是否达到设计要求。性能测试是通过自动化的测试工具模拟多种正常、峰值以及异常负载条件，来对系统的各项性能指标进行测试，性能测试包括负载测试和压力测试。负载测试确定在各种工作负载下系统的性能，压力测试是通过确定一个系统的瓶颈或者不能接受的性能点，来获得系统能提供的最大服务级别的测试。

1）系统测试的步骤

系统测试工作有以下五个步骤：单元测试、组装测试、确认测试、系统测试和验收测试，每一步都是在前一步的基础之上进行的，其过程如图 7-7 所示。

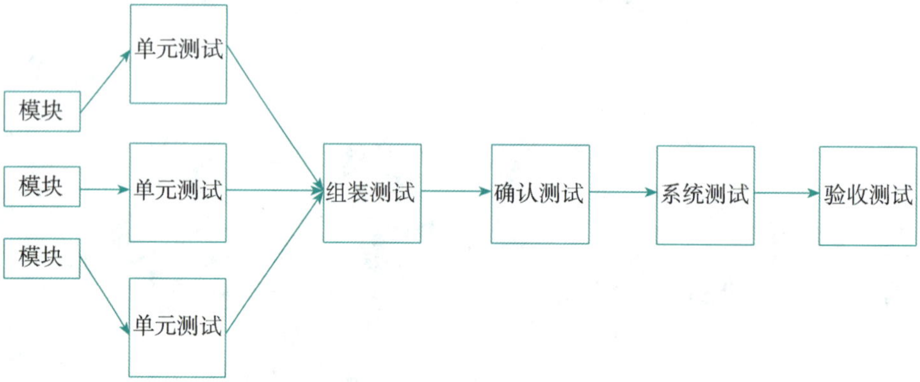

图7-7 系统测试的步骤

（1）单元测试。单元是指程序中的一个模块或一个子程序，是程序设计的最小基本单位。单元测试主要以模块为单位进行测试，测试单个模块的正确性，通常比较容易设计测试实例。模块测试的目的是保证每个模块作为一个单元能够独立运行。

单元测试主要包括模块接口测试、数据结构测试、边界条件测试、覆盖条件测试、出错处理测试。模块接口测试是确认数据能否正确地输入输出；数据结构测试是确认内部数据的内容、形式及相互关系是否正确；边界条件测试是确认在边界上的数据能否得到正确的执行，模块往往在边界上容易出错，如最大值和最小值；覆盖条件测试是确认能否达到满足特定的逻辑覆盖；出错处理测试是确认出错处理措施是否有效，异常错误是否会造成整个系统的崩溃。

（2）组装测试。在每个模块完成单元测试后，需按照设计时制作的结构图，把它们连接起来，进行组装测试；单个模块没有问题，组装在一起却可能存在问题。多个模块组装在一起成为一个单元，多个单元组装在一起又成为一个大的单元，组装测试从最底层开始，逐步测试，直到整个系统成为一个单元。

组装测试主要确认各模块是否正确连接；数据是否有效传输及数据的完整性和一致性；人机界面及各种通信接口能否满足设备要求；与硬件设备的连接是否通畅等。

（3）确认测试。在组装测试完成后，在各模块接口无错误并满足软件设计要求的基础上进行确认测试。确认测试是要进一步检查整个软件是否符合软件需求规格说明书的全部要求，主要是系统功能测试。

确认测试包括功能方面测试、性能方面测试、限制条件的测试。功能方面测试，测试系统输入、处理、输出是否满足要求；性能方面测试，测试系统的数据精确度、响应时间、更新处理时间、数据转换及传输时间、运行环境适应性；限制条件的测试，测试可使用性、安全保密性、可维护性、可移植性、故障处理能力等。

（4）系统测试。经过确认测试后，软件本身已测试完毕，然而软件还要与系统中的其他部分配套运行。系统测试是将系统的所有组成部分包括软件、硬件、用户以及环境等综合在一起进行测试，以验证系统的各组成部分是否协调运行，是对整个系统进行的综合测试。

系统测试包括恢复测试、安全测试、强度测试、性能测试。恢复测试是使软件出错，测试其恢复的能力及时间；安全测试检查系统是否有安全保密的漏洞；强度测试检查系统的极限能力，能否在最大负载下正常运行；性能测试检验安装在系统内的软件的运行性能。

（5）验收测试。在完成系统测试、系统转换并且系统试运行了一定的时间后，开发单位和用户企业应进行验收测试。其目的是确认软件能否达到验收标准，作为开发单位和用户单位的合同执行情况的最后验收手续。此时软件应在实际工作环境下进行验收。

验收测试主要以合同为准，包括系统分析报告、系统设计报告，审查验收文档资料的全面性和内容、系统功能、性能指标测试等。

2）系统测试方法

测试是用精心设计的数据运行程序，从而发现程序中的错误的过程。系统测试方法大体上分为人工测试和机器测试。人工测试的目的在于检查程序的静态结构，找出程序设计的逻辑错误。经验表明，组织良好的人工测试可以发现程序中40%～70%的编码和逻辑设计错误。机器测试先设计测试标准实例，然后以事先设计好的测试标准实例执行被测程序，对比运行结果与预期结果，如果有差别就说明存在错误。机器测试只能发现错误的症状，还需进一步进行问题定位；人工测试一旦发现错误，同时就确定了错误位置、类型和性质。人工测试是机器测试的准备，是测试中必不可少的环节。机器测试主要有黑盒测试和白盒测试两种方法。

（1）黑盒测试。黑盒测试也称功能测试，将待测软件模块看作包装好的黑盒子，在不考虑程序内部结构的情况下，测试研究软件的外部特性即其功能，从程序的输入和输出特性上测试是否满足设定的功能。测试在接口上进行，看输入数据能否被正确地接收，并输出正确的结果。黑盒测试属于功能测试。

（2）白盒测试。白盒测试是将软件视为一个打开的透明的白盒子，直接对程序源代码进行结构测试，按照程序对软件的逻辑结构及处理逻辑进行结构测试，检查它与设计是否相符。

3）系统测试计划

测试计划的内容主要包括：

（1）软件说明。它是指要提供一份图表，并逐项说明被测软件的功能、输入和输出等质量指标，作为叙述测试计划的提纲。

（2）测试内容。列出组装测试和确认测试中的每一项测试内容的名称标识符、这些测试的进度安排以及这些测试的内容和目的，如模块功能测试、接口正确性测试、数据文件存取的测试、运行时间的测试、设计约束和极限的测试等。

（3）进度安排。一般的进度安排，包括进行测试的日期和工作内容（如熟悉环境、培训、准备输入数据等）。

（4）测试环境。本项测试工作对资源有一定要求，包括设备所用到的设备类型、数量和预定使用时间；应列出将被用来支持本项测试过程而本身又并不是被测软件的组成部分的软件，如测试驱动程序、测试监控程序、仿真程序等；测试人员列出在测试工作期间预期可由用户和开发任务组提供的工作人员的人数；列出相关技术及有关的预备知识，包括一些特殊要求，如倒班操作和数据录入人员。

（5）输入输出数据。它主要包括输入数据及选择的策略，预期的结果及中间结果。

（6）操作步骤。它是用来说明测试的操作过程。

（7）评价标准。它说明测试能检查的范围及局限性，判断测试工作能否通过评价尺度等。

7.3.2 系统转换

1）系统转换的方式

系统转换就是用新系统替换老系统的过程，一般是用计算机系统代替原来的手工系统；或者老系统停止使用，开始运行新系统。系统转换可能存在或大或小的风险，系统转换的风险是指可能新系统没有达到用户的期望值，从而不得不重新使用老系统。有些系统切换不成功可以方便地回到老系统，代价不大；但有些系统回到老系统的代价极高；而有些系统根本不可能再回到老系统，必须使用新系统。一旦切换不成功，将给企业带来严重后果，想象一下，飞机飞行时更换发动机的风险。因此，必须制订周密的系统转换计划，规避切换风险，系统转换过程需要项目开发人员和用户通力协作才能完成。系统转换的任务就是保证新老系统平稳而可靠地交接，使整个新系统正式交付使用。

系统转换的关键任务是选择系统转换方式和转换时机。一般地，按新旧系统的并行关系，系统转换有以下几种方式：直接转换、并行转换、分段转换。

（1）直接转换。系统的转换方式如图7-8所示，直接转换是立刻停止使用老系统、启用新系统的转换方式。这种方式适用于一些处理过程不太复杂、数据不很重要，即使转换失败也可以方便地切换到老系统，对企业影响不大的情况。小型的不太复杂的信息系统，或对信息时效性要求不高的系统，建议采用直接转换方式。直接转换方式的特点是转换简单，费用低。

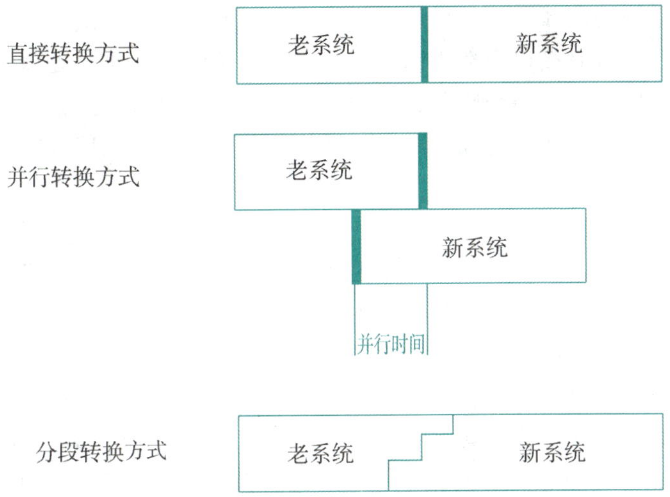

图7-8 系统的转换方式

选择直接转换方式，应有谨慎的转换计划，做好各种准备工作，使老系统保持在随时可以启动的状态，留出充分的时间去修正可能出现的问题。

这种转换方式是一种彻底的转换方式。人们一般对新事物有恐惧心理，总想回到老的系统，直接转换方式可以从心理上克服用户对老系统运行的依赖，迫使他们努力使用新系统进行工作。

有些类型的系统不可能采用其他的转换方式，只能采用直接转换方式，这时直接转换方式的风险将非常高，新系统应经过详细的测试和模拟运行后，才可以进行转换。

（2）并行转换。并行转换是指新老系统并行工作一段时间，经过验证无误后，新系统才正式完全替代老系统。并行转换适合于大型复杂信息系统或可靠性要求极高的系统，特别是银行、财务和一些企业的核心系统。例如，财务信息系统，一般要求新老系统并行运行三个月，这三个月的处理结果完全一样，才可以完全采用新系统。

并行转换的特点主要是安全可靠，在并行转换期间，如果新系统没有达到满意程度，对用户的正常业务处理不会带来影响，马上对新系统进行修正，直到无误后，才停止老系统。并行转换方式的费用很大，并行切换要保证两套系统都正常运行；并行转换高度紧张，使用人员的工作压力很大，员工要做两倍的工作或要配两套人马进行工作，往往也容易出错。这时用户在心理上有老系统可以依靠，他们偏爱老系统，心理上对新系统有抵触，有可能使新系统运行不顺利，从而延长并行工作时间，甚至使系统应用失败。并行转换比直接转换可靠性高但成本也高。

（3）分段转换。大型的物流信息系统涵盖企业的许多管理工作，包括许多子系统。这些子系统有的密切相关，必须同时运行；有的相关性较低，相关性较低的子系统可以不用同时运行。对于大型的包含相关性较低的子系统的物流信息系统，为了避免直接转换的风险及并行转换的双倍费用，可以采用逐步转换的方式，每次只转换一个或部分子系统，直到全部转换完毕，这种方式是分段转换方式。

分段转换过程可靠且费用不高，但也带来了新的问题。它增加了部分转换中的业务接口和数据接口问题，即部分新系统与老系统的衔接问题，这类接口有时在转换中非常麻烦。老系统要向新系统的模块提供数据，只能以人工方式键入，并且要编制一些临时接口程序；有时接口会造成部分工作在新老系统中的重复处理。分段转换的难点是解决接口问题，对每一个阶段，必须事先设计好接口解决方案。

大型系统的开发，往往完成一部分，转换一部分，自然采用分段转换方式，而不必等全部完成才转换。

2）系统转换时机选择

确定了转换方式，另一个重要问题是系统转换时机的选择。系统转换时机是指何时进行系统的转换。企业要根据自己的生产和信息系统的特点选择合适的转换时机。

第一种常用的时机选择是企业的业务周期的开始，如财务信息系统一般选择在新的会计期间开始，如1月1日，进行年结时，在一年中都使用计算机中的数据。当然，也可以根据需要灵活选择其他的时间。财务信息系统一般选择并行转换方式，而企业在春节前业务比较繁忙，有的企业在3月份开始，数据从当年1月份开始输入，进行不同步的转换，用正确的数据检测新系统，正确后直接切换到新系统。

第二种是根据企业的忙闲周期，企业一年的业务量不均匀，有的企业选择在业务量小的时候进行系统转换。这样，系统开始时的数据输入量少，使新系统转换的工作量和复杂性较低，便于使用人员快速掌握新系统，使转换成功的可能性提高。

第三种是根据企业的其他改革，企业大的变革或改制后，新系统是按照改革后的要求设计的，改革后，同时开始进行系统的转换。这时，会带来一些混乱，发生问题时，不知是系统设计问题还是企业改革的问题，必须尽力协调。

3）系统转换前的准备工作

新开发的系统和企业购买的系统，一定要做好准备工作，才能顺利进行系统的转换。自己开发或参与开发的系统，开发人员和使用人员对新系统有所了解，系统的转换会比较容易；而对于购买的系统而言，由于企业内部的业务流程和新系统并不直接匹配，系统转换会有一定的困难，甚至不能有效地实施。由于系统转换失败而导致企业经营失败，这类先例不少。对购买的系统，转换前的准备工作是至关重要的。

系统转换前的准备工作包括很多，主要有组织准备、物质准备、文档准备、数据准备、用户培训等。

（1）组织准备。新系统要求企业建立新的组织机构形式。企业在系统转换前要建立必要的部门，如建立信息中心、数据中心、网络中心，并配备相关的领导和工作人员，合并一些部门，撤销一些部门。对有些部门进行流程、功能优化，满足新系统运行的要求，从组织上为系统的转换做好准备。

确定岗位，划分人员与分工，明确其责任。系统管理人员负责系统的全面技术管理，如初始化、环境维护、资源分配、权限控制；系统维护人员负责硬件和软件维护；系统操作人员负责具体的业务操作；资料管理人员负责保管书面和电子资料。

系统转换前应制定符合新系统特点的相关制度，如新业务处理流程、安全保密制度、岗位管理条例、奖罚制度、机房管理制度、档案管理制度、系统操作制度、交接班制度、纪律及业务学习考核制度等，从制度上保证系统转换的正常进行。

（2）物质准备。在软件开发阶段不全面购进计算机和其他设备，是为了减少资金占用。在系统转换前，应当购置需要的硬件，准备机房、网络系统、服务器、客户机、稳压电源、UPS、打印机、磁盘等；安装好计算机系统和其他办公设备，需要的话接入Internet；准备好必要的耗材，如专用打印纸。

（3）文档准备。在系统开发结束后，系统转换前，应有一套完整的文档，文档是开发人员开发工作的依据，也是用户运行系统、维护系统的依据。对系统转换重要的文档是系统使用操作说明书，在系统转换前，开发者应编写出全面的系统使用操作说明书，便于培训系统使用人员。应避免系统软件设计出来了，而系统使用操作说明书等文档没有写出来的情况发生。如果系统使用人员参与了开发，他们对系统有了解，就不会耽误培训和使用。

文档资料要与实际系统的运行过程、要求一致，且符合一定的规范。在系统运行之前要准备齐全，形成正规的文件。但经常发生的情况是软件更新了，而文档资料还是老样子，因此不能忽视文档的及时更新。完整准确的文档能够为培训带来事半功倍的效果。

（4）数据准备。系统正常工作前，要对系统进行初始化，系统初始化要输入大量的初始化数据，因此，要做好数据的准备工作。

数据准备是从老的系统中整理出新系统运行所需的基础数据和资料，具体来说包括收集历史数据、数据口径的统一、数据资料的格式一致化、数据的分类和编码、遗失数据的补遗。数据准备的工作量是相当大的，应提前组织进行，否则会延迟系统转换的进程。

系统初始化还包括对系统的运行环境和资源进行设置，系统运行和控制参数的设定。这些参数也要准备好，在系统转换后系统初始化时输入这些参数。

（5）用户培训。对某些用户的培训在编程的时候就可以开始了，这样开发完后，用户已经熟悉系统如何使用了。对其他用户的培训应在系统转换前完成。

培训目的是保证系统实施计划的执行。培训对象是系统操作员、运行管理人员、系统管理人员和相关的管理人员。对相关的管理人员应进行培训，虽然他们不直接使用系统，但间接使用系统提供的数据，也要使他们对系统的功能和流程有所了解。不同人员的培训时间和内容不同。

培训内容包括系统整体结构、计算机基本知识、计算机基本操作与使用、系统设备的使用、汉字输入方法、系统输入方式和操作方式、常见故障与排除、运行操作注意事项、数据的备份、病毒的防治、灾难的避免和系统的恢复等。

用户培训前要制定培训大纲，用户培训大纲的内容一般包括：①新系统的目标和功能；②新系统与老系统的重要差别；③新系统的工作流程；④用户手册的使用方法；⑤时间进度。

7.4 系统的运行、维护与评价

7.4.1 系统的运行

新系统通过验收测试后，进入系统的运行阶段。这一阶段的任务主要是对用户来说的，用户应做好系统的日常管理工作，使系统处于良好的运行状态。物流信息系统运行的日常管理不仅仅是机房环境和设施的管理，更重要的是对系统每天运行状况、数据输入和输出情况以及系统的安全性与完备性进行及时如实的记录和处置。

物流信息系统经过系统切换后正式运行，系统运行管理包括系统的日常操作、维护等。系统投入使用后，要经过多次的开发、运行、再开发、再运行的螺旋式循环上升才能逐步完善。

系统正常运行的保障首先是建立相关的组织。在前面，我们说明了企业应当为系统的切换建立新的组织机构形式，如果还没有建立，在正常运行开始后必须建立，否则系统缺乏保障。

物流信息系统经过正式运行后，随着信息处理量的增加，信息系统在企业中的地位越来越重要。需要相应的组织来管理其日常的运行工作，目前，从信息系统在企业中的地位看有以下几种类型：

（1）归业务部门所有。信息管理部门为企业的某个业务单位所有，使得信息不能成为全企业的资源，只能为本单位提供信息服务。

（2）信息部门与企业的部门并列。企业有专门的信息部门，信息资源可共享，各单位权力相等。

（3）作为企业的参谋中心。这种组织方式有利于信息共享和支持决策，现在的趋势是集散系统，公司既有信息中心又允许部门拥有管理信息资源。

虽然转换前要求建立各种制度，但对大部分企业来说，建立物流信息系统是新的工作，许多问题处于探索阶段。往往在正常运行一段时期后，才建立完善的管理制度。

应建立完整的运行日志，运行日志可以在系统出现问题时帮助查找原因和恢复系统。运行日志有人工记录和计算机自动记录两种。计算机自动记录的日志包括操作系统日志、数据库日志、服务器日志和其他日志，这类日志也由开发人员设计。计算机自动记录日志可记录绝大部分的运行信息。

虽然计算机自动记录日志可记录绝大部分的运行信息，但还是需要人工日志。人工日志主要包括交接时间、设备异常问题、软件系统异常问题、用户反映、安全情况、人员签字等。

7.4.2 系统的维护

我们理解机器等硬件设备的维护，那物流信息系统的维护是不是加点机油、更换坏掉的部件？显然物流信息系统的计算机网络设备的维护也可以如此，但我们说的物流信息系统的维护一般指软件系统的维护。

物流信息系统在投入正常运行之后，其使用寿命短则四五年，长则达10年以上。用户的业务环境会发生变化，按照当时的业务需求开发的物流信息系统肯定不能一成不变，其功能要随着用户业务需求的变化而变化，这个理念就是系统的维护，并不是物流信息系统本身出现了问题。

维护工作是物流信息系统生命周期中花钱最多、延续时间最长、开发人员最出力不讨好的活动。维护已有的软件，有的竟没有余力开发新软件。软件的维护费用会远远超过系统的软件开发费用。软件维护费用与开发费用的比一般为2：1，一些大型软件的维护费用甚至达到了开发费用的50倍。

全面来讲，物流信息系统的维护包括硬件维护、数据维护、软件维护。

1）硬件维护

它主要是指对计算机网络设备、通信线路、服务器、客户主机及外设的日常维护和管理，如定期进行机器部件的清洗、润滑，设备故障的检修，易损部件的更换等，以保证系统正常有效地运行。

2）数据维护

它是指随着系统应用环境的变化需要调整系统的运行状态，有时不需要对程序代码进行更改，只对物流信息系统的参数进行调整，就可以调整系统的功能。数据维护的另一个含义是对系统的数据库结构进行调整，比如增加数据记录、修改数据库结构，删除一些不适当的过期数据。数据维护还包括运行时期的数据备份与恢复。

例如，病毒防护软件公司，经常发布新的病毒代码，其软件不做改动。再如图书馆自动化管理软件，软件公司会制作一些编目的标准数据，便于用户进行馆藏著作录入，定期地更新编目数据。有一些系统，其主要产品是数据，如清华数字图书，系统的升级就是不断地追加新数据。

3）软件维护

软件维护是对系统在源代码方面进行增加、修改、删除，以增加、调整系统的功能。软件维护具体来说可以划分为下面三种类型：

（1）纠错性维护。在系统投入运行后的实际应用过程中，随着数据的加载量增加和应用的深入，系统可能暴露出新的错误，修正系统中的错误，就是纠错性维护。这种错误往往是从未遇到过的，有些系统运行多年以后才遇到这种情况。在系统刚刚投入使用时，这类错误会发现很多。进行这类维护的手段是提供软件服务包（service pack），由用户从网站上下载安装，如微软公司提供的许多软件服务包都是纠错性维护。

（2）适应性维护。适应性维护是为了使系统适应环境的变化而进行的维护工作，如用户要求在新的操作系统中运行系统。机构调整、管理体制改变、业务流程的修改、数据与信息需求的变更等，都可能要求修改软件，使之适应应用对象的变化。大量的维护是适应性维护。如果用户提出的维护要对系统做根本性的修改，那就不再是维护了，而是新的系统开发生命周期的开始。

比如出现新的操作系统，原来的软件在Windows 98下运行正常，但现在大部分新的计算机安装了Windows 7、Windows 10，原来的软件在新的操作系统下不能全部正常运行，如取系统日期的函数Date（）在Windows 98下能运行，而在Windows 7、Windows 10下不能运行，需要把所有的Date（）都改为Now（）函数。32位系统升级为64位系统也不能保证100%兼容，个别程序也需要修改。

（3）预防性维护。系统维护工作应由开发部门主动进行，预防性维护不是完全等用户发现问题后再进行维护。开发部门发现系统存在问题，就应进行预防性维护。通过预防性维护为未来的修改与调整奠定更好的基础，消除潜在的错误。比如，开发公司主动提供的软件升级就是一种预防性维护手段。

人们往往认为系统的维护要比系统开发容易得多，维护工作不需要预先拟订方案，但事实是维护比开发更困难，需要更多的创造性工作。因为维护人员必须用较多的时间阅读及理解别人编写的程序和文档，对系统的修改不能影响该程序或文档的正确性和完整性，理解别人的程序不如理解自己的程序容易。

7.4.3　系统评价

物流信息系统投入使用后，效果如何？是否达到用户的要求？对企业是否起到提高管理水平，提高工作效率，提高企业形象的作用？这些都需要对物流信息系统进行正确的评价。该项工作由开发人员和用户共同进行，也可以由用户单独进行。有的开发合同不把系统评价作为开发商和用户双方必需的步骤。系统评价一方面有助于对系统当前运行效果有明确的认识，另一方面也为以后进一步提升系统做准备。大型物流信息系统开发分成一期工程、二期工程、三期工程等，前期工程的评价，对决定是否继续开发后续工程有参考作用。

1）系统评价的目的

系统评价的目的主要包括以下部分：

①检查系统的总体目标是否达到预期设计要求；②检查系统的功能是否达到预期设计要求，有哪些功能还存在不足；③检查系统的各项运行指标是否达到预期设计要求；④检查系统的实际使用效果与预期的比较；⑤根据评价结果，提出对物流信息系统的进一步的改进意见。

2）系统评价的内容

物流信息系统作为企业的一个投资工程项目，应从成本和效益两方面进行评价，计算其投资回收期。物流信息系统又是一个特别的项目，其成本容易计算，但其效益计算困难，往往很难用金钱衡量。系统评价的内容通常包括：

（1）成本是指项目最终的一次性投资成本，包括设备投资、开发费用、技术投资、经营费用、固定成本、变动成本。成本中的大部分是设备投资和开发费，可以从成本的角度评价其是否超出预算。

（2）效益包括直接的经济效益和间接的（社会）效益。项目实施后一般要减少工作人员，带来人工成本的节省，同时，项目效率提高带来了业务量的增加，由此增加了项目的收益。然而，对物流信息系统的直接经济效益的计算是不能全面涵盖物流信息系统的效益的，因为直接的经济效益往往很小。物流信息系统效益大部分体现在间接效益上，但间接效益不便于计算。

物流信息系统的应用提高了企业管理水平和管理效率，提高了企业对市场的适应能力，提高了企业的形象和知名度，体现了其间接效益。

除此之外，系统评价的内容还包括系统性能，如系统的完整性、可维护性、可靠性、适应性、方便灵活性、安全保密性、设备利用率、响应时间、系统吞吐量等。对系统进行上述技术评价的目的是评价系统的实际效能，为系统的进一步改进或更新提供决策依据。

基本训练

□ 知识题

1. 单项选择题

(1) 物流信息系统的测试步骤包括单元测试、(　　)、确认测试、系统测试和验收测试等。

A. 黑盒测试　　B. 白盒测试　　C. 定期测试　　D. 组装测试

(2) 直接转换、(　　)、分段转换都是物流信息系统的转换方式，应根据实际情况选择转换方式。

A. 人员转换　　B. 软件转换　　C. 并行转换　　D. 硬件转换

(3) 物流信息系统的维护包括硬件维护、(　　)、数据维护。

A. 设备维护　　B. 软件维护　　C. 安全维护　　D. 制度维护

2. 判断题

(1) 系统实施的任务就是把手工处理的业务系统转换为计算机处理的物流信息系统。(　　)

(2) 物流信息系统的维护是定期或不定期地对使用的计算机加油、清理、更换零配件。(　　)

(3) 对物流信息系统进行评价的主要目的是检查系统的总体目标是否达到预期设计。(　　)

3. 问答题

(1) 系统实施的任务是什么？

(2) 系统转换的方式有哪些？如何选择系统转换的方式？

(3) 简述系统维护的内容。

4. 课堂讨论题

你认为物流企业的物流信息系统应该怎样进行系统转换？

知识应用

□ 案例分析

关于物流信息系统切换（转换）的通知

各部门：

因工作需要，定于20××年12月8日10时对新、旧物流信息系统进行切换，届时各单位将无法使用原C/S版的《×××物流系统1.0》软件，请各单位做好工作安排。新信息系统B/S版《×××物流系统2.0》软件于20××年12月9日正式开始使用，新系统开始使用后，原C/S版《×××物流系统1.0》软件停止使用，现将有关事宜通知如下：

一、新系统使用IE浏览器打开，IE浏览器版本6.0以上。首选DNS服务器地址：192.168.0.123；备用DNS服务器地址：192.168.0.21；系统用户名统一使用各自的汉字姓名，密码统一为：123456，请用户登录后自行修改密码。

二、新信息系统网址：http：//www.wuliuxitong.com.cn。

三、添加DNS地址方法详见《用户使用须知》。

特此通知。

××部

20××年12月1日

问题：

1.该物流信息系统转换是从手工系统转为计算机物流信息系统，还是从旧计算机物流信息系统转为新系统？

2.该系统转换属于哪类系统转换方式？

3.该系统转换方式的优、缺点是什么？

思政小课堂

关键词：芯片、中国芯

芯片是绝大多数电子设备的核心部件，被誉为“工业粮食”。芯片制造技术代表当今世界微细制造的最高水平，其设计、封装、测试等诸多环节，不仅涉及核心硬件如光刻机的研制和应用，还涉及核心软件的开发和应用，可谓集人类超精细加工技术之大成，是对一国综合科技能力的极大考验。

以2000年国务院发布《鼓励软件产业和集成电路产业发展的若干政策》为标志，“中国芯”在自强的征程加速前行，此后“核高基”（核心电子器件、高端通用芯片、基础软件产品）工程启动、《国家集成电路产业发展推进纲要》制定并实施、国家集成电路产业投资基金成立并运作，“中国芯”一路风雨兼程。

今天，“中国芯”处在向高端水平艰苦“爬坡”阶段，更需要市场“看不见的手”和有为政府“看得见的手”协同发力。正是在这一背景下，我们看到国家教育政策果断重拳出击，纲举目张，从学科设置入手，以空前力度调动教育、教学和科研资源向“中国芯”集结。以此为基础和导向，相关高校和科研院所相应调整管理、服务和运行体制机制，设置新的院系组织架构，加强与芯片产业界的教学科研合作，推进芯片领域产教融合、产教一体，开设有利于“中国芯”人才培养的“主车道”“快车道”“超车道”。

芯片产业的自强，说到底是芯片人才自强，在此过程中，需要产业政策、金融政策等大力支持，更需要教育政策定向精准发力。十年树木，百年树人。“中国芯”自强，必须尊重人才培养的基本规律，既要时不我待，争分夺秒，又要一步一个脚印，久久为功。前程有日月，勋绩在河源。在“中国芯”自强的光明大道上，中国教育正在写下增光添彩的篇章。

资料来源 文心. 前程有日月 勋绩在河源（观潮亭）[N]. 人民日报（海外版），2021-04-05（9）.

第8章 C/S结构物流信息系统设计实例

学习目标

知识目标：掌握仓储信息系统的实际开发思路、方法、构建过程；掌握仓储信息系统开发每一阶段的工作内容。

技能目标：通过本章开发实例的学习，应能够开发类似规模的物流信息系统，设计出系统目标和功能、系统网络结构、系统设计流程、仓储作业流程、数据流程图、系统功能模块、数据存储设计、表间主要关系、参照完整性、视图设计、报表设计、菜单设计等内容。

8.1 概述

8.1.1 系统目标和功能

传统仓库管理完全由人来完成，以手工记录为主，当企业的物流业务发展到一定规模之后，随着订单数量的增加，客户需求日益个性化，执行效率就成为物流业务发展的瓶颈，单纯依靠人力资源的增加已不能提升出入库执行的速度，成本反而会大幅度上升，同时差错频发。

一个仓储中心的高效率是取得竞争优势和获得更高利润的关键。客户对仓储中心的作业效率、准确率、响应速度、作业量等提出了更高的要求。随着客户要求的提高，业务规模急剧扩大，管理规模和复杂程度也急剧增加，急需采用现代信息技术提高管理效率和水平。现代化的仓储管理系统的开发就是在此背景下提出的。

系统开发的总体目标是建成一个完整统一、技术先进、高效稳定、安全可靠的仓储管理系统，对商品入库、储存、出库等整个业务过程实施计算机网络化管理，实现全流程的计算机信息处理。充分利用现代计算机技术对内实施联网销售，资源共享，实现业务财务一体化，对外同客户进行动态业务交流，达到加快物资流转，提高综合效益的目的。

仓储管理系统具有入库管理、在库管理、出库管理、统计分析以及系统维护等功能。

8.1.2 系统网络结构

仓储管理系统是多用户的网络系统。仓储管理系统硬件部分包括小高架、托盘、电动叉车、电子显示标签、桥架及支架、无线采集器、计算机及辅助设备等。系统基于C/S+B/S混合结构，仓储管理主要业务处理采用C/S结构，外部客户查询自己货物的信息采用B/S方式。仓储管理系统网络结构如图8-1所示。

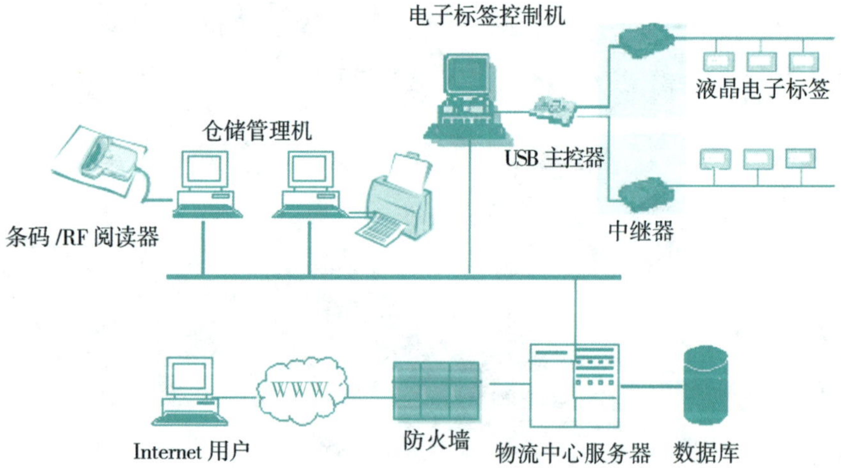

图8-1 仓储管理系统网络结构

仓储管理系统支持条码和射频（电子标签）两个部分，出入库货物扫描器条码或电子标签。本系统还采用另外一种电子标签——液晶式电子标签，用于储位管理，它由64×128点阵液晶显示器、指示灯、按钮组成，采用液晶显示器显示货物的名称和数量。液晶电子标签比数码管电子标签具有更多的功能，能显示更多的信息。通过直接显示货物的名称，使仓库工作人员很方便直观地掌握各货物的具体信息。

我们设计采用千兆主干网、百兆交换机连到桌面的大型网络解决方案，方案特点如下：

（1）千兆骨干网、百兆交换机连到桌面；楼宇建筑之间千兆光纤，库房内部百兆光纤。

（2）虚拟网络方便管理、提高了网络安全与性能。

（3）系统安全，保密性高。

网络设备组成为：Cisco 3640路由器一台，多台3524/3548交换机连接到桌面。千兆主干网、百兆带宽连接到桌面的方式能将网络的优越性发挥得淋漓尽致，即使有更多用户要加入，网络带宽也不至于成为瓶颈。

远程访问的路由器为Cisco 3640，3640共有四个接口插槽，可选配更多的拨号端口或将空余插槽留作以后网络扩充用；3640的局域网接口也为模块形式，用户可根据远程访问的数据量大小选择10M或10/100M端口，使广域网的容量能随局域网的改进作相应提高。

后端有域服务器、数据库服务器、Web服务器、邮件服务器，这些服务器角色如果经费紧张可以放在一台物理服务器中。服务器操作系统用Windows 2000 Server。数据库系统用SQL Server 2000，Web服务器用IIS 5.0。

前端客户机放在仓库管理位中，客户机操作系统安装Windows 2000、XP，浏览器安装IE 7.0以上版本。客户端不要求安装Access，专门购买了开发版的Office，可以无限制地在客户端安装开发的C/S结构Access应用系统程序。

整个系统采用C/S+B/S的混合结构，对数据输入、编辑操作采用功能完善、强大的C/S结构，在整个网络中对数据的查询采用B/S结构。整个系统采用速度很快的两层结构，开始的时候，没有采用技术比较复杂的具有应用程序服务器的三层系统结构。

系统设计是先进行整体的数据规划，按照数据库规范进行数据存储的设计，以满足全部管理业务的需要。全部的设计工作除了后端用SQL Server 2000外，前端C/S结构的程序全部用Access。后端数据库的设计也是先在Access中完成，然后升迁到SQL Server 2000中的。这样比直接在SQL Server中设计数据库效率要高，因为可以利用Access的许多生成器工具。管理类信息系统对不同的用户、用户不同时期要做大量的定制工作，根据用户经常变更的需要进行程序的修改，因此，应选择快速开发工具，使用Access进行二次开发比用其他工具要快速、方便。

因整个系统非常庞大，为便于教学，我们选择仓储管理部分业务作为具体实例来讲解。

8.1.3 系统设计流程

根据本项目的大小和采用的可视化开发工具，对瀑布模型的生命周期阶段进行裁减，本项目的开发过程简单分为六个阶段：系统分析，概念设计，逻辑设计，物理设计，数据库设计，运行、使用和维护。项目采用Access开发工具和可视化开发方法，快速开发一个仓储管理系统数据库，应用程序的设计流程如图8-2所示。

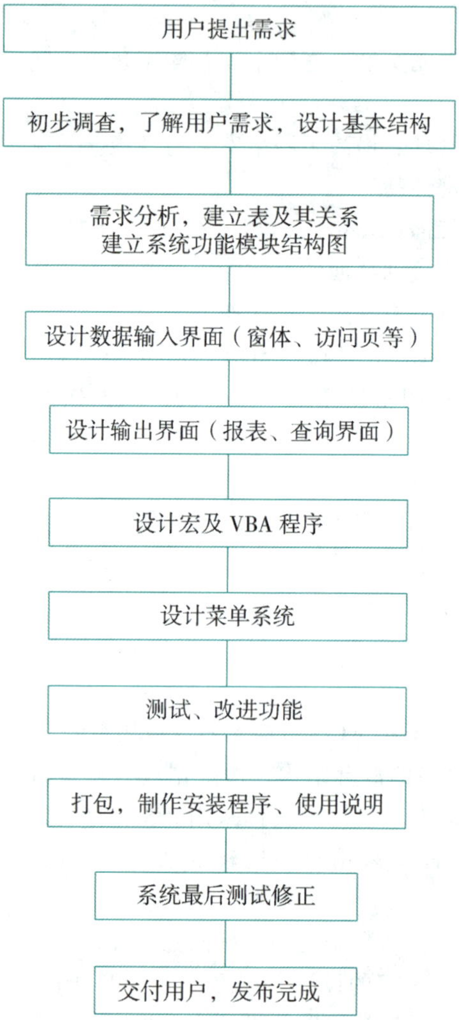

图8-2 系统开发设计流程

项目由用户提出后，开发人员到用户处了解情况，拟订出初步的方案，征得用户同意后，开始系统的分析与设计。

8.2　系统分析

8.2.1　业务流程分析

通过与用户的交流，我们了解到仓储管理系统的主要业务是商品入库、库存（保存）、出库（分拣出货）和费用结算。仓储作业流程如图8-3所示。

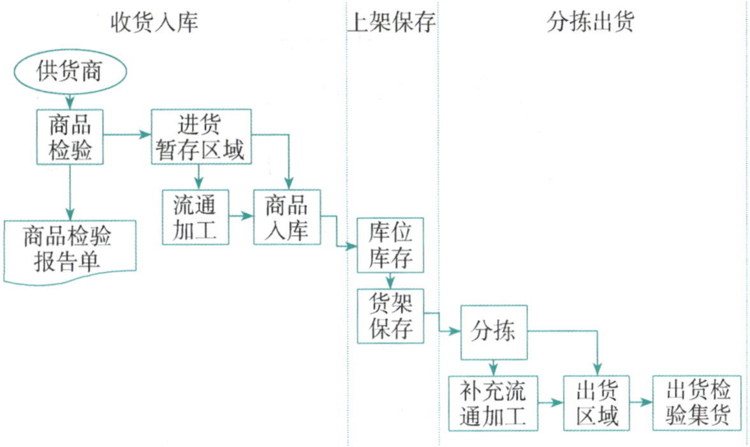

图8-3　仓储作业流程

图8-3描述了业务实际过程，包括数据和实际业务的处理。从对数据的处理过程看，入库流程是先由客户或管理者提交申请入库单，此时生成入库单编号，此单属性为“申请入库单”。然后管理者审批该申请入库单，如果审批通过，此单属性变更为“入库单”；如果审批未通过，需要写明未通过原因，且此单属性变更为“未批准”。审批通过的入库单，产品确实到货入库后，由管理者验收，如果验收通过，此单属性变更为“验收入库单”；如果验收未通过，需要写明未通过原因，且此单属性变更为“未通过”。最后，完成入库业务，同时，验收入库单中的产品，并将数据写入库存。

出库流程是客户或管理者提交申请出库单，此时生成出库单编号，此单属性为“申请出库单”。然后管理者审批该申请出库单，如果审批通过，此单属性变更为“出库单”；如果审批未通过，需要写明未通过原因，且此单属性变更为“未批准”。审批通过的出库单，产品确实出库后，由管理者验收，如果验收通过，此单属性变更为“验收出库单”；如果验收未通过，需要写明未通过原因，且此单属性变更为“未通过”。最后，完成出库业务，同时，验收出库单中的产品数据在库存中相应减少。

调储流程由管理者提交调储业务单，此时生成调储单编号，选择产品及其预调储到的储区和储位，然后，完成调储业务，同时，调储单中的产品所在储区及储位在库存中相应变更。

库存业务是日常管理，仓库管理人员应经常查看相关库存情况。原系统是比较复杂的，我们在此做了大量简化，以说明设计的过程。

8.2.2 数据流程图

总的业务处理的过程如下：客户来办理仓储业务，提交申请（申请入库、出库），仓储企业接受申请，开始办理业务，业务处理完后给客户回执，内部处理时与仓储数据进行数据交换。据此制作第一层数据流程图，如图 8-4 所示。

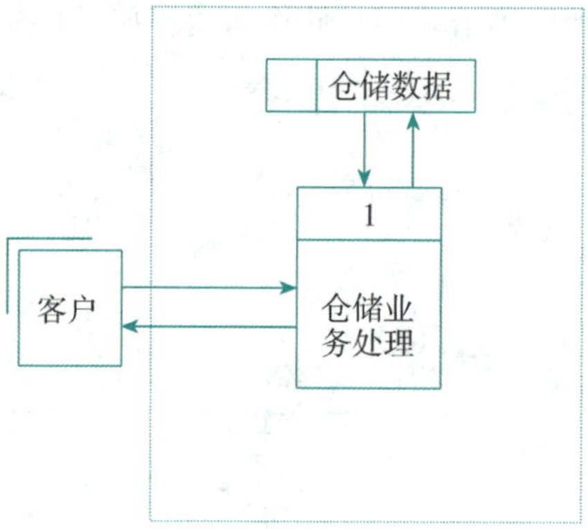

图8-4 第一层数据流程图

对第一层的业务再详细分析，仓储业务主要包括三项：入库、出库、调储。输入的数据分别存放到入库单、出库单、调储单中。制作第二层数据流程图，如图 8-5 所示。

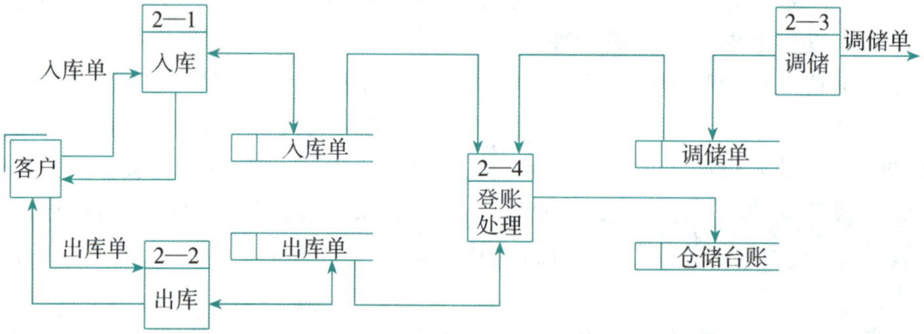

图8-5 第二层数据流程图

8.2.3 系统功能模块

通过与用户进行交流，我们了解到仓储管理系统的主要功能包括：入库、出库、调储、库存、结算费用、报表管理和基础数据维护。

这些是从用户角度来看的仓储管理系统的主要功能，随着需求进一步细化，用户会增加一些功能，比如客户管理。考虑到计算机操作的特点，也增加一些功能，比如系统用户登记和登录密码校验。

仓储管理系统功能如图 8-6 所示。

入库管理功能包括新增入库单、修改入库单、审核、验收入库单、打印入库单等功能，如图 8-7 所示。

图8-6　仓储管理系统功能

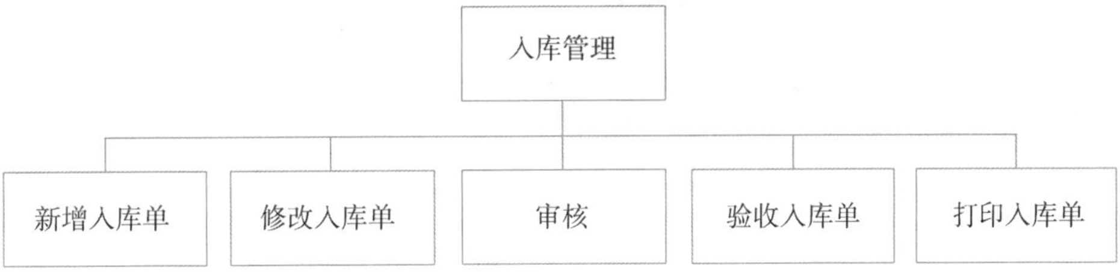

图8-7　入库管理

出库管理功能包括新增出库单、修改出库单、审核、验收出库单、打印出库单等功能，如图8-8所示。

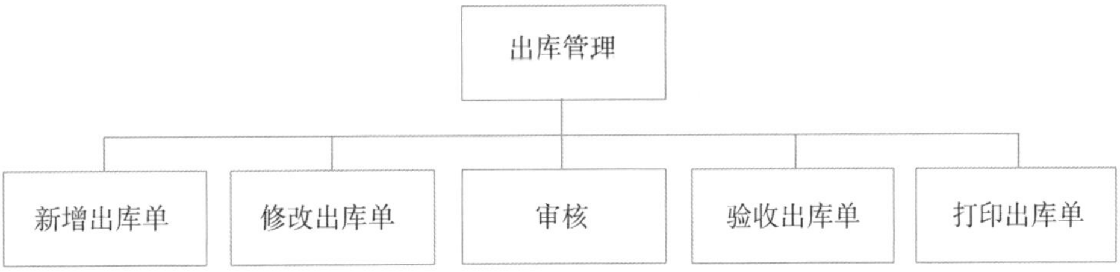

图8-8　出库管理

调储管理包括新增调储单、修改调储单、调储、打印调储单等功能，如图8-9所示。

基础数据维护包括如客户、用户、库位、产品等基本信息，基础数据维护包括对这些数据的增加、修改、删除、查询、打印等操作，如图8-10所示。

用户管理包括增加用户、修改用户、删除用户、查询用户、打印用户、口令管理等功能，如图8-11所示。

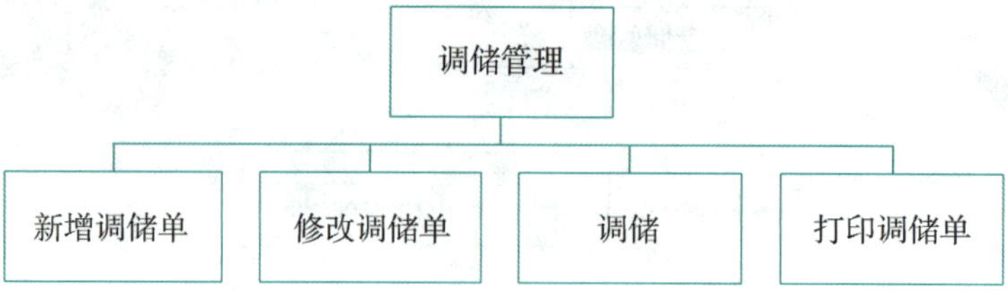

图8-9 调储管理

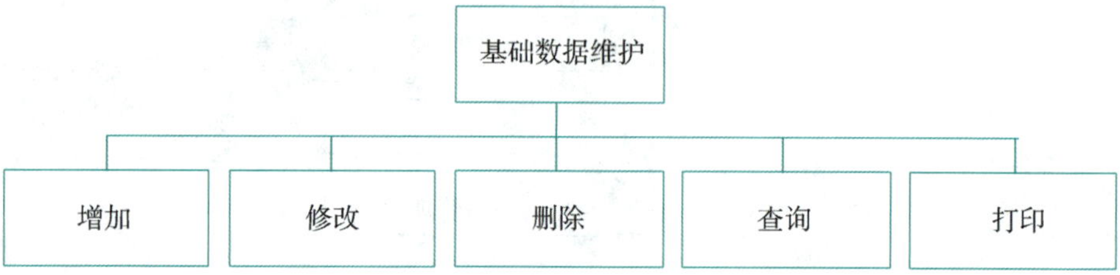

图8-10 基础数据维护

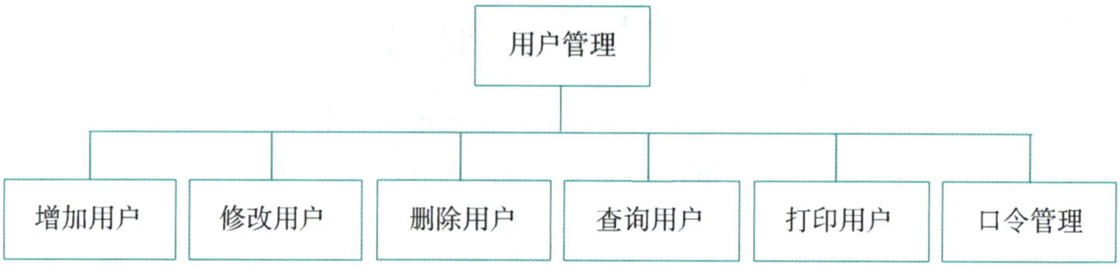

图8-11 用户管理

8.3　数据存储设计

从数据流程图中可以看到，系统主要有三个数据实体：一是入库单；二是出库单；三是库存台账。下面我们对入库单、出库单、库存台账进行深入分析，然后设计存储结构。

8.3.1　设计表

通过数据分析，按照数据库设计的规范化原则，先对每个实体建一张或多张表。然后再根据系统运行的需要建立一些辅助表，如用户管理、安全管理的表等。

仓储管理的核心是围绕入库单、出库单、库存台账进行的，入库单示例如图8-12所示。每笔入库业务处理成一张入库单，每张入库单可包含不同类型的商品。入库单的数据存储分成两个表：一个表存放一张单据上只出现一次的数据记录，如客户名称、日期、入库单号等；另一个表存放一张单据上出现不定次数的数据记录，每个记录表示一种类型的商品。

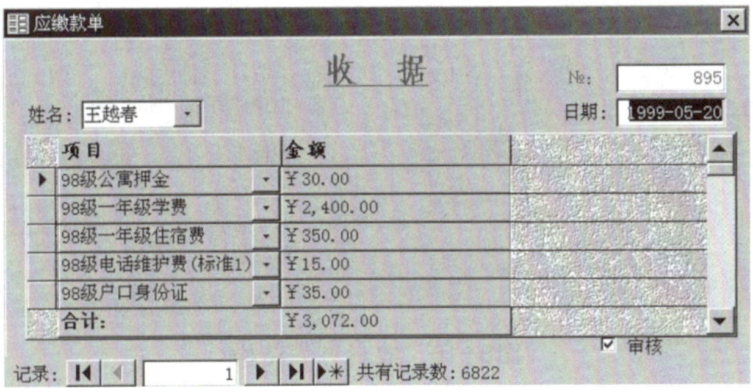

图8-12　入库单

仓储管理系统主要包括以下表：

1）系统用户表

其用于存放仓储管理系统的用户信息，用户包括超级用户、经理人、一般管理者操作员等。关键字段是雇员ID，其数据类型为自动增加。字段如图8-13所示。

系统用户：表

字段名称	数据类型	
雇员ID	自动编号	自动赋予新雇员的编号。
姓名	文本	
职务	文本	雇员的职务。
尊称	文本	礼貌的称呼。
出生日期	日期/时间	
雇用日期	日期/时间	
地址	文本	街道或邮政信箱。
城市	文本	
地区	文本	省、市。
邮政编码	文本	
国家	文本	
家庭电话	文本	电话号码包括国家代号或区号。
分机	文本	内部电话分机号码。
照片	文本	雇员照片。
电子邮件	文本	
备注	备注	有关雇员背景的一般信息。
上级	数字	雇员的上级。

图8-13　系统用户表字段

2）客户表

客户表存放客户信息，关键字段是客户ID。表结构如图8-14所示。

客户：表

字段名称	数据类型	
客户ID	文本	基于客户名称的 5 字符唯一代码。
公司名称	文本	
联系人姓名	文本	
联系人职务	文本	
地址	文本	街道或邮政信箱。
城市	文本	
地区	文本	州或省
邮政编码	文本	
国家	文本	
电话	文本	电话号码包括国家代号或区号。
传真	文本	电话号码包括国家代号或区号。

图8-14 客户表结构

3）收货方表

收货方表存放收货方客户信息，关键字段是收货方ID。表结构如图8-15所示。

收货方：表

字段名称	数据类型	
收货方ID	文本	5 字符唯一代码。
公司名称	文本	
联系人姓名	文本	
联系人职务	文本	
地址	文本	街道或邮政信箱。
城市	文本	
地区	文本	州或省
邮政编码	文本	
国家	文本	
电话	文本	电话号码包括国家代号或区号。
传真	文本	电话号码包括国家代号或区号。
电子邮件	文本	
网址	文本	

图8-15 收货方表结构

4）产品表及产品类别表

产品表存放出入库的全部产品信息码，关键字段是产品ID，表结构如图8-16左边所示。产品类别表放出入库的全部产品所属类别，表结构如图8-16右边所示。

产品：表

字段名称	数据类型	
产品ID	自动编号	自动赋予新产品的编号。
产品名称	文本	
颜色	文本	
包装单位	文本	（例如， 24 装箱、一公升瓶）。
重量	数字	
外箱长	数字	
外箱宽	数字	
外箱高	数字	
类别ID	数字	与类别表中的项相同
日期	日期/时间	
备注	数字	
再订购量	数字	为保持库存所需的最小单元数。
操作员代码	数字	
库存量	数字	
中止	是/否	"是"表示产品可用。

类别：表

字段名称	数据类型	
类别ID	自动编号	自动赋予新类别的编号。
类别名称	文本	食品类别名称。
说明	备注	
图片	OLE 对象	描绘食品类别的图片。

图8-16 产品表及产品类别表结构

5）仓库表

仓库表存放仓库全部信息，关键字段：仓库代码。表结构如图8-17所示。

仓库：表

字段名称	数据类型	
仓库代码	文本	
仓库名称	文本	
国家	文本	
城市	文本	
地址	文本	
邮政编码	文本	
传真	文本	
联系电话	文本	
税务	文本	保税/非保税
环境	文本	一般、冷冻、恒温、恒湿、危险品
操作员	数字	
日期	日期/时间	
中止	是/否	在用

图8-17　仓库表结构

6）入库单表

用入库单表与入库单明细表两个表来存储入库单数据，这两个表的关系是一对多的关系，链接关键字是入库单编号。这两个表的设计是整个系统设计的关键，如果用一个表存放入库单的数据，将造成大量的数据冗余。关键字段：入库单编号。表结构如图8-18所示。

入库单 ：表

字段名称	数据类型	
入库单编号	自动编号	唯一入库单编号。
客户	文本	与客户表中的项相同。
审批人	数字	与系统用户表中的项相同。
提交申请日期	日期/时间	
申请入库日期	日期/时间	
审批状态	是/否	
未通过原因	文本	
验收日期	日期/时间	
验收入库人员	数字	与系统用户表中的项相同。
有效状态	是/否	入库单是否是废单
结转	是/否	是否转入台账

图8-18　入库单表结构

7）入库单明细表

入库单明细表存放入库单中的各种信息，关键字段：入库单编号+产品编号。表结构如图8-19所示。

入库单明细：表

字段名称	数据类型	
入库单编号	自动编号	唯一入库单编号。
产品编号	数字	
包装单位	文本	
重量	数字	
外箱长	数字	
外箱宽	数字	
外箱高	数字	
件数	数字	
仓库	文本	
储区	文本	
储位	文本	

图8-19　入库单明细表结构

8）出库单表

出库单表类似于入库单表。用出库单表与出库单明细表两个表来存储出库单数据，这两个表的关系是一对多的关系，链接关键字是出库单编号。如果用一个表存放出库单的数据，将造成大量的数据冗余。关键字段：出库单编号。表结构如图8-20所示。

出库单 ：表

字段名称	数据类型	
出库单编号	自动编号	唯一出库单编号。
收货方	文本	
验收出库日期	日期/时间	
验收出库人员	数字	与系统用户表中的项相同。
结转	是/否	是否转入台账
审批人	数字	与系统用户表中的项相同。
提交申请日期	日期/时间	
申请出库日期	日期/时间	
审批状态	是/否	
未通过原因	文本	
有效状态	是/否	出库单是否是废单

图8-20　出库单表结构

9）出库单明细表

出库单明细表存放出库单中的各种信息，关键字段：出库单编号+产品编号。表结构如图8-21所示。

出库单明细：表

字段名称	数据类型	
出库单编号	自动编号	唯一出库单编号。
产品编号	数字	
包装单位	文本	
重量	数字	
外箱长	数字	
外箱宽	数字	
外箱高	数字	
件数	数字	
储区	文本	
储位	文本	

图8-21　出库单明细表结构

10）调储单表

调储单表存放商品的库位调整信息，用调储单表与调储单明细表两个表来存储调储单数据，这两个表的关系是一对多的关系，链接关键字是调储单编号。关键字段：调储单编号。表结构如图8-22所示。

调储单：表

字段名称	数据类型	
调储单编号	自动编号	唯一调储单编号。
客户	文本	与客户表中的项相同。
审批人	数字	与系统用户表中的项相同。
调储日期	日期/时间	
仓库	文本	
未通过原因	文本	
操作人员	数字	与系统用户表中的项相同。
有效状态	文本	调储单是否是废单

图8-22　调储单表结构

11）调储单明细表

调储单明细表存放调储单中的各种信息，关键字段：调储单+产品编号。表结构如图8-23所示。

调储单明细：表

字段名称	数据类型	
调储单编号	自动编号	
产品编号	文本	
包装单位	文本	
重量	数字	
外箱长	数字	
外箱宽	数字	
外箱高	数字	
件数	数字	
原储区	文本	
原储位	文本	
新储区	文本	
新储位	文本	

图8-23　调储单明细表结构

12）库存台账表

库存台账表存放在库的所有商品信息，关键字段是流水号。表结构如图8-24所示。

库存台账 ：表

字段名称	数据类型	
流水号	自动编号	
仓库代码	文本	
储区	文本	
储位	文本	
客户	文本	
产品编号	数字	
数量	数字	件数
重量	数字	
件数	数字	

图8-24　库存台账表结构

8.3.2　表间关系

系统各主要的表之间的关系如图8-25所示，基本都是一对多的关系。

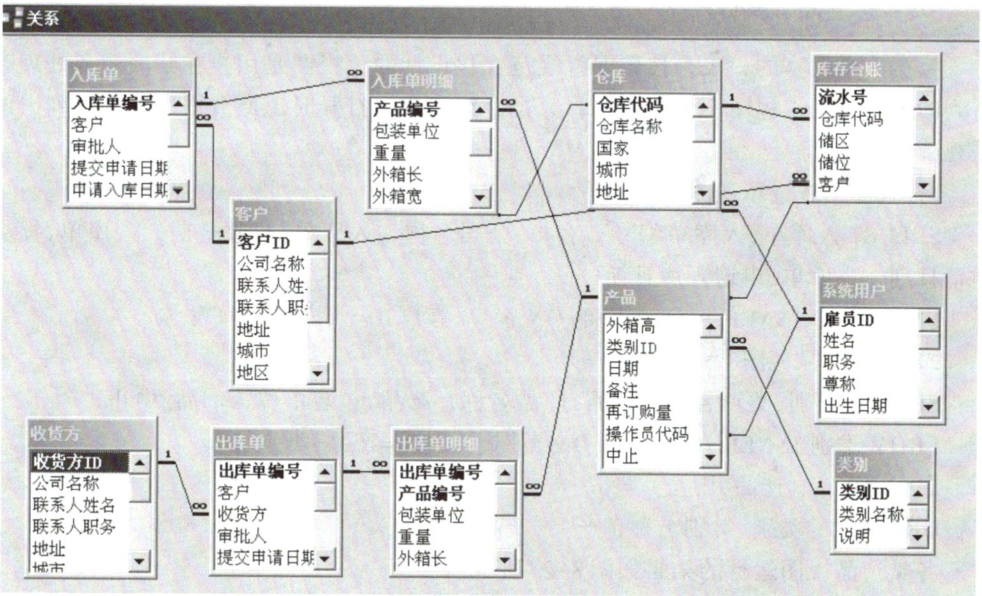

图8-25　表间主要关系

8.3.3 参照完整性设计

根据出库单的结构，一张完整的出库单数据用两个表——出库单表和出库单明细表来存放。它们是一对多关系，并且实行参照完整性，级联更新相关字段，级联删除相关记录。出库单参照完整性如图 8-26 所示。

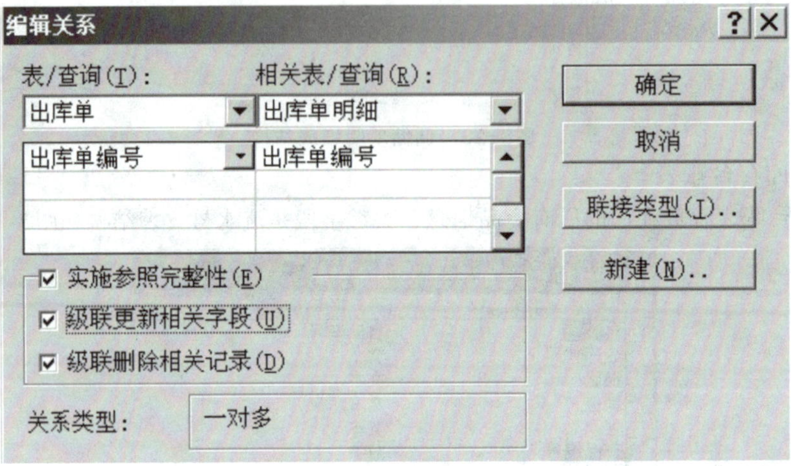

图8-26　出库单参照完整性

入库单表、入库单明细表及调储单表、调储单明细表也实行同样的参照完整性。其他的表间关系都是实施参照完整性。由于我们在此设计的表的关键字段采用自动编号，关键字段的值也不可更改，关系中可以不加级联更新相关字段。如果关键字段的值可以更改，关系中应加上级联更新相关字段。

8.3.4 视图设计

数据库是共享的，表是按数据库规范优化设计的，视图是用户在某项业务处理时看到的逻辑数据。视图不保存数据，只是一组命令，打开时返回数据，下面只列出两个视图。

1）入库单查询单视图

SELECT 入库单.入库单编号，客户.公司名称，入库单.验收日期，入库单.提交申请日期，入库单.申请入库日期

FROM 客户 INNER JOIN 入库单 ON 客户.客户 ID=入库单.客户；

2）各类产品视图

SELECT 类别.类别名称，产品.产品名称，产品.包装单位，产品.中止

FROM 类别 INNER JOIN 产品 ON 类别.类别 ID=产品.类别 ID

WHERE （（产品.中止）=No）

ORDER BY 类别.类别名称，产品.产品名称；

各类产品视图运行的结果如图 8-27 所示。

各类产品：选择查询

类别名称	产品名称	单位数量	中止
点心	饼干	每箱30盒	☐
点心	蛋糕	每箱24个	☐
点心	桂花糕	每箱30盒	☐
点心	花生	每箱30包	☐
点心	绿豆糕	每箱24包	☐
点心	棉花糖	每箱30盒	☐
点心	牛肉干	每箱30包	☐
点心	巧克力	每箱30盒	☐
点心	山楂片	每箱24包	☐
点心	薯条	每箱24包	☐
点心	糖果	每箱30盒	☐
点心	玉米饼	每箱24包	☐
点心	玉米片	每箱24包	☐
调味品	蕃茄酱	每箱12瓶	☐

记录：1　共有记

图8-27　各类产品视图运行的结果

8.4 输入设计——窗体设计

窗体基本上是按实际业务手工处理的方式在计算机中处理的界面，手工处理业务的单位是“一笔业务”。例如，输入一种新产品是一笔业务，输入一种新产品类别是一笔业务，输入一张入库单也是一笔业务。设计某一业务处理的窗体，先要分析这“一笔业务”对应的数据存储特点。

业务数据按复杂度可以分成两类：一类是简单业务数据，一笔简单业务的数据存储在一个表里，对应表中一条记录，如产品类别等；另一类是复杂业务数据，一笔复杂业务的数据存储在两个表或两个以上的表，如入库单、出库单、调储单等。

Access中的窗体（form）是最终用户用Access处理自己业务数据的界面，用户通过窗体按自己习惯的方式、格式操作业务数据。从数据库角度来说，用户通过窗体可以显示、增加、编辑、删除、查询、打印表的数据记录，控制系统的运行。使用窗体，用户可对数据做更多的操作控制，比如对数据可以做更加复杂的有效性检验。

窗体也是Access中最复杂的一种对象，窗体的类型、窗体的属性、窗体的设计要素——控件也非常多，只有这样，才能尽可能满足用户个性化的要求。高级的窗体设计要用VBA进行编程，对窗体进行精细化设计。一个数据库应用系统包含许多窗体，窗体设计是开发工作中最耗时、最费力的工作，是整个开发工作的核心。

Access提供六种基本类型的窗体：纵栏式、表格式、数据表式、主-子窗体、数据透视表式和图表式。简单业务可以采用纵栏式、表格式、数据表式窗体设计数据输入界面；复杂业务采用主-子窗体设计数据输入界面。应根据业务类型和需要选择相应类型的窗体。

窗体设计包括窗体格式和窗体事件代码。为了提高设计效率，可先用窗体向导设计出窗体原型，窗体向导设计出初步的窗体格式及VBA代码，然后用手工进一步修改，添加部分关键代码。

对系统的功能模块结构图的每一个最底层模块至少应设计一个窗体。从最简单的代码表开始，逐步设计较复杂的操作窗体。

1）客户窗体

客户窗体用于输入客户信息，其设计视图如图8-28所示。

2）入库单窗体

入库单窗体同时对两个表进行输入记录操作，主窗体对入库单表操作，子窗体对入库单明细表操作。主窗体、子窗体通过入库单号作为链接字段，实现了同时对两个表进行输入记录的操作，也用于修改入库单和入库单查询。入库单窗体运行图如图8-29所示，设计图如图8-30所示。

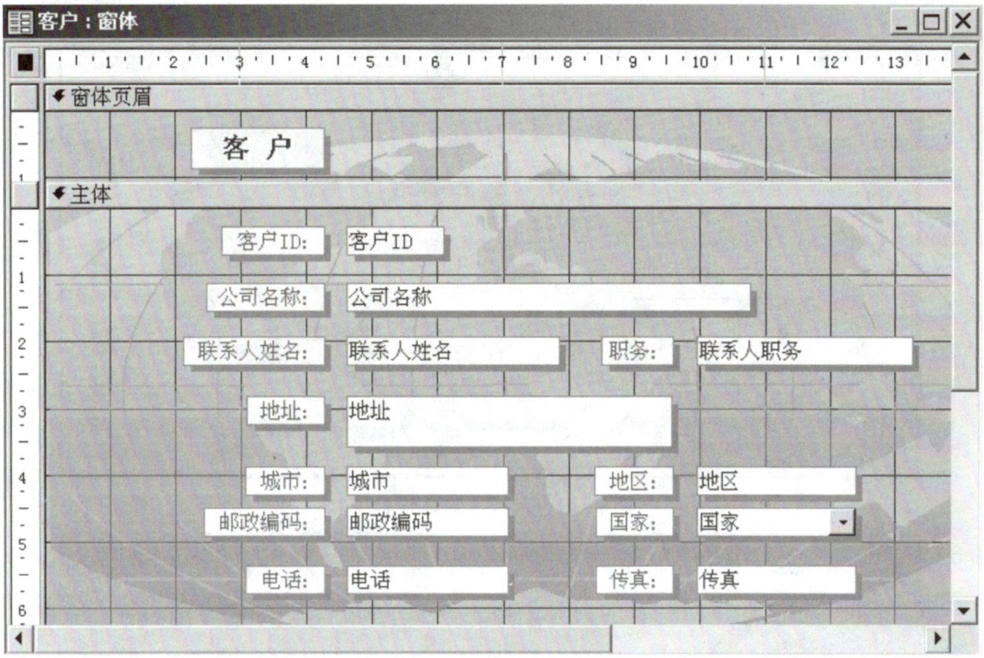

图8-28 客户窗体设计视图

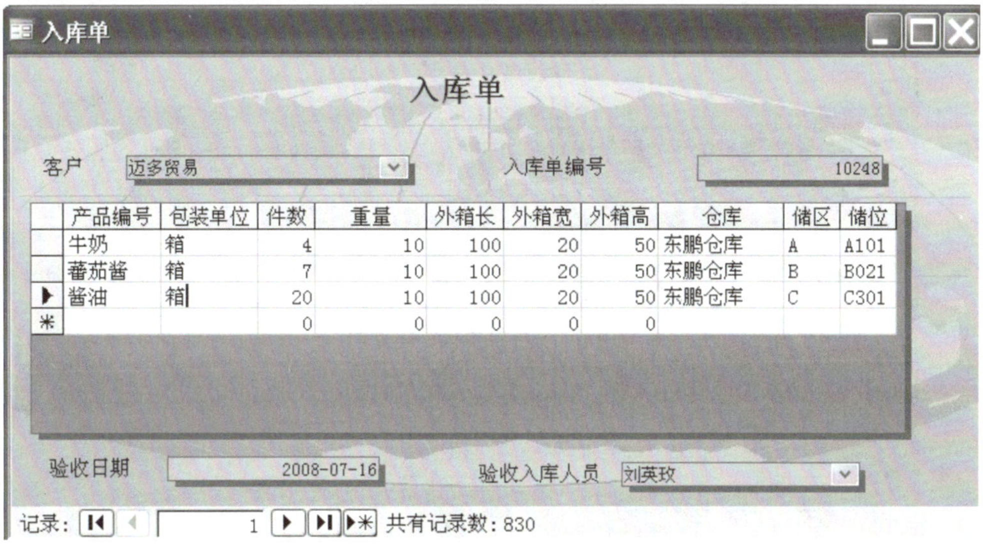

图8-29 入库单窗体运行图

3）出库单窗体

出库单窗体用于输入出库单，也用于修改出库单和出库单查询。出库单窗体运行图如图8-31所示。

4）调储单窗体

调储单窗体用于输入调储单。调储单窗体运行图如图8-32所示。

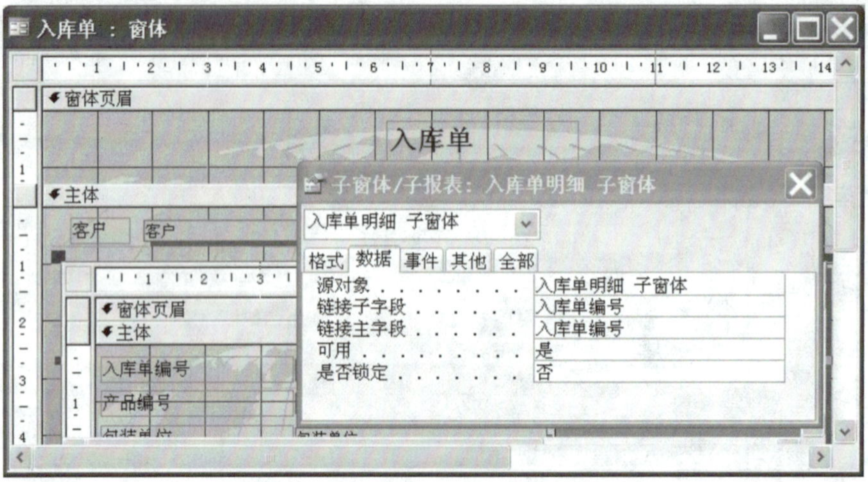

图8-30 入库单窗体设计图

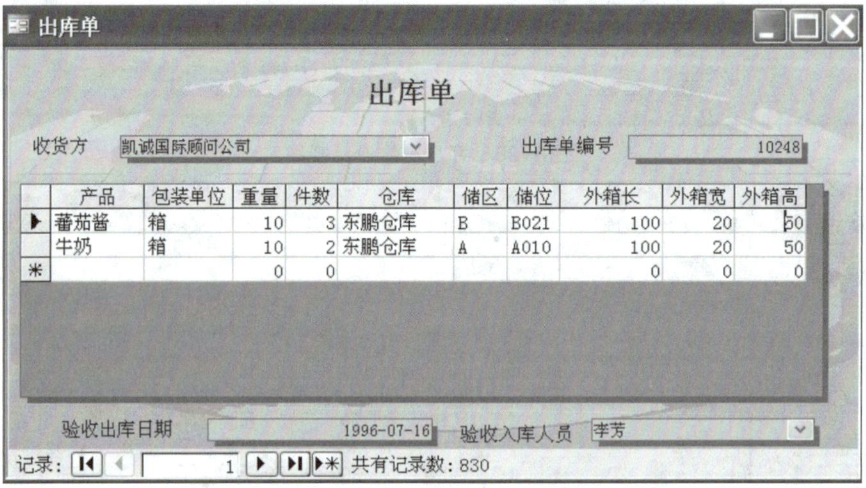

图8-31 出库单窗体运行图

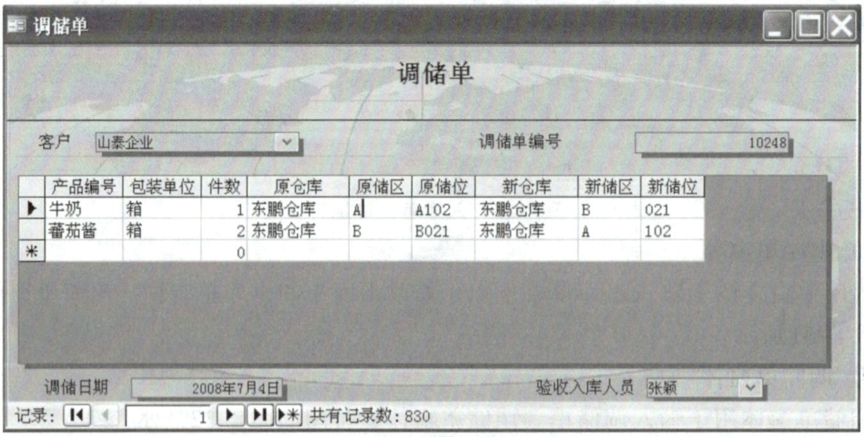

图8-32 调储单窗体运行图

5）仓库窗体

仓库窗体用于输入仓库信息，也用于显示查询仓库的信息，如图8-33所示。

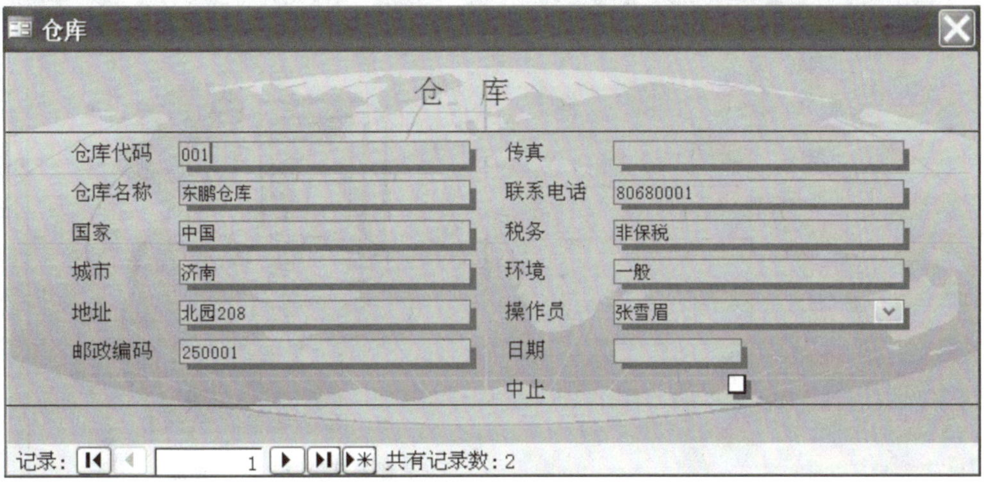

图8-33 仓库窗体运行图

6）产品窗体

产品窗体用于输入产品信息，也用于显示查询产品的信息。产品窗体运行图如图8-34所示。

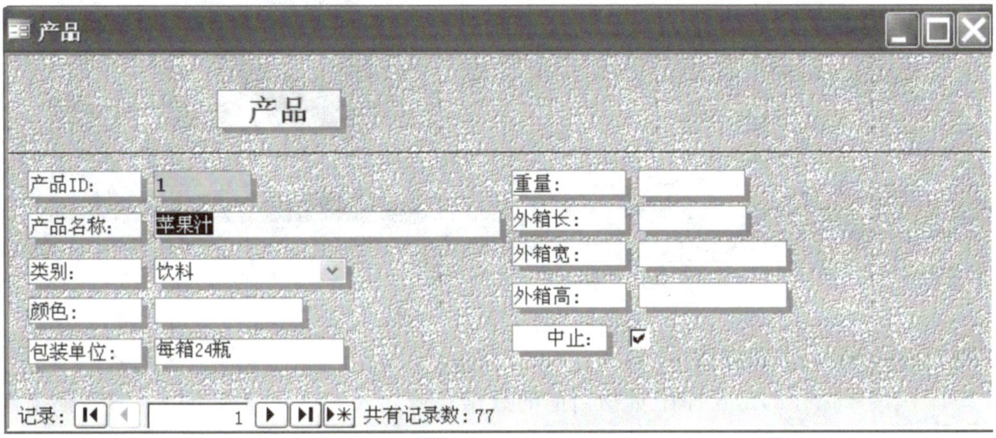

图8-34 产品窗体运行图

7）系统用户窗体

系统用户窗体用于输入本企业的雇员，也用于显示查询雇员的信息，如图8-35所示。

8）产品类别窗体

产品类别窗体用于输入产品类别信息，如图8-36所示。

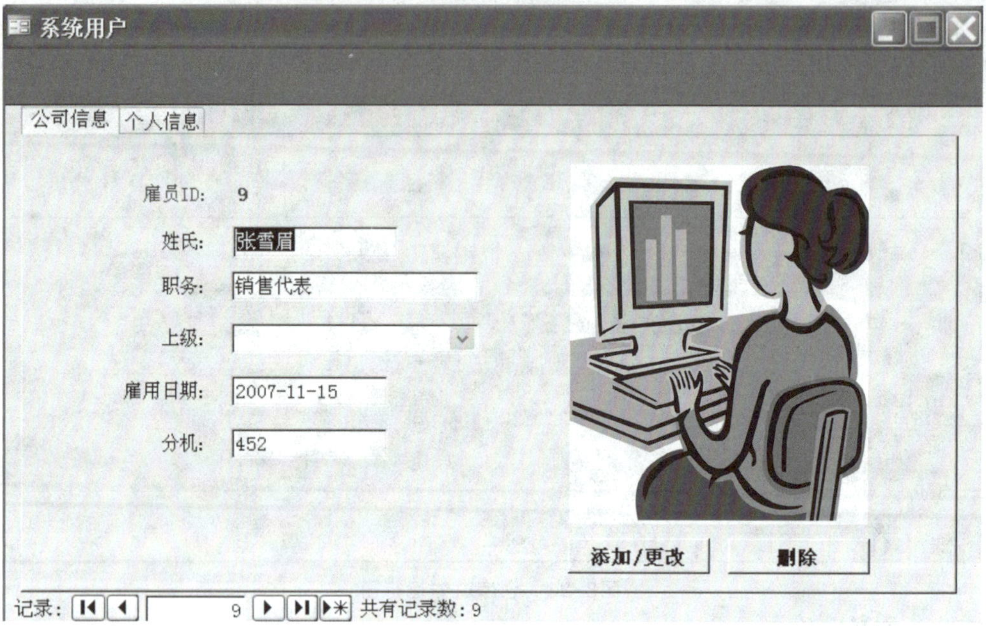

图8-35 系统用户窗体

图8-36 产品类别窗体

9）库存台账更新窗体

库存台账保存的是仓库中货物当前的数据，输入入库单和出库单后，需要根据输入的入库单和出库单对仓库中对应的货物数据进行更新，为了防止同一张单据重复更新，要对更新过的单据做标记，通过入库单和出库单的结转字段来完成。更新过的入库单和出库单也不能进行修改。

用入库单更新库存台账，应先按客户、产品类型、包装单位、仓库、储区、区位统计出数量，然后把对应的数据合并到库存台账中。如果库存台账有对应的记录则对数量进行累加；如果库存台账没有对应的记录则增加对应记录。用出库单更新库存台账，应先按客户、产品类型、包装单位、仓库、储区、区位统计出数量，然后把对应的数据合并到库存台账中。库存台账有对应的记录则对数量进行减法计算。为简单起见，实例中只以客户、产品类型为统计关键字段。结转入/出库单窗体如图8-37所示。

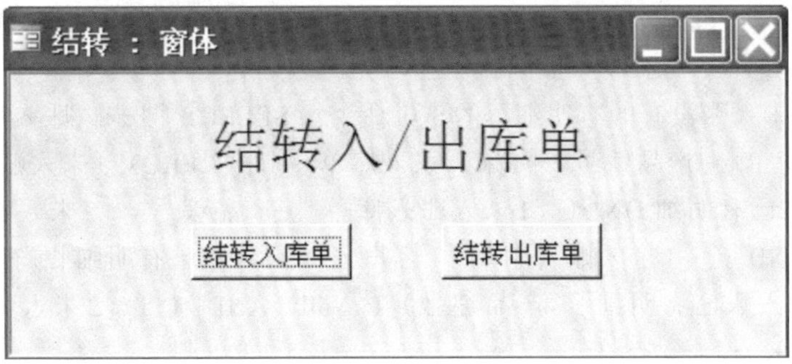

图8-37　结转入/出库单窗体

结转入库单命令按钮的命令如下：单击命令按钮执行宏“入库单结转”

```
Private Sub Command0_Click（）
On Error GoTo Err_Command0_Click
  Dim stDocName As String
   stDocName=ChrW （20837） & ChrW （24211） & ChrW （21333） & ChrW
（32467） & ChrW （-28820）
  DoCmd.RunMacro stDocName
Exit_Command0_Click：
Exit Sub
Err_Command0_Click：
  MsgBox Err.Description
  Resume Exit_Command0_Click
End Sub
```

入库单结转宏的命令是执行一系列查询命令，如图8-38所示。

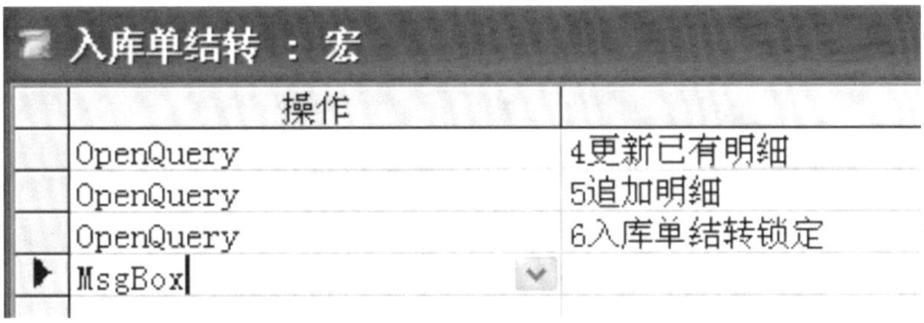

图8-38　入库单结转宏

入库单结转执行的命令是SQL命令，以六个查询文件保存，每个查询文件执行特定的SQL命令完成一步计算，查询文件中的SQL命令如下所列：

查询“1未入账入库单”的SQL命令：SELECT 入库单.客户，入库单明细.产品编号，入库单明细.件数 FROM 入库单 INNER JOIN 入库单明细 ON 入库单.入库单编号=入库单明细.入库单编号 WHERE （（（入库单.结转）=False））；

查询“2未入账已有明细”的SQL命令：SELECT [1未入账入库单]. 客户，库存台账.产品编号 FROM 库存台账 INNER JOIN 1未入账入库单 ON （库存台账.产品编号=［1未入账入库单］.产品编号）AND（库存台账.客户=［1未入账入库单］.客户）；

查询“3未入账没有的有明细”的SQL命令：SELECT［1未入账入库单］.客户，［1未入账入库单］.产品编号，［1未入账入库单］.件数 FROM 1未入账入库单 LEFT JOIN 2未入账已有明细 ON（［1未入账入库单］.产品编号=［2未入账已有明细］.产品编号）AND（［1未入账入库单］.客户=［2未入账已有明细］.客户）WHERE（（（［2未入账已有明细］.产品编号）Is Null）AND（（［2未入账已有明细］.客户）Is Null））；

查询“4更新已有明细”的SQL命令：UPDATE 库存台账 INNER JOIN 1未入账入库单 ON（库存台账.产品编号=［1未入账入库单］.产品编号）AND（库存台账.客户=［1未入账入库单］.客户）SET 库存台账.件数=［库存台账］.［件数］+［1未入账入库单］.［件数］；

查询“5追加明细”的SQL命令：INSERT INTO 库存台账（客户，产品编号，件数）SELECT［3未入账没有的有明细］.客户，［3未入账没有的有明细］.产品编号，［3未入账没有的有明细］.件数 FROM 3未入账没有的有明细；

查询“6入库单结转锁定”的SQL命令：UPDATE 入库单 SET 入库单.结转=True WHERE（（（入库单.结转）=False））；

出库单结转设计思路与入库单结转相同。

8.5 输出设计——报表设计

本系统报表有许多种，主要的报表如下：

1）客户标签报表

客户标签报表用于打印信件，把客户标签打印到不干胶纸上，然后贴到信封上。客户标签报表如图8-39所示。

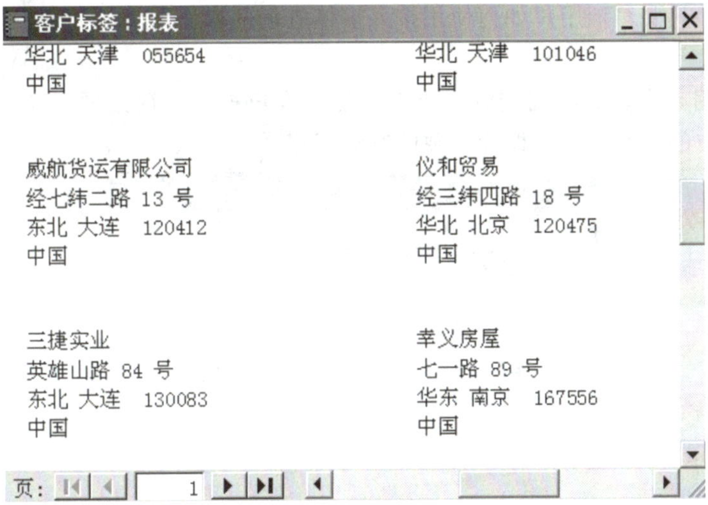

图8-39　客户标签报表

2）库存台账报表（如图8-40所示）

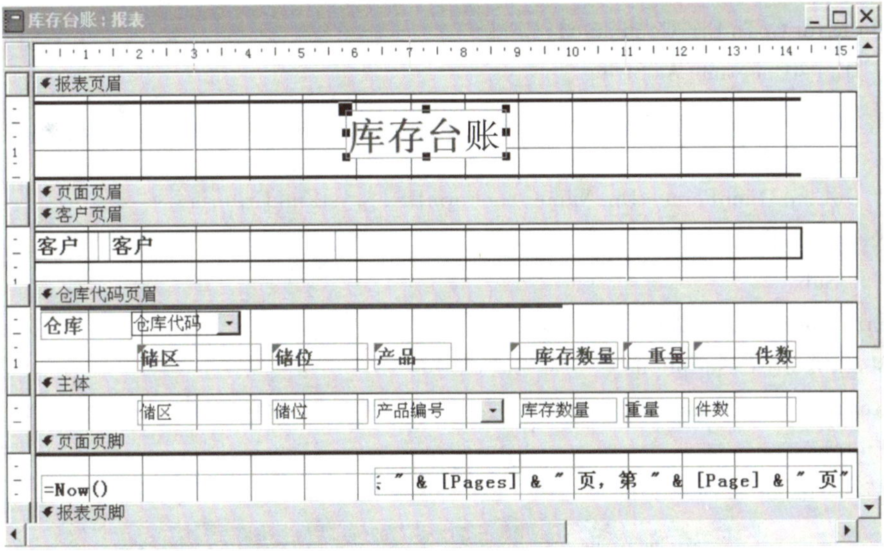

图8-40　库存台账报表

本系统的其他打印采用即时打印的方式，大量的窗体和查询结果可以直接打印，而不用单独设计程序，如入库单报表。其他的非规范打印可以把数据发送到Word或Excel中，在Word或Excel中定制自己的打印格式。

8.6 查询设计

查询一般用于快速、非规范的大量的信息输出，信息规范格式输出采用报表、窗体设计。本系统需要的统计查询很多，对于输入的原始数据的查询，不用单独设计查询程序，只对需要统计的数据设计统计查询程序。Access开发系统具有按输入窗体格式的任意查询功能，可以任意组合查询条件，可以选择任意输出的数据项，而不用设计一行程序，只要培训用户如何使用按入窗体查询的操作即可，为开发人员节省了大量的时间。

对于使用频率较高的固定方式查询，如按客户查询库存数据（如图8-41所示），为了节省用户的时间，可以设计单独的查询程序。

图8-41 按客户查询库存数据窗体

查询代码如下：

```
Private Sub Combo0_AfterUpdate ()
Me.Refresh
End Sub
Private Sub Command1_Click ()
On Error GoTo Err_Command1_Click
   Dim stDocName As String
   Dim stLinkCriteria As String
   stDocName= "按客户查询库存台账"
   DoCmd.OpenForm stDocName, acFormDS, , , stLinkCriteria
Exit_Command1_Click:
Exit Sub
Err_.Command1_Click:
MsgBox Err.Description
Resume Exit_Command1_Click
End Sub
```

结果如图8-42所示。

图8-42 库存台账窗体

8.7　程序模块设计

专业应用系统的设计过程与普通应用系统的设计过程完全一样，主要区别在于系统的强壮性及操作的方便性上。强壮性也称为容错性，应尽可能保证输入数据的正确性，防止非法操作，保证系统仍可以按照设计要求正常运行。操作的方便性指操作界面尽量与实际业务操作接近，这些需要使用VBA编程。用Access开发软件系统只有少量的关键代码需要用户设计。

用VBA设计的代码一般在窗体或报表的事件中，如果重复使用某种功能，可以把具有通用功能的程序设计成单独的公共模块，公共模块不依附于窗体和报表，在需要的地方用模块名称调用执行模块。本章实例为了简化难度，不再列出公共模块代码。

8.8 菜单设计

菜单设计一般有两类：顶层菜单、开关面板。我们用开关面板管理器生成开关面板窗体，并把该窗体设置为启动窗体。设计系统的菜单前先设计宏，设计调用各功能的宏，我们把全部宏设计为一组，以宏名“菜单”保存，如图8-43所示。

菜单 : 宏

宏名	操作
输入入库单	OpenForm
修改入库单	OpenForm
	SetValue
查询入库单	OpenForm
输入出库单	OpenForm
修改出库单	OpenForm
	SetValue
查询出库单	OpenForm
输入调储单	OpenForm
修改调储单	OpenForm
	SetValue
查询调储单	OpenForm
编辑客户	OpenForm
编辑产品	OpenForm
编辑产品类别	OpenForm
编辑系统用户	OpenForm
编辑仓库	OpenForm
按客户查询库存	OpenForm
打印库存台账	OpenReport
打印客户标签	OpenReport
数据库窗口	Close
	SelectObject

图8-43 菜单宏

仓储管理系统启动后显示菜单如图8-44所示，按菜单指示操作即可。

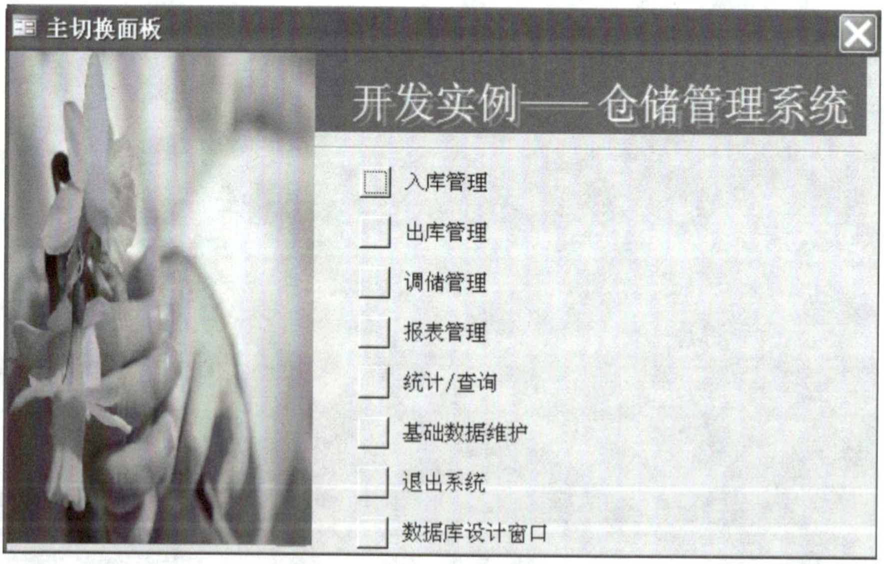

图8-44 仓储管理系统启动菜单

8.9　调试运行

软件投入使用前需经过调试，调试可以简单分为部件调试与系统调试。通常先进行部件调试，后进行系统调试。

部件调试工作调试设计出的各个数据库对象，一般在设计时同时进行，边设计边调试。数据库对象包括表、视图、窗体、报表、宏、菜单等，时间花费最多的是窗体的调试。先进行正常运行的调试，看部件是否能达到设计要求，然后进行破坏性、容错性调试。对调试中发现的错误要及时修正。

系统调试是在部件调试正常以后，对整个系统进行调试，看整体运行是否正常，系统功能是否达到设计的要求。有没有欠缺的功能，已有的功能是否满足业务量、速度、多用户的需要。

对系统调试中出现的问题要区别对待：简单的问题一般是各个模块的调用接口造成的，可修改调用方法。复杂的问题，一般不像部件调试中出现的问题那样简单可以直接修改，必须深入分析，找出问题所在，可能要对多个部件进行修改。更复杂的，要从头分析、设计。

经过部件调试、系统调试证明系统全部运行正常后，进行发布系统的工作。

8.10 打包、制作安装程序和使用说明、发布软件

8.10.1 打包、制作安装程序

开发的客户端软件，一般是一个.mdb文件，如果用户有Access支持系统（Access作为Office的一个组件，用户计算机上安装了Office，当然就有了Access），直接把.mdb文件拷贝给用户就可使用。如果用户没有安装Office，有没有办法运行应用系统呢？答案是肯定的，其先决条件是开发人员（公司）必须拥有一套开发版Office。

开发版Office包含一个“运行时库”（Access RunTime Library），它是完全免费的，可以任意安装。“运行时库”的Access与普通Access的区别是前者不能在“运行时库”的Access中进行设计开发，只支持运行，但运行效果一样。

而且，使用开发版Office可以对应用系统进行打包，制作安装程序，所制作的安装程序包含Access “运行时库”。当在用户计算机中安装应用系统时，安装程序会检测用户的计算机中是否已安装了Access，如果没有安装，则会自动把 “运行时库”安装到计算机中。在客户端安装应用软件时，执行Setup安装命令即可。

8.10.2 使用说明、发布软件

提供给用户的不仅应有应用系统，还应当包含用户使用说明书。因此，我们必须撰写从第一步的安装到每个使用环节的指导说明（但用户只看说明书是不可能学会使用、维护软件系统的，因此还应该有完备的培训计划）。

把打好包的软件、说明书包装成一体，按照说明书的步骤进行安装、运行，进行最后的测试修正，确认无误后，就可以正式发布开发的仓储管理软件了。

知识应用

□ 实务题

1. 完善本章的仓储管理系统实例，如出库单转账等，设计出相应的软件。
2. 设计一个车辆租赁管理系统。
3. 就你所熟悉的物流业务，设计对应的信息管理系统。

思政小课堂

关键词： 网络安全、自主可控、自主研发

为了保障网络安全，必须实现技术、产品、服务、系统的自主可控，需要在质量测评、安全测评的基础上增加自主可控测评。

网络安全是国家安全的重要基础，也是经济安全、社会安全、民生安全的重要保障。网络安全属于非传统安全，其内涵比传统安全的内涵更加广泛。国家网信办公布的《网络产品和服务安全审查办法（试行）》把网络安全审查分成“安全性”审查和“可控性”审查，其中的安全性审查与传统安全的要求相类似，而可控性审查在传统安全中强调得比较少，但同样需要不断健全和完善。

何为可控性？举个例子来说明。一个人买了一辆传统汽车，他就拥有了对汽车的控制权，一般不需要再考虑可控性，只需要考虑安全性就行了。但是，如果他买的是自动驾驶汽车，这辆汽车是一件网信产品，那么，它的安全性就变得复杂了。即使汽车本身的安全性没有问题，但它可能被黑客劫持，这时汽车的控制权就落到黑客手里，黑客可以遥控汽车，使其不受用户控制，甚至会造成车毁人亡的严重事故。这就是可控性出了问题。由此可见，对属于非传统安全范畴的网络安全而言，可控性与安全性缺一不可。

当前，我国网信领域要求采用自主可控技术、产品、服务、系统的呼声越来越高，这里的“自主可控”强调的就是可控性。自主可控是实现网络安全的前提，是一个必要条件，但并不是充分条件。换言之，采用自主可控的技术不等于实现了网络安全，但没有采用自主可控的技术一定不安全。因此，为了实现网络安全，首先要实现自主可控，再实现传统意义上的安全，最终再结合其他各种安全措施，达到保障网络安全的目标。

针对网络安全，现在普遍实行两种测评：一是质量测评，即对技术、产品、服务、系统等的功能、性能方面的各种指标进行测评；二是安全测评，即支撑国家网络安全等级保护制度的测评，这种测评已有相应的准则、方法、制度，还有专门的第三方机构实施测评。实际上，还应在这两种测评的基础上增加一个新的测评维度，即自主可控测评，对技术、产品、服务、系统等的自主可控程度进行测评。在实践中，由于自主可控是一个新要求，过去并没有相应的标准、制度加以保证，所以技术、产品、服务、系统等的提供者往往都会说自己能够满足自主可控的要求，导致用户无所适从。这就需要加强和规范自主可控测评。自主可控测评旨在客观、科学地评估技术、产品、服务、系统等的自主可控程度，涉及技术内涵、知识产权、技术能力、供应链、供应者资质等多方面因素，是一项比较复杂的测评。在事关网络安全的重大问题上，自主可控测评应该起到“一票否决”的作用。

还应看到，任何制度都要靠人去实施，人们的认识水平对于实现自主可控至关重要。对企业而言，应提高对自主可控的认识，在规划产品时对技术掌握程度、知识产权合法性、供应链安全等都要有周密的调查和部署，甚至要考虑到在别人切断供应时有没有备份系统顶上去。对用户而言，支持和选用国产软硬件从一定意义上说就是为自主可控作出贡献。广大用户应增强网络安全意识，积极选用国产软硬件，并及时反馈使用中发现的问题，帮助国产软硬件不断提升技术水平，更好保障我国网络安全。

资料来源　倪光南. 自主可控方得网络安全［N］. 人民日报，2019-03-19（10）.

第9章 基于云物流信息系统设计

学习目标

知识目标：了解Azure云及跨平台开发；熟悉如何使用ASP.NET Core开发物流信息系统。

技能目标：通过本章开发实例的学习，掌握在云台上开发跨平台的物流信息系统的基本技能。

9.1 云平台及账号

9.1.1 云平台账号申请

登录微软云Azure的国内运行网址：https：//www.azure.cn/zh-cn/，点击申请网页上的试用按钮，弹出申请页面（如图9-1所示）。Azure接受个人或企业的试用申请，按照步骤指导，输入注册信息，注册为Azure的试用用户，试用期是一个月，费用是1元，可以获得价值为1 500元的Azure服务使用额度，用户可以将这些Azure服务使用额度用在需要的Azure服务上，如虚拟机、云服务、存储、SQL数据库等方面，每种服务根据服务网类型时间需要消费服务额度。试用期过后，对于开发人员来说，购买最低价格的一年期的订阅服务是比较合适的。

图9-1 申请Azure试用账户

9.1.2 云平台功能

云服务一般分为两大类：IaaS（Infrastructure as a Service，基础设施即服务）、PaaS（Platform as a Service，平台即服务）。

IaaS实际是硬件外包，物流公司不用自己购买计算机服务器等硬件设备，相当租用云服务商的硬件。IaaS服务是迁移至云平台上最直接的方式。用户可以在不更改代码（或只做少量更改）的情况下将部署在本地的已有应用迁移到IaaS服务上。Azure云平台的IaaS主要由可以运行Windows Server和各类Linux版本的托管虚拟主机组成。

PaaS服务是云平台供应商出租一系列计算资源，管理硬件和运行在硬件上的操作系统和平台软件。PaaS具有相对较低的成本、可扩展性强、维护要求低的优势，并可通过组件化的服务帮助用户提升业务逻辑的开发和执行效率。一般情况下，为本地或内部环境开发的已有应用不能直接运行在特定的 PaaS 平台上，需要重新编写部分代码才能运行，也才能充分利用 PaaS 平台的服务组件功能。

不同厂家的云平台提供的服务内容基本类似，以 Azure 云平台为例，提供的最常见的六大产品功能为：虚拟机服务、数据库服务、存储服务、网络服务、网站和移动应用服务。

（1）虚拟机服务。Azure 虚拟机服务提供四种类型的虚拟机，包括 Linux VM、Windows Server VM、SQL Server VM 和 R Server for Windows/Linux。

（2）数据库服务。Azure 提供的关系型数据库服务包括 Azure SQL 数据库（Azure SQL Database）服务、Azure SQL Server 虚拟机（Azure SQL Server VM）服务、MySQL Database on Azure 服务、Azure SQL 数据仓库（Azure SQL Data Warehouse）服务和 Azure SQL Stretch Database。

中国区 Azure 上的 NoSQL 数据库服务包括 Azure Cosmos DB 和 Azure 表存储服务（在 Azure 存储服务里提供）。

（3）存储服务。Azure 为 Azure 应用程序、数据库、传统文件共享和其他工作负载提供了可扩展的非关系型数据存储服务。Azure 存储服务可分为以下五种类型：

①Blob 存储，称为对象存储，可用于存储非结构化对象数据，适用于对各种类型和格式的文件在云端的存储，例如文档、个人照片、视频、网站图像、文本、配置数据、日志数据等。

②磁盘存储，为 Azure 虚拟机使用的附加存储，分为标准磁盘和高级磁盘。

③表存储（Table），可存储 Not Only SQL（NoSQL）数据，是由 NoSQL“键值-属性”组成的数据列表，适合快速开发需要灵活数据模式的 Web、移动应用程序以及其他应用程序。

④队列存储（Queue），适用于工作流处理，以及服务和应用程序之间通信的消息列表（例如将任务从云服务 Web 角色传递给工作角色）。

⑤文件存储（File），文件存储服务适用于当本地部署的老旧文件服务器需要退役时，将文件共享迁移到 Azure 上。

（4）网络服务。网络服务包括虚拟网络服务、VPN 网关服务、ExpressRoute 服务、应用程序网关、负载均衡器、流量管理器、内容传送网络（CDN）等。

（5）网站和移动应用服务。网站应用服务通常是 Web 网站托管。Web 网站托管可以有三种方式：Azure Web Apps 服务、Azure 虚拟机、Azure 云服务的 Web 角色。

移动应用服务支持面向 iOS、Android 平台的移动应用开发。Azure 应用服务包括了四种服务：Web 应用（Web Apps）、移动应用（Mobile Apps）、API 应用（API Apps）、逻辑应用（Logic Apps）。

9.2　Access升迁到云平台

9.2.1　在云门户中创建SQL数据库

云平台最常用的功能之一是数据库，本节介绍在Azure门户中创建SQL数据库。在Azure门户中创建SQL数据库主要步骤如下：

（1）在Azure云门户的左上角单击“创建资源”。

（2）从“新建”页中选择“数据库”，然后从“新建”页的“SQL数据库”中选择“创建”（如图9-2所示）。

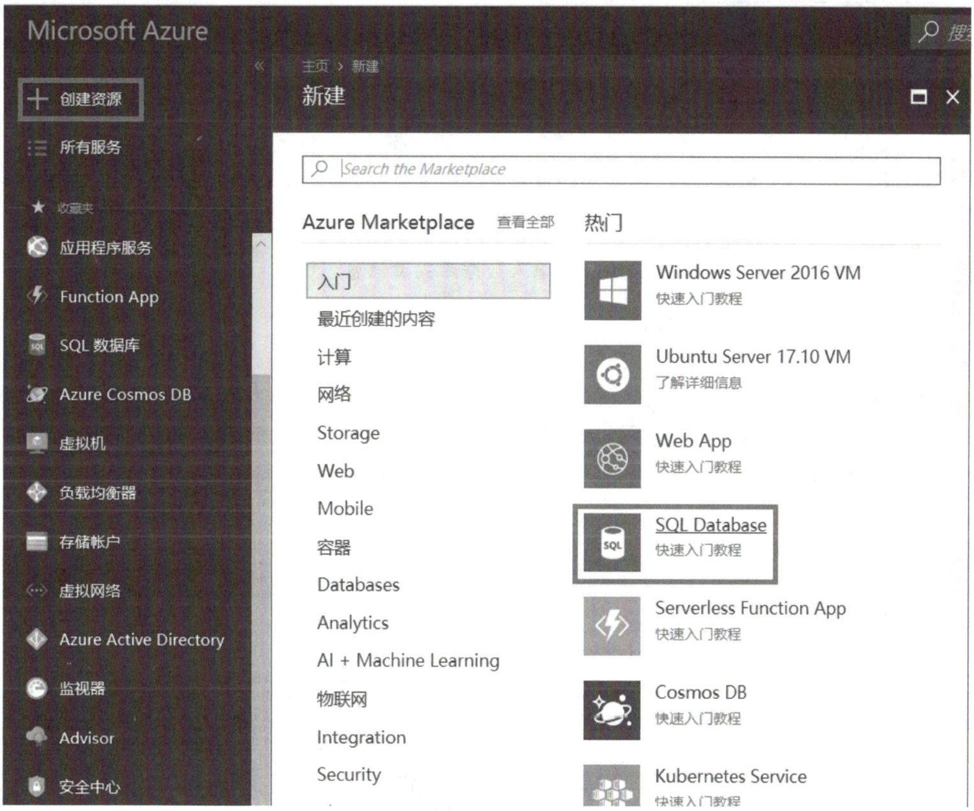

图9-2　新建数据库

（3）在“SQL数据库”窗体中输入必要信息。输入数据库名称、资源组名称、排序规则、数据库服务器名称、服务器管理员登录名称和密码等信息，将原来默认排序规则为“SQL_Latin1_General_CP1_CI_AS”改为“Chinese_PRC_CI_AS”，以符合中文习惯的排序要求（如图9-3所示）。单击“创建”按钮，需要等待一段时间，Azure云门户成功创建数据库。

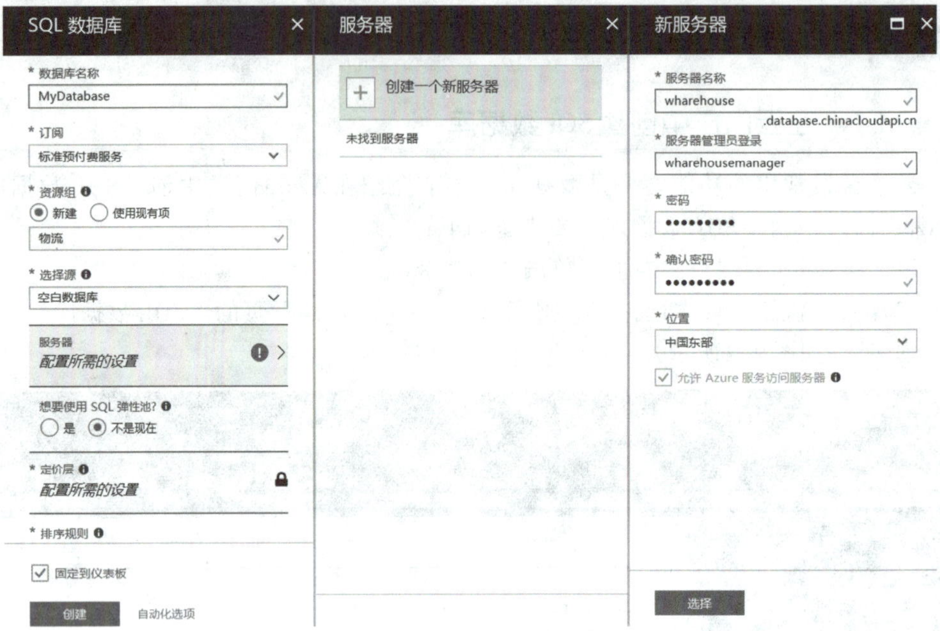

图9-3　输入数据库关键信息

9.2.2　Access升迁到云平台数据库

自Access2013版之后，Access内置的升迁向导取消了，大部分用户目前都使用Office2013或以后版本，因此需要从微软网站下载升迁向导软件包并安装到计算机上。升迁向导软件包名称SSMA for Access，分32位和64位两种。

下载并安装SSMA for Access，运行它，按照显示提示输入升迁的Access数据库及云SQL数据库参数（如图9-4所示）。

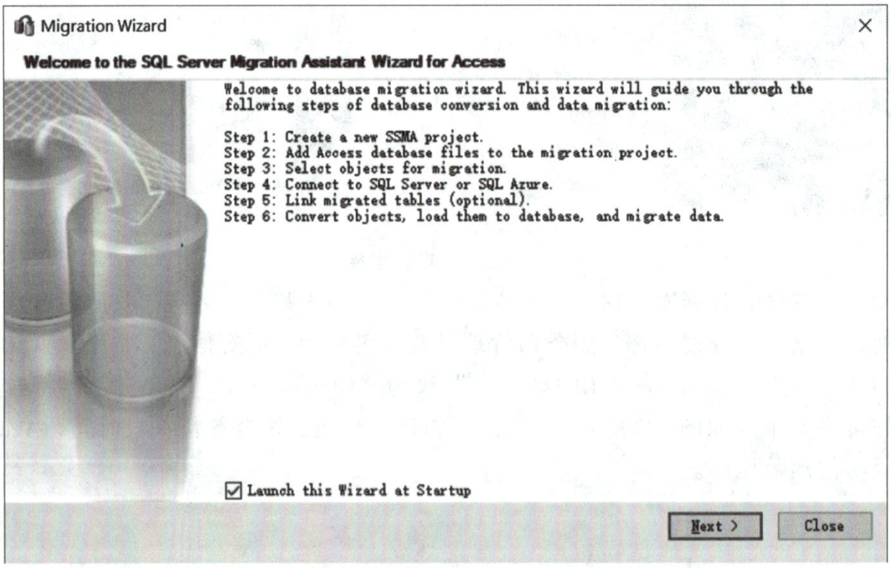

图9-4　SSMA for Access升迁向导

把在第8章设计的仓储管理系统升迁到云平台，SSMA for Access自动把仓储管理系统中的表或查询升迁到云平台，并且把本地表改为链接表。

运行升迁后的仓储管理系统，与以前运行的结果完全一致。通过Azure云和SSMA for Access升迁软件，我们把以前只能用于局域网的仓储管理系统升级到互联网的云平台仓储管理系统，客户端只要连接入互联网，在任何地方都可以访问后端云平台。仓储管理系统.accdb文件，相当于桌面端上的App，安装比App还要简单，只要拷贝到计算机即可，运行条件还是要求计算机必须安装Office。

9.3 跨平台物流信息系统设计

9.3.1 跨平台应用系统设计策略

跨平台是软件开发中一个重要的概念，即应用不依赖于操作系统，也不依赖于硬件环境。在一个操作系统下开发的应用，放到另一个操作系统下依然可以运行；在一个硬件平台下开发的应用，放到另一个硬件平台下依然可以运行。跨平台解决方案旨在使用单一编程语言工具为多个平台开发应用。

目前常用的操作系统为Windows 10、Linux、iOS和Android。硬件平台为台式机、手机等。

作为物流运营商，需要开发能运行在不同操作系统、不同硬件平台上的物流信息系统，即Windows桌面版、Android版和iOS版，这大大增加了企业开发的成本和技术难度。

跨平台应用系统设计策略一般是以下三种之一：原生App（Windows 10、Android 、iOS)、Web跨平台方案、混合App方案。混合App方案是采用App+Web的开发方案。

原生App推荐采用Xamarin方案，Xamarin使移动开发变得迅捷和简单，大大简化了针对多种平台的应用开发。开发人员只要采用一种逻辑开发语言C#和界面开发语言XAML，即可开发运行在iOS、Android、Windows Phone和Mac OS上的App。所开发的App也需要在客户端安装才能运行。微软在Visual Studio 2017 中已经内置了Xamarin开发工具。

客户端免安装的跨平台应用系统设计策略目前采用Web跨平台方案。Web跨平台方案需要考虑客户端不同的浏览器和屏幕尺寸，是因为传统的用于桌面浏览器的网页不能很好地适应不同尺寸的客户端。

Web跨平台方案采用HTML5+CSS+JavaScript开发，有多种前端框架支持这种开发技术路线，如Cordova、Ionic、AppCan、React Native、DCloud等。微软最新推出的ASP.NET Core是一个跨平台的高性能开源框架，用于开发基于云平台的新式应用程序。

ASP.NET Core用于设计开发Web应用程序和服务、IoT应用和移动后端，可在Windows、Mac OS 和 Linux 上使用该开发工具，开发的应用系统可以部署到云或本地，开发的应用系统可以在 .NET Core 或 .NET Framework 上运行。ASP.NET Core 具有如下优点：

用一致的场景生成Web UI 和 Web API；集成新式客户端框架和开发工作流；能够在 IIS、Nginx、Apache、Docker上进行托管或在自己的进程中进行自托管；可以使用并行应用版本控制；简化的新式 Web 开发的工具；能够在 Windows、Mac OS 和 Linux 进行生成和运行；开放源代码和以社区为中心。

ASP.NET Core提供一种新的功能——Razor页面，它是一种基于页面的编程方式，更容易，更高效。

9.3.2 使用Razor页面设计跨平台应用

我们以开发仓储管理系统中的产品管理为例，学习使用Razor页面设计跨平台应用。主要步骤如下：

（1）安装Visual Studio 2017。Visual Studio 2017可以从微软网站下载，能够免费试用三个月。

（2）建立项目。启动Visual Studio 2017，新建项目，项目类型选择Web中的ASP.NET Core Web应用程序，如图9-5所示。

图9-5 新建ASP.NET Core Web应用程序

在下一页面中选择Web应用程序选项，点击确定，如图9-6所示。

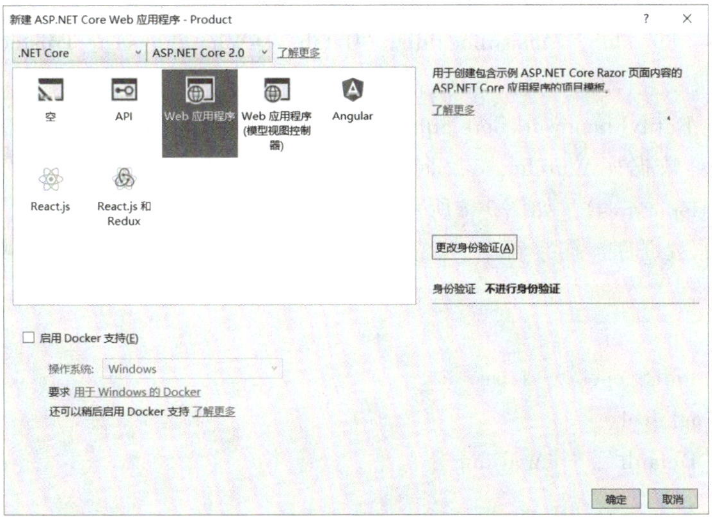

图9-6 选择Web应用程序

（3）安装 Entity Framework。依次点击 VS 菜单项目->管理 NuGet 程序包，弹出管理 NuGet 程序对话框，在浏览页面输入：Microsoft.EntityFrameworkCore.SqlServer，查到后安装该程序包。再分别安装 Microsoft.EntityFrameworkCore.Tools 和 Microsoft.VisualStudio.Web.CodeGeneration.Design 程序包，如图 9-7 所示。

图9-7 安装 Entity Framework

Microsoft.EntityFrameworkCore.SqlServer 为数据库程序包，Entity Framework Tools 为从数据库创建模型的工具，Microsoft.VisualStudio.Web.CodeGeneration.Design 为 ASP.NET Core 基架工具，用来创建控制器和视图。

（4）依据现有数据库生成模型类。正常情况下，仓储管理系统数据库安装在 Azure 上，为了方便，开发时也可以安装在本地，开发完成后再链接到 Azure，下面的示例是链接本地 mssqllocaldb 数据库 Wharehouse。依次点击 VS 菜单工具－>NuGet 包管理器－>包管理器控制台，运行以下命令以从现有数据库创建模型：

Scaffold-DbContext

“Server=（localdb）\mssqllocaldb；Database=Wharehouse；Trusted_Connection=True；”

Microsoft.EntityFrameworkCore.SqlServer -OutputDir Models

则完成对数据库 Warehouse 反向工程创建实体类（如仓库.cs）和派生上下文（WharehouseContext.cs），如图 9-8 所示。

（5）添加数据库连接字符串。将连接字符串添加到 appsettings.json 文件。

```
{
  “Logging”：{
   “IncludeScopes”：false，
    “LogLevel”：{
      “Default”：“Warning”
}
},
```

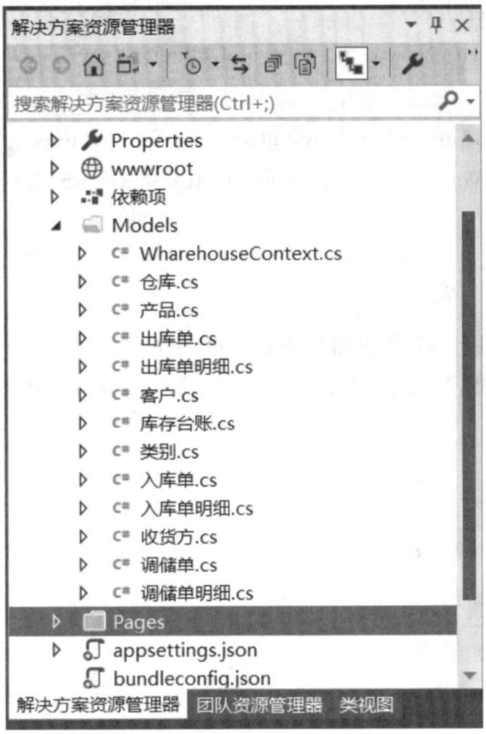

图9-8　生成模型类

"ConnectionStrings": {

"WharehouseContext":" Server= (localdb) \\mssqllocaldb; Database=Wharehouse; Trusted_Connection=True; MultipleActiveResultSets=true"

}

}

（6）删除内联上下文。先删除内联上下文配置，在 ASP.NET Core 中，通常在 Startup.cs 中进行配置，将把数据库提供程序的配置移至 Startup.cs。打开 Models\Wharehouse.cs，删除其中的 OnConfiguring（...）方法。

然后，在 Startup 类的 ConfigureServices 方法（Startup.cs）中向依赖关系注入容器注册数据库上下文：

添加以下构造函数，允许通过依赖关系注入，将配置传递到上下文中：

public WharehouseContext（DbContextOptions<WharehouseContext> options）

：base（options）

{ }

（7）在 Startup.cs 文件中注册数据库上下文。为了使 MVC 控制器能够使用 WharehouseContext，需要把它注册为一项服务。打开 Startup.cs，在文件开头添加以下 using 语句：

using EFGetStarted.AspNetCore.ExistingDb.Models;

using Microsoft.EntityFrameworkCore;

再找到 ConfigureServices（...）方法，添加以下斜体代码以将上下文注册为服务：

```
public void ConfigureServices (IServiceCollection services)
{
    services.AddDbContext<WharehouseContext> (options =>
options. UseSqlServer (Configuration. GetConnectionString ( "WharehouseCon-
text") ) );
    services.AddMvc ( );
}
```

（8）添加基架。在项目管理器的Pages目录下先建立一个新文件夹Products，右键单击Products，从弹出的快捷菜单中选择菜单项添加-新搭建基架的项目，弹出对话框如图9-9所示：

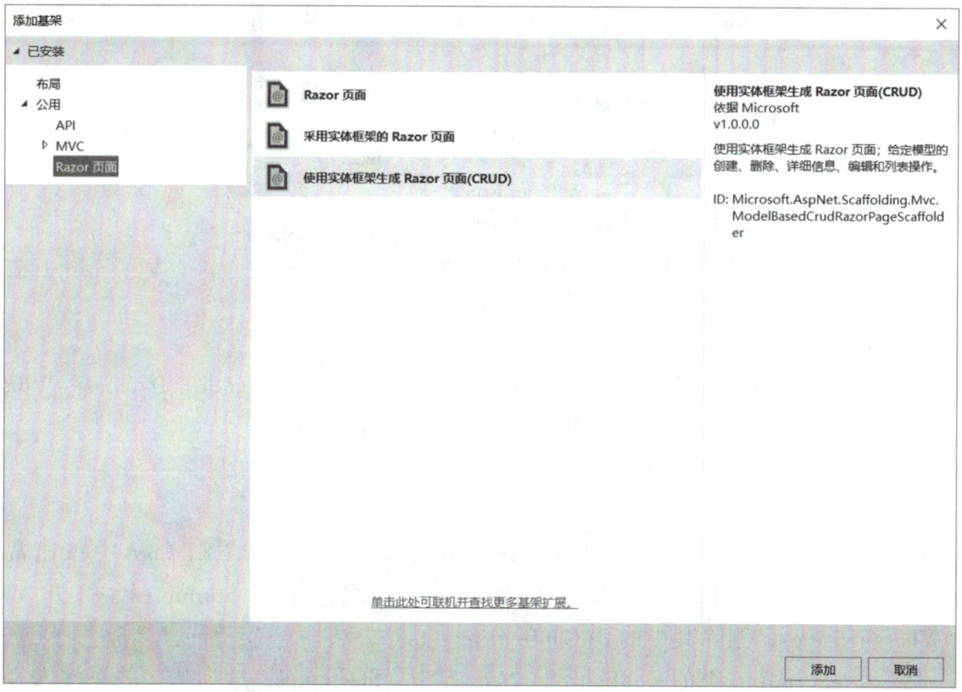

图9-9 使用实体框架生成Razor页面

选择使用实体框架生成Razor页面（CRUD），在弹出的如图9-10所示的对话框中选择数据库模型中的模型类产品，每个模型类对应一个表或查询，点击添加按钮。则VS采用内置模板自动生成产品的基架，基架包含五个Razor页面，包括Index、Create、Edit、Delete、Details，这些页面具有增加、删除、修改、编辑功能（如图9-11所示）。这就快速生成了一个针对产品表的功能操作页面集合，开发人员可以在此基础上对页面进一步修改（修改格式或增加功能），以满足开发人员的需要。

图9-10　选择模型类

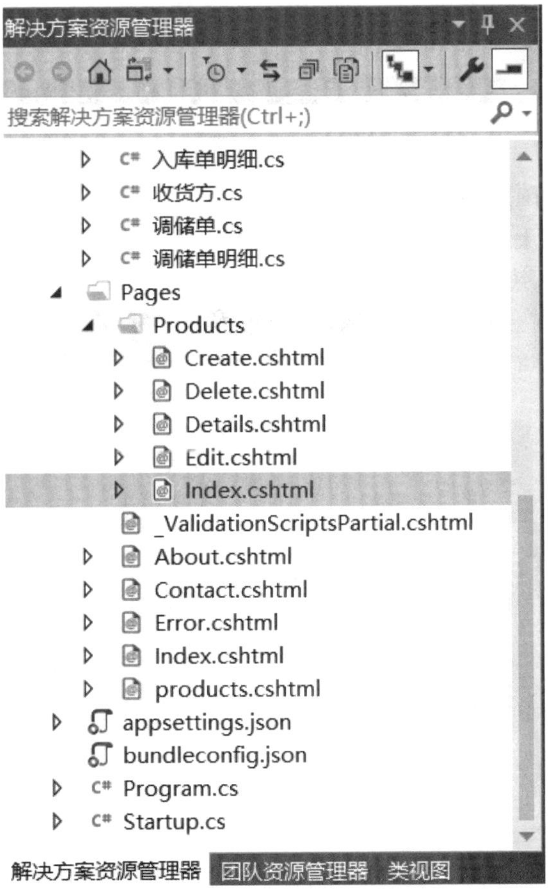

图9-11　生成的Razor页面

9.3.3 运行跨平台应用

运行以上项目，弹出的浏览器默认地址栏中会显示 http://localhost:54097/，重新输入：http://localhost:54097/Products/index，回车后启动界面如图 9-12 所示：

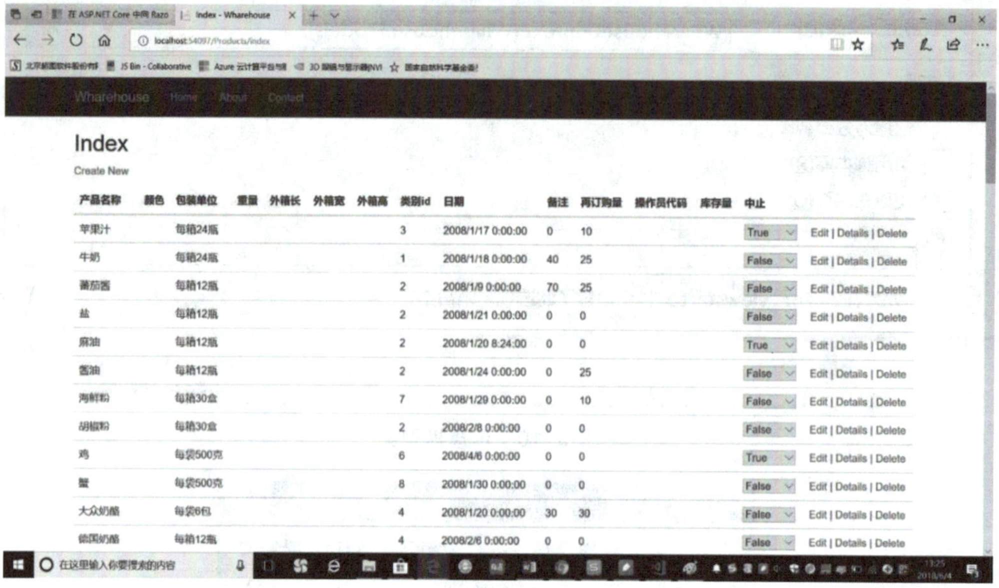

图9-12 桌面运行效果

我们采用 ASP.NET Core 设计的系统是跨平台的，把以上设计发布到 Web 服务器中，用 Android 手机上的浏览器访问该系统的地址，在手机上运行结果如图 9-13 所示，可见所设计的系统自动适应了当前设备的屏幕尺寸。

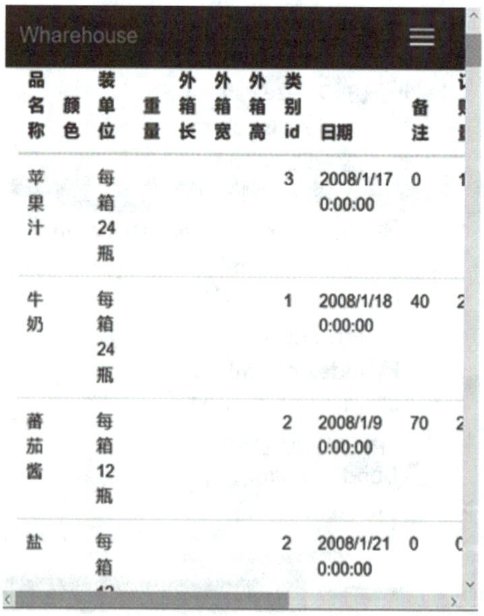

图9-13 手机运行效果

这样，我们采用一套开发工具ASP.NET Core可以开发跨平台的物流应用系统。熟悉ASP.NET Core的读者，可以自行对以上系统进行功能扩充。

思政小课堂

关键词： 关键核心技术、科技强国

科技立则民族立，科技强则国家强。历史经验表明，科技革命总是能够深刻改变世界发展格局。科学技术从来没有像今天这样深刻影响着国家前途命运，从来没有像今天这样深刻影响着人民生活福祉。我们比历史上任何时期都更接近中华民族伟大复兴的目标，我们比历史上任何时期都更需要建设世界科技强国。当今世界百年未有之大变局加速演进，国际环境错综复杂，逆全球化、单边主义、保护主义思潮暗流涌动，不稳定性不确定性明显增加。科技创新成为国际战略博弈的主要战场，围绕科技制高点的竞争空前激烈。科技创新对我国来说，不仅是发展问题，更是生存问题。

核心技术是国之重器，最关键最核心的技术要立足自主创新、自立自强。在2016年的网络安全和信息化工作座谈会上，习近平总书记对互联网核心技术问题作出深刻阐释：一个互联网企业即便规模再大、市值再高，如果核心元器件严重依赖外国，供应链的“命门”掌握在别人手里，那就好比在别人的墙基上砌房子，再大再漂亮也可能经不起风雨，甚至会不堪一击。在2018年的两院院士大会上，习近平总书记指出，实践反复告诉我们，关键核心技术是要不来、买不来、讨不来的。只有把关键核心技术掌握在自己手中，才能从根本上保障国家经济安全、国防安全和其他安全。

2021年5月28日，习近平总书记在两院院士大会、中国科协十大上的重要讲话中发出号召：科技攻关要坚持问题导向，奔着最紧急、最紧迫的问题去。要从国家急迫需要和长远需求出发，在石油天然气、基础原材料、高端芯片、工业软件、农作物种子、科学试验用仪器设备、化学制剂等方面关键核心技术上全力攻坚，加快突破一批药品、医疗器械、医用设备、疫苗等领域关键核心技术。要在事关发展全局和国家安全的基础核心领域，瞄准人工智能、量子信息、集成电路、先进制造、生命健康、脑科学、生物育种、空天科技、深地深海等前沿领域，前瞻部署一批战略性、储备性技术研发项目，瞄准未来科技和产业发展的制高点。

资料来源 求是网评论员. 坚决打赢关键核心技术攻坚战［EB/OL］.［2021-06-02］. http: //www.qstheory.cn/wp/2021-06/09/c_1127547825.htm.

主要参考资料

［1］黄有方．物流信息系统［M］．北京：高等教育出版社，2010.

［2］张剑芳，李国栋．物流信息系统设计与开发［M］．北京：中国石化出版社，2008.

［3］梁雯，等．物流信息管理［M］．北京：清华大学出版社，2019.

［4］姜方桃，邱小平．物流信息系统［M］．西安：西安电子科技大学出版社，2019.

［5］姜方桃，等．管理信息系统理论与实务［M］.2版．北京：清华大学出版社，2017.

［6］傅莉萍．物流信息系统管理［M］．北京：清华大学出版社，2017.

［7］米志强．物流信息技术与应用［M］．北京：电子工业出版社，2014.

［8］刘丙午．现代物流信息技术及应用［M］．北京：机械工业出版社，2013.

［9］中华人民共和国国家质量监督检验检疫总局，中国国家标准化管理委员会．中华人民共和国国家标准：物流管理信息系统功能与设计要求（GB/T 26821-2011）［M］．北京：中国标准出版社，2011.

［10］甘仞初．管理信息系统［M］．北京：机械工业出版社，2008.

［11］沈祥玖，尹涛．数据库原理及应用——Access［M］．北京：高等教育出版社，2007.

［12］薛华成．管理信息系统［M］．北京：清华大学出版社，2007.

［13］朱志强．管理信息系统：原理、开发及应用［M］．上海：复旦大学出版社，2007.

［14］叶小平．数据库系统教程［M］．北京：清华大学出版社，2007.

［15］龚俭．计算机网络安全导论［M］．南京：东南大学出版社，2007.

［16］石志国．计算机网络安全教程（修订本）［M］．北京：北京交通大学出版社，2007.

［17］林杰斌，刘明德．管理信息系统［M］．北京：清华大学出版社，2006.

［18］萨师煊．数据库系统概论［M］．北京：高等教育出版社，2006.

［19］中国物流与采购网：http：//www.chinawuliu.com.cn.

［20］上海市EDI中心：http：//www.shedi.com.

［21］CTI论坛：http：//www.ctiforum.com.

［22］中国电子技术信息网：http：//www.cetinet.com.

［23］Microsoft Azure中国区服务网站：https：//www.azure.cn/zh-cn.

[24] 微软Azure全球版标准服务网站：https：//azure.microsoft.com/zh-cn.
[25] ASP.NET Core：https：//docs.microsoft.com/zh-cn/aspnet/index.
[26] 阿里云：https：//www.aliyun.com.
[27] 亚马逊云：https：//amazonaws-china.com/cn.
[28] 腾讯云：https：//cloud.tencent.com.

附　录　开发实例——仓储管理系统（V5）使用说明

一、运行环境

（1）Windows XP或以上版本。

（2）Access 2003或以上版本。

二、使用步骤

（1）把文件“开发实例——仓储管理系统.MDB”拷贝到自己的目录中。

（2）双击开发实例——仓储管理系统启动仓储管理系统。

（3）双击启动仓储管理系统，显示系统菜单。

（4）点击基础数据维护菜单，进入下一层。可以对客户、产品、系统用户的数据进行输入、修改、查询。点击“返回上级菜单”，返回主菜单。

（5）在主菜单中，单击入库管理，进入入库管理菜单，可以输入新入库单、修改未记账的入库单、查询所有的入库单。点击“返回上级菜单”，返回主菜单。

（6）单击统计/查询菜单，进入统计/查询菜单子菜单，单击入库单结转，把新输入的入库单转入库存台账中。可以单击按客户查询库存菜单，按客户查询库存台账。点击“返回上级菜单”，返回主菜单。

（7）如果想查看系统是如何设计的，点击数据库设计窗口菜单，进入数据库窗口。在数据库窗口可以查看各个要素的设计内容。

三、软件获取方式

任课教师可登录东北财经大学出版社网站（www.dufep.cn）免费下载使用。